交通强国建设系列读本

科技创新 助推交通强国

一本书读懂交通科技新发展

赵光辉　万　宇　田　芳◎编著

人民邮电出版社
北京

图书在版编目（CIP）数据

科技创新助推交通强国 ：一本书读懂交通科技新发展 / 赵光辉，万宇，田芳编著. -- 北京 ：人民邮电出版社，2023.5
ISBN 978-7-115-61100-0

Ⅰ. ①科… Ⅱ. ①赵… ②万… ③田… Ⅲ. ①交通运输－科技发展－研究－中国 Ⅳ. ①U-12

中国国家版本馆CIP数据核字(2023)第015231号

内容提要

随着移动互联网、大数据、区块链、云计算、人工智能等前沿技术的发展，交通呈现科技化、智能化、数据化等特点。无论是交通基础设施，还是交通技术、交通规划、交通发展，都离不开科技的融入与推动。在我国交通强国战略的推动下，交通运输领域的科技应用、科技融合越来越紧密，因此向大众普及交通强国科技知识的读本很有必要。

本书围绕近年来我国交通科技发展取得的成果与突破、新技术发展趋势及其对交通的影响、我国交通科技中长期发展的方向与重点、国外交通科技的发展状况及我国交通科技如何与国际接轨等方面，对交通科技的发展进行了详细的介绍，让更多人了解交通科技的发展。本书适合交通运输领域的从业者、管理者、相关创业者及对交通科技感兴趣的读者阅读。

◆ 编　　著　赵光辉　万　宇　田　芳
责任编辑　张　迪
责任印制　马振武
◆ 人民邮电出版社出版发行　　北京市丰台区成寿寺路 11 号
邮编　100164　　电子邮件　315@ptpress.com.cn
网址　https://www.ptpress.com.cn
固安县铭成印刷有限公司印刷
◆ 开本：700×1000　1/16
印张：19.5　　2023 年 5 月第 1 版
字数：371 千字　　2023 年 5 月河北第 1 次印刷

定价：99.90 元

读者服务热线：(010)81055493　印装质量热线：(010)81055316
反盗版热线：(010)81055315
广告经营许可证：京东市监广登字 20170147 号

推荐序

交通科技创新支撑交通运输快速发展

近年来，我国交通科技创新积极顺应国家科技体制改革和交通运输发展的需要，以提升科技创新能力为主线，以重大关键技术攻关为重点，在交通基础设施、交通装备、运输服务、安全应急、节能环保等方面取得了一大批技术先进、实用性强的重大科技发展成果，有力地支撑了交通运输的快速发展。

与科技强国、交通强国的要求相比，交通科技创新发展还存在若干问题和薄弱环节，科技创新支撑交通运输安全、智慧、绿色发展的能力和水平还需要进一步提高。党的二十大胜利召开为我国全面建设社会主义现代化国家明确了目标和任务，也凸显了科技创新在国家发展全局中的地位和作用。《交通强国建设纲要》将科技创新摆在交通强国建设的核心位置，贯穿交通强国建设各个领域，《国家综合立体交通网规划纲要》强调，突出创新的核心定位，铸造交通运输创新驱动和智慧发展。

今后一段时间，我国交通科技创新有以下6个重要方向：一是围绕基础设施建设，开展综合交通规划设计、建设、维护、养护、升级、改造等关键技术的研发应用；二是围绕提升交通运输装备性能，重点突破载运装备、专用作业保障装备、新型载运工具等领域关键技术的研发应用；三是围绕提高交通运输组织效率和服务品质，降低运输成本，开展高品质智能客运、智慧物流、城市交通运输服务等领域关键技术的研发应用；四是围绕建设智慧交通和智能交通体系，推动5G、区块链、人工智能等前沿技术与交通运输深度融合，推进大数据等关键技术的研发应用；五是围绕安全和应急保障，开展基础设施安全监测与应用、危险货物运输安全风险防控、路网运营智能协同管控、防控安全应急救援，以及突发事件应急响应与服务保障等领域关键技术的研发应用；六是围绕绿色交通，开展新能源与清洁能源创新应用、生态保护与修复、交通污染防治等领域关键技术的研发应用。

本书以我国交通运输发展实情为出发点，与我国交通科技创新的主要方向高度契合，突出合理性、实操性，不仅对我国交通科技创新有参考价值，而且能够助力交通运输快速发展。

本书也印证了在推进科技创新的过程中，我们必须提升国际科技合作的水平，构建更加开放的交通科技创新体系，搭建多层次、多渠道的国际创新合作机制与平台，促进中外交通运输领域高等院校、科研机构、企业之间的科技合作和人才交流，聚焦适应交通运输发展的共性关键问题，支撑重大工程的建设。

交通运输部原总工程师

徐亚华

2022 年 10 月

自　序

自人类文明诞生开始，交通运输行业便深刻影响着社会生产与大众生活。随着时间的推移，交通运输行业对社会发展的重要性已提升到极高的层面，尤其是在科技高速迭代的今天，交通运输行业的变动在一定程度上引发了社会层面的波动，这证明交通运输行业是当代社会生产者、参与者需要关注的重点领域。

自大学毕业后，我便投身于我国交通运输行业。多年来，随着从业经验日渐丰富，我对交通运输行业之于社会的意义和价值的理解越来越深入，对交通运输行业对社会发展产生的促进作用、交通运输行业变革背后的底层逻辑，以及交通运输行业高质量发展产生了浓厚的兴趣。在潜心寻觅答案的过程中，我更加认定交通科技是决定交通运输行业发展节奏、质量的重要因素，它在很大程度上影响着社会发展的速度与成果。

基于此，我决定回归原点，从交通科技入手梳理交通运输行业的发展逻辑，分析交通科技在交通运输行业发展中扮演的关键角色、遇到的挑战与经历的变革，最终将自己多年的研究成果写进本书。

在本书的编撰过程中，我对我国交通运输行业的发展状态进行了详细阐述，力求揭示“交通科技是一种怎样的交通发展力量，它能够带给我们哪些期待”。在描述交通科技展现自身价值的过程中，我从外部环境需求、内部科技动力、当前技术突破、未来发展趋势等多个角度展开探究，厘清交通科技与交通运输发展、社会经济发展、国家高质量发展的关系。相信本书能够帮助交通运输行业相关人士对交通科技产生全景式认知。

不知不觉中，我国社会智能化发展浪潮已经形成，这决定了我国未来的国际定位，也影响着世界经济格局。我国社会将向高科技水平迈进，但我们也不能忽视智能社会基础架构的复杂性。从社会构成、运行、发展角度分析，交通运输是智能社会构建的重要基石，而交通科技又是这块基石的核心元素。近年来，各大城市开展智能交通建设、升级项目，显著的发展成果背后，也有诸多困难，交通科技如何展现应有的作用成为当代交通智能化发展、社会智能化发展的关键。

在本书的编撰过程中，我梳理了大量与此相关的问题，也指出了交通各领域智能化发展的重点，我相信只有明确如何结合和运用科技力量，交通运输行业才能够达到预期目标，交通强国目标才能够加速实现。

交通运输行业发展已经迎来重要的转折契机，交通科技将成为一种关键力量，影响我国交通运输行业发展，强化社会进步成果。在这一时代背景下，我认为出版本书很有必要，我希望更多与交通运输行业相关的人士在本书的基础上深度理解交通科技的“前世今生”，洞悉未来发展机遇，为交通强国贡献更大的力量。

赵光辉

2022 年 8 月

前 言

自 2019 年中共中央、国务院印发了《交通强国建设纲要》后，我国交通运输行业发生了翻天覆地的变化，科技创新、装备建造、人才培养等各个领域取得了巨大成就，我国交通科技逐渐迈向世界前沿水平。

在我国交通高速发展的过程中，交通科技成为助推交通强国战略的重要力量，随着人工智能、5G 等新一代信息技术的深度应用，交通科技的作用与价值凸显。

基于这一现状，本书顺势出版。全书共有二十二章，按照由浅入深的逻辑对我国交通运输发展展开研究。第一至第三章主要以我国交通科技发展进程与成果为起点，讲述了支撑我国交通科技发展的基础，我国交通科技当前的发展形势，以及我国交通科技取得的突破；第四至第十章又详细阐述了新技术高速发展对我国交通产生的深远影响，分析了新技术给空中交通、地面交通、轨道交通、水上交通、交通物流、网上交通带来的变革；第十一至第十五章是对国内外交通科技发展现状的详细对比，这部分内容不仅分析了国际交通科技的发展水平与趋势，更明确了我国交通科技与国外先进交通科技的差距，指出了我国交通科技与国际先进交通科技接轨的正确方式；第十六至第二十二章的内容是针对我国交通运输行业发展现状，分析我国发布的各项战略部署，找准交通科技中长期发展方向与重点定位，这部分内容指明了未来交通运输发展中蕴藏的机遇与变革。

本书主要为满足交通运输领域从业者及对交通科技感兴趣的读者的阅读需求。书中包含的知识点可以为交通运输领域从业者提供参考，还可以为交通运输领域管理者的规划提供指引，书中搜集的案例、数据充分展现了我国交通发展的强大力量。

由于笔者水平有限，书中难免有不足和疏漏之处，恳请广大读者朋友批评指正，笔者万分感激。

前言

目　录

第一章

我国交通科技发展的基础

第一节 交通科技发展助推双循环

近年来，我国经济进入高质量发展阶段。党和国家要求构建以国内大循环为主体、国内国际双循环相互促进的新发展格局，有效发挥我国市场规模优势和市场潜力，从而满足当前深化供给侧结构性改革的需要，铸造应对外需低迷和外部市场冲击的“先手棋”。

构建国内国际双循环的关键在于内需体系与制度的建立，包括交通在内的各行各业应明确自身在国内大循环中的位置，发挥自身优势，与其他地区、行业协调发展，推动产业升级，以实力与潜力吸引全球资源。

交通是国家经济发展的基础与支撑，双循环战略的实施离不开交通运输的助力与保障，而交通的发展也离不开各项交通科技的进步。

双循环战略的实施，加之互联网的普及和信息技术的发展，刺激了人民群众对于运输速度的需求，打破了时空对社会生产与消费能力的局限，成为我国交通运输发展的机遇。大数据、云计算等信息技术与交通运输行业的融合，促进了交通科技的飞跃发展和行业内商业模式的创新。

5G、卫星导航等技术广泛应用于交通运输行业，随着交通基础设施的数字化改造逐步完成，智慧公路、智慧铁路等一系列“智慧+”交通运输工具，基于大数据资源优化交通运输网络布局，高效、人性化地服务社会经济发展。铁路运输、公路运输、水路运输、航空运输等技术逐步形成多式联运、产业集群的优势，为现代物流体系和智能制造提供高质量的服务。

在“互联网+交通”的基础上，共享经济进一步惠及人民群众，共享单车、网约车等改变了人们的出行方式和生活方式，交通运输领域的商业竞争推动商业模式创新。依托移动通信技术的支持，线上平台与线下服务高效融合，人民群众出行的个性化需求得到了极大满足，社会资源的利用率得到了有效提高。

与此同时，区块链和人工智能成为数字经济时代冉冉升起的“明星”，二者的有机结合成为我国经济转型升级的新动能，为交通运输领域提供了现代化升级方案。

区块链技术将数据以“去中心化”的模式连接在一起，确保平等公开、共同维护，数据更改可溯源。区块链技术利用其本身的运行机制，建立了坚实、可靠的安全防护体系。人工智能技术则依托生物识别、云计算等技术，逐步渗透到各个领域。探寻区块链技术、人工智能技术与交通运输领域的融合，可助力交通基础设施的数字化改造，加快交通网络的智能化、立体化建设。

区块链技术和人工智能技术对交通的具体影响体现在以下 3 个方面。

1. 确保车联网体系中车辆信息安全

车联网连通人、车、路及大数据平台，车联网数据的安全、有效传输，关系着道路交通安全和道路通行效率。区块链的共识程序和封装模块使密钥传输安全系数提高，并使区块链的数据更改可溯源的优势得到有效发挥，监督安全域内对车辆重新编码的过程，确保数据不被篡改，从而实现当前车联网安全体系的升级，为各种范围的运输体系提供可靠、持续的服务。

2. 缓解交通拥堵

区块链技术可以使车辆行驶位置信息、车辆行驶速度实现精确的数据化，并让车辆根据这些数据对路况进行实时预测，监测道路交通事故。区块链技术结合人工智能技术，可为交通管理提供交通疏导、道路规划方面的解决方案。

3. 解决城市停车问题

区块链技术可对车辆位置信息进行准确识别与采集，采集的实时数据既能向车辆驾驶员提供车位的参考数据和个性化选择，也能为交通运输主管部门进行车位规划、管理违规停车提供精确指导。人工智能技术能为驾驶员提供便捷停车、便捷支付等服务。

区块链、人工智能等技术带来的优势绝不仅限于道路交通管理领域。在双循环战略背景下，交通运输行业的变革升级势在必行。先进信息技术的应用还关系着交通运输领域的科技创新，影响着海陆空交通立体化、网络化布局。

在地面交通领域，高速公路、高铁实现网络化、立体化发展。在大数据等技术的支持下，交通运输网络的布局更加贴合城市发展状况及人口流向。因地制宜的交通运输体系建设，能保证交通对现代物流、制造业的服务能力，促进运输链与供应链、产业链的融合，提高现代交通运输体系服务国内大循环的效率。

在空中交通领域，欧美长期垄断技术和市场的状态逐步被打破。我国自主研发的干线客机——C919，符合最新的国际适航标准，拥有自主知识产权。作为民航中体量较大的航空公司，中国东方航空公司成为该型号飞机的全球首家用户。2021 年，C919 正式投入使用，结束了民用航空领域被空客公司、波音公司垄断的时代，这在我国民用飞机研发史上具有里程碑意义。

我国在交通运输发展过程中，认清了实际需求，推动企业和科研机构共同技术创新，使各类"定制化"技术应用项目成为行业发展的主要趋势，市场主体也在其中成为推动综合交通体系完善的主要力量。而在新的交通发展蓝图内，陆空一体、陆海并举成为我国综合交通网络建设的总目标。因此，公路网、水路运输、民航、低空空域有必要被纳入统一交通管理体系。这样做有利于整合技术资源，服务交通网络的总体规划，实现因地制宜、多式联运，有效满足多样化、个性化的社会货物运输需求。

在未来的交通发展格局中，我国应注重内陆与沿海的平衡发展，加强对内陆运输市场需求的深入挖掘；在发展重点上，应注重以联运方式为代表的技术创新；在发展动力上，应立足运输市场需求，创新体制机制，注重科技资源的高效利用；在发展模式上，应重视产业集群的壮大与发展，在企业间有效合作的基础上，逐步构建多式联运平台，进一步优化运输结构。

第二节 空中交通：空天科技研发应用取得显著成效

目前，我国的航空运输规模位居世界前列，发展空间及发展潜力巨大，民族航空业的振兴与发展具有重大的战略意义。与地面运输、水上运输方式相比，航空运输的优势不言而喻。随着飞机制造技术、卫星导航技术、气象预测技术及信息通信技术的发展，航空运输的便捷、高效、舒适、安全等特点日益凸显，空天科技的应用成为我国交通现代化发展的关键动力。

科技进步是航空运输业的重要发展基础，航空运输业的进步是高新技术综合应用的结果。面对当前产业转型升级的发展趋势，空天科技民用服务产业通过创新发展模式，立足市场需求，推动卫星导航、航天雷达等技术在交通运输产业中广泛应用，为实现交通信息化管理、建设智能交通体系提供了技术支持。

我国航空领域的科技研发与应用主要体现在以下 3 个方面。

1. 飞机设计、制造技术显著提升

飞机设计、制造技术凸显智能综合化，材料创新、能源创新、信息通信技术

创新在飞机制造领域层出不穷，飞机推进系统改良及气动效率的提高，有助于航空运输业的服务升级。同时，民航制造业的激烈竞争也推动着技术不断创新。

目前，我国正在积极开展飞机制造相关技术的研发，增加在智能化、自动化、人机一体化等领域的科研投入。在设计方面，我国注重整体最佳性能的实现，着重开发气动技术设计过程中的减阻、一体化控制等技术，以数字电传飞行控制技术为中心，加快创新飞机控制技术。在飞机制造材料方面，我国重点研发抗疲劳强度高的新型铝合金，积极探索钛合金、复合材料在民航飞机上的应用。在发动机的研发方面，我国侧重安全、环保、高燃油效率[1]。

2. 信息通信技术加强航空领域应用

信息通信技术的创新，引领着空中交管技术的变革。我国不断加快构建新型民航运输体系建设，引入新概念，推进新项目，重构当前民航体系架构，以提高航空运输的效率和安全性。

空中交管系统是新型民航运输体系的核心部分，导航、监测、数字通信及自动化空中管理等技术是其重要支撑。先进空天科技的全面应用有助于航空运行管理及资源调配的高效性和灵活性，促进民航运输体系转型升级。

科技创新引发交通管理方式变革的案例不胜枚举，例如，精密导航技术的应用，使飞机降低对地面基础设施的依赖性，通过机载设备，运用全球定位系统，实现飞机安全起降，有效克服了恶劣天气造成的能见度不足问题，减少了安全事故的发生。信息通信技术是航空运输发展的加速器，与基础设施相辅相成，缺一不可。空中交管一体化信息平台及民航网络安全保障都离不开信息通信技术的支持。

3. 数字技术为航空公司运控能力的提高带来新动力

当前，国内航空公司的运控体系仍然存在一些问题，例如，安全保障工作的组织与安排流程缺乏统一标准等，各航空公司应立足本公司实际，完成流程的细化及标准设计。再如，航空公司盲目节约导致飞行计划不合理、飞机安全对接难以实现、工作效率降低、总体收益减少。另外，作为航空公司重要职位之一的签派员，其培训机制、培训方式以自学为主，学习内容单一，见习时间不足，严重影响该岗位的工作效率和航空公司的运控能力。这些问题都应通过数字技术的进一步发展解决。

随着我国航空运输需求和规模日益扩大，航空公司需要积极应用先进的数

1　燃油效率，即汽车每升汽油行驶的最远里程（千米），燃油效率越高，汽车相同里程内消耗的能源越少。

字技术，为各项问题提供科学的解决方案。例如，依托互联网搭建信息共享平台，在现有业务系统的基础上搭建架构完整统一、操作界面更加人性化的指挥控制平台，提高信息传输速度和业务效率。航空公司应立足业务需要，在统一指挥控制平台的基础上接入各业务部门的子系统，实现机组排班信息、机场信息等的公示共享，发挥信息共享平台的作用，提高航空公司的整体运控能力。

空天科技与现代交通运输行业不断融合。为立足市场需求，实现资源整合，空天科技应用与服务产业应逐步从分散、小规模的格局转向系统化、一体化、集约化发展模式。从长远来看，空天科技的应用与服务主要体现在以下两个方面。

一是卫星遥感、卫星导航、气象监测等技术在空中、地面和水上交通中的应用。卫星遥感技术为铁路工程建设提供关键技术支持，有效协助地质、水文勘测工作高效、准确完成，通过分析遥感图像有效助力重要线路的后期维护与管理。卫星导航系统以其范围广、精度高的特点，在空中、地面和水上交通中发挥重要作用。空中交通运输中，飞机的起降、飞行途中导航、特定目标定位、空中交管皆离不开卫星导航系统的引导；地面交通运输中，卫星导航系统发挥精准定位的优势，开发建设列车控制系统，优化发车间隔、行车路线，提高运输效率，提升服务水平；水上交通运输中，卫星导航系统的应用为船舶提供最优航线，节约时间及经济成本，有效减少航行事故。

二是空天科技可以服务当前的智慧交通、车联网建设。在加强卫星导航应用的基础上，研发应用感知雷达技术，可提高道路动态数据监测、复杂路况智能管理控制能力，对车辆行驶速度、车辆间距等均可实现高精度、实时化监测，相关数据可适用于多种场景应用。空天科技也可以结合车载定位系统终端、信息共享平台为“车联网”的建设提供数据支持，实现车辆监测、引导、服务的体系化、智能化管理。

第三节
地面交通：交通基础设施数字化程度不断提升

在人工智能、移动通信、卫星遥感、物联网、大数据、云计算等技术的支持下，数字化革命不断深入。交通基础设施数字化是智慧城市建设的重要基础，是数字中国建设的重要环节。

随着城市建设的发展，城市道路体系越来越复杂，单纯完善交通硬件基础设施，已经难以满足人民群众的多元化需求。只有加强交通基础设施数字化建设，在实现城市交通静态、动态信息量化的基础上，构建数字化信息平台，才能为城市交通管理和道路规划提供全面、客观的决策指导。

交通基础设施主要包括公路、铁路等主体基础设施和交通信号灯、供电设备等附属基础设施。我国一贯重视交通基础设施建设，但在建设、维护过程中，数据零散且缺乏直观视角的问题日益凸显。此外，数字技术创新使桥梁、道路的使用年限大幅提高，这意味着相关设施的综合管理与维护周期更长，加强交通基础设施原始数据、维护数据的统一管理越来越重要。

交通基础设施数字化的实现依赖于人工智能、物联网技术的发展，地理信息系统、建筑信息模型等新技术的应用也发挥了关键作用。依托新兴技术，完成对交通基础设施全方位的数据采集与量化，通过对数据进行传输、共享、可视化处理，可为交通基础设施规划、新建、维护、管理等工作提供技术支持。

我国交通基础设施的数字化建设主要从以下两个方面推进实施。

1. 完成各地交通体系中现有基础设施资源的数字化升级改造

技术应用、产业升级要与经济建设、社会发展相协调，结合当地经济社会发展需要，配合新项目，把握新机遇，向既有设施资源提供数字化升级的技术支持，有利于社会资源的高效利用，加快交通体系数字化进程。

2. 立足实践需求，新建数字化交通基础设施

城市经济新区建设需要数字化交通的赋能，诸多城市交通拥堵问题也亟待解决，城市居民出行需求的多样化、个性化特征日趋明显。当现有基础设施的完善与改造无法适应这些新趋势、新变化时，城市交通运输主管部门应积极建设数字化交通基础设施，全面升级交通体系。

数字化交通基础设施建设的推进实施，离不开党和政府的战略规划。2019 年中共中央、国务院颁布《交通强国建设纲要》，为我国交通基础设施建设指明方向，2021 年，中共中央、国务院颁布《国家综合立体交通网规划纲要》，明确了交通基础设施建设的具体目标。《国家综合立体交通网规划纲要》指出，到 2035 年，我国交通基础设施数字化率应达到 90%。

截至 2035 年我国综合立体交通网的主要目标见表 1-1。

表1-1　截至2035年我国综合立体交通网的主要目标

序号	指标		目标值
1	便捷顺畅	享受1小时内快速交通服务的人口占比	80%以上
2		中心城区至综合客运枢纽半小时可达率	90%以上
3	经济高效	多式联运换装1小时完成率	90%以上
4		国家综合立体交通网主骨架能力利用率	60%～85%
5	绿色集约	主要通道增加交通基础设施多方式国土空间综合利用率提高比例	80%
6		交通基础设施绿色化建设比例	95%
7	智能先进	交通基础设施数字化率	90%
8	安全可靠	重点区域多路径连接比率	95%以上
9		国家综合立体交通网安全保障设施完好率	95%以上

资料来源：《国家综合立体交通网规划纲要》

我国交通基础设施建设对数字技术的有效应用，加快了交通运输体系转型升级的进程，但也因区域、产业领域信息技术资源不平衡问题，尤其是信息共享存在阻碍，导致交通基础设施数字化进程中出现阶段性问题，具体情况如下。

我国交通基础设施数字化建设取得阶段性成果，水上运输、地面运输、航空运输体系全面升级。大数据、卫星遥感等技术广泛且迅速地在交通运输领域应用，交通动态、静态信息和运行数据得到标准化的汇集、存储、管理，区域内信息共享平台逐步建立，为综合交通运输体系发展提供了技术支持。

公路系统开展数字化转型升级，以公路的规划、建设、管理、养护、运行为核心，依托数据管理平台实现实时服务与管控，有效提高公路系统的管理效率与服务水平。另外，卫星遥感技术为具体区域的公路建设提供更加真实、准确的数据，有效保障了公路建设措施的精准落实。

铁路系统通过科技创新实现数字化升级目标，多地铁路部门全面推动无纸化车票的应用，利用数字技术大大提高通行效率，实现数字化升级。

民航部门、水路航运部门积极探索“智慧＋”模式，例如，机场的“一站式”服务，港口的自动化集装等。数字技术敲开了创新的大门，满足用户需求的个性化应用场景层出不穷。

我国交通基础设施数字化建设也存在部分问题，包括不同交通运输方式缺乏联动、数据资源深度应用不足、数字化网络安全保障体系不完善等。

数字技术的应用，一方面推动交通体系的高效运行和快速发展；另一方面也增加了交通体系的复杂程度，对数字技术、信息平台的数据统筹能力提出更高要求。然而，由于未建立标准化的规范体系，交通基础设施从规划到运营的各阶段信息无法实现精准衔接。水上运输、地面运输、航空运输的信息管理体系缺乏有效联动，没有信息共享的渠道或平台，独立体系内的部分信息难以再利用。同时，就目前的技术应用水平而言，交通运输体系对大规模数据的分类检索、深度分析能力略显不足，数据的深度综合利用仍缺乏技术支持。

因此，在交通基础设施数字化建设过程中，我国更应重视技术支持体系的稳定性，以及数据存储、传输的安全性，尽早规划交通网络信息安全保障体系。同时，我国也应加强对技术节点、网点的维护与检查，减少因数据传输故障、网络故障造成的交通故障，更应防止数据泄露造成的交通基础设施失灵，以免出现重大交通事故。

第四节 水上交通：集约化、智能化、数字化不断融合

数字化是集约化与智能化的基础，数字产业化和产业数字化是当今时代的发展趋势，水上交通也需要在数字化变革中寻找未来持续发展的不竭动力。在航运业务具体流程、管理组织形式、生产要素数字化的基础上，交通运输主管部门和相关企业主体，应依托信息共享平台，提供全流程智能处理服务，提高港口运行效率，加强动态管控，确保海运高效通行。

2021 年，《全要素水上“大交管”建设工作方案》（以下简称《方案》）发布，加快推进构建“多维感知、高效协同、智能处置、优质服务”的现代化、智能化水上交通动态管控新格局。在《方案》的指导下，我国全要素水上“大交管”体系的建设主要从以下 4 个方面着手。

1. 加强水域可视化发展

基于卫星遥感系统、地理信息系统等技术实现对内河、沿海的监控网络全覆

盖，确保航道动态即时数据、静态数据的高效回传，并实现数据可视化、直观化。

2. 增强数据传输技术应用

注重数据资源的横向传输，各区域、各部门接入水上“大交管”体系后，实现数据互通共享，在数据汇集、组合的基础上实现数据深度挖掘与应用，为水上交通管理提供可视化数据决策支持。

3. 依托信息通信技术实现水域协同管理

依托信息共享平台，实现水上交通管理各个环节数据、各个部门业务数据的紧密衔接、高效利用，促进网络安全核查、现场执法、海事服务等业务高效协同。

4. 推动产业链数字化升级

注重航运产业链、交通管理体系的整体数字化升级，连通“数据孤岛”，打破业务壁垒，立足产业数字化的宏观战略，汇集参与主体力量，推动局部数字化升级向全产业链数字化升级转变。

根据全要素水上“大交管”体系的建设经验，我国水上交通数字化转型从以下 3 个方面继续深入进行。

1. 船运公司与第三方平台协同创新，实现数据信息互联互通

第三方平台是航运产业链中不容小觑的力量，水上交通的数字化是全产业的宏观改造、整体升级。水上交通的参与主体不仅要打造具有自身特色的数字化平台，还应依托业务交流、业务交易来加强信息互联互通，在业务流程数据化的基础上实现产业链的数字化升级。第三方平台应明确发展战略，各主体参与数字化革新的过程，协同大于竞争，还应发挥渠道功能，创新业务模式，立足用户需求，为船运公司、航运经纪人、用户提供信息共享平台，提高沟通效率，提升用户体验。

2. 以用户需求为中心，提升业务各个环节的用户体验

航运业数字化转型的目的是满足用户需求，提升用户体验。数字化转型应打破传统规模化思维的禁锢，将运营重心从码头等重资产的配置转移到服务模式的创新上。航运业的本质是服务业，技术升级与规模扩大应以满足用户需求为基础，减少盲目并购重组，避免盲目追求大规模、大运力。数字技术为服务

方式创新与服务流程简化提供了解决方案，电子化应用的推广能提高信息的透明度，增强信息的可视化程度，自动化、智能化可有效节省人力并满足用户的个性化需求。

3. 加强网络安全保障体系建设

网络是数字化转型的基础，水上交通的各个环节、各个层面应加强网络安全保障，参与主体应重视网络安全问题，相关主管部门应建立合理的审核制度，做到及时核查、全面评估。

案例1-1　全要素水上“大交管”体系建设初见成效

2021年，全要素水上“大交管”体系建设已初见成效，海区、直属分局辖区、分支海事局辖区分别开展探索性实践布局。

例如，上海海事局率先在海区范围内进行“大交管”试点建设，开展试点项目（东海区域水上交通一体化协同管理）。通过海区范围内海事部门的信息设备共享，实现区域管理业务高效协同。依托雷达、跟踪与监控系统和自动识别技术加强对远海航行数据的监测、收集。通过对航船位置信息的监测，借助信息管理平台为交通管控提供数据支持，确保交通疏导工作高效完成，减少水域通航事故，改善通航秩序。

在此背景下，浙江海事局积极创新综合执法模式，在辖区范围内构建智能化信息平台，实现突发应急事件处理、海事综合执法、辖区航运动态信息监控等业务数据的融合，依托该平台，在完成信息采集与分析的基础上，为海事各部门管理提供数据支持。

江苏海事局立足本区域实际，注重港口与航道，以及各级航道之间的一体化建设，注重区域范围内的合作，以区域内分支局作为协同合作的关键节点，实现高效执法，促进信息的互联互通，是全要素水上“大交管”体系的具体应用。

宁波海事局创新了具体任务的管理机制，打通辖区范围内指挥中心与交通管理中心的数据端，实现指令点对点传达，有效提高了交通管理效率，通过积极构建智能化信息平台，有效提高了海事执法、应急处理等业务的完成效率，加强了风险防范能力。另外，宁波海事局还加强港口、港区交通管理一体化、整体化建设，有效保持了船舶进出港口的良好通行秩序，使船舶准点通行率及高峰时段通行率大幅提高。

第五节

网上交通：互联网出行体系不断完善，行业互联协同不断深入

“要想富，先修路”，交通问题一直都是人民群众目光的聚焦点。随着互联网时代“互联网＋交通”体系的持续发展和不断完善，实时公交、网约车、智慧物流等互联网高速发展下的产物正在不断地丰富着人民群众的生活方式和出行方式，交通、物流等不同行业之间的联系更加深入。“互联网＋交通”体系成为业界新形态的代表，互联网出行体系成为交通领域发展不可避免的趋势。

“互联网＋交通”体系的不断完善，加强了交通信息资源的整合和共享，人们可以通过移动互联网随时随地了解各种综合服务信息，让自己的出行与生活更加安全、便捷。

案例1-2　公安部互联网交通安全综合服务管理平台

秉承全心全意为人民服务的宗旨，我国政府部门向来是利民政策导向的先行者。自“互联网＋交通”体系成为当今社会交通领域发展不可避免的趋势后，从2015年开始，公安部积极地构建互联网交通安全综合服务管理平台。

随着该平台构建完成，“驾考预约”“办牌办证”“处理交通违法”“机动车年检”等信息咨询和业务办理都可以直接通过该平台完成，实现“群众在哪里，服务就在哪里”的转变，使人们的生活更加高效和便捷。

公安部构建的互联网交通安全综合服务管理平台呈现以下4点优势。

1．简化办事手续

当前，我国大部分政府部门在业务办理方面不同程度地存在“服务跟着管辖属地走”的现象，客观上降低了政府部门办事效率，导致流程烦琐。公安部构建的互联网交通安全综合服务管理平台可以让人们在平台上直接进行办牌办证、机动车年检、交通事故和违法处理等多项业务的办理，从根本上解决了人们必须到管辖属地办理业务的难题。这种“一站式”服务，大大简化了办事手续。同时，人们通过该平台办理业务，也实现了无纸化办公，为保护环境、减少污染尽一份力。

2. 获取多元化的信息

互联网交通安全综合服务管理平台将网页、手机 App、短信、语音电话等多种信息获取方式融为一体，能为人们提供 10 类 130 余项的线上服务。这 10 类服务不仅能做到随时随地查询个人交通信息，还能通过该平台实时获取道路施工、危险路段等多元化信息，便于人们合理规划自己的出行。

3. 适应不同年龄阶段服务需求

如今，绝大多数人会手持一部智能手机，常用的移动支付、扫码出行等服务让人们感受到科技带来的便捷。科技的高速发展在方便人们生活和出行的同时，却给部分老年人带来负面影响。为了满足老年人的生活和出行需求，公安部构建的互联网交通安全综合服务管理平台能通过网页、手机 App、短信、语音电话等方式，最大限度地实现人群覆盖，提供人性化的便捷服务，以适应不同年龄阶段的生活和出行需求。

4. 实现资源整合和资源共享

互联网交通安全综合服务管理平台启用的是全国统一的“122.gov.cn”专用互联网域名。由此可见，公安部对该平台的规划是使其整合全国的交通信息，实现交通信息在全国范围内的共享。

案例1-3　高德地图的出行体验

高德软件有限公司旗下的高德地图是一款导航软件。在全球定位系统（Global Positioning System，GPS）的支持下，高德地图不仅能够满足基本的地图查看和导航定位服务，还可以为人们提供打车服务，以及集吃、喝、玩、乐为一体的综合性服务。同时，高德地图还能基于大数据对路况进行分析，智能匹配出行者的起点和终点之间的路线，为出行者提供合理、快速、安全的出行路线。

近年来，我国北斗卫星导航系统建设逐步完成，在民用领域发挥了巨大作用。大部分安卓智能手机开始使用北斗卫星导航系统作为定位系统。

案例1-4　网约车，方便出行

互联网的发展带动了出行方式的变革。自 21 世纪以来，公共交通、骑行、出租车等传统出行方式已经很难满足人们日益安全化、舒适化、精致化的出行需求。各类网约车平台出现，其提供的共享公交、网约专车、网约代驾等多种服务类型改变了人们以往的出行模式，为人们的出行提供了多样化选择。

与此同时，移动互联网技术在人们日常生活中的深度应用，也让人们的出行更加方便和安全。

随着大数据、云计算等技术在交通领域的深度应用，在“互联网＋交通”体系下，移动信息技术将有力地推动交通、物流、餐饮、娱乐等行业的协同发展和深入融合，推动我国加快向交通强国迈进。

第二章

我国交通科技发展的形势与需求

第一节
交通科技响应国家交通强国战略

随着社会的进步和经济的发展，传统的出行方式已经无法满足社会群体出行和社会发展的需要。快节奏的互联网时代，也无法对原有的交通发展模式全面兼容。交通运输行业要想可持续发展，必须立足现代交通科技，并在此基础上不断创新，推动交通科技高效、便捷、绿色发展。

对国家而言，交通不仅是促进社会经济发展的重要推动力，也是兴国之要、强国之基。中华人民共和国成立之初，国内建设百废待兴，交通领域尤为落后。当时我国大部分人的中短距离出行主要靠步行、畜力车、人力车等，直到改革开放初期，我国仍被称为“自行车王国”。同时，铁路、公路等交通基础设施的短缺也严重制约着人们的长距离出行。数据显示，我国铁路总里程仅有 2.18 万千米，不足 2020 年全国铁路运营里程的 1/5。千米里程仅有 8.1 万千米，与 2020 年公布的 519.8 万千米公路总里程相比更是九牛一毛。

为了改变我国交通运输行业的落后情况，党和政府大力推动交通建设，致力于将我国建设为交通强国。尤其是改革开放以来，为进一步加快交通强国建设，我国积极推动科技与交通领域融合。以互联网为信息传输纽带，推动科技与交通之间的联系和协同不断深入。以人工智能为技术支撑，推动交通装备向智能化、数字化的方向发展。以大数据为引领，推动交通运输体系创新发展。

随着交通科技的发展，以及我国在交通运输领域持续性的资金投入，从京张铁路到京张高铁，从台柳路到雅西高速公路，从港珠澳大桥到北京大兴国际机场……几十年间，飞机、高铁、地铁等交通工具涌现。我国在铁路运营里程、公路通车里程、高速铁路等方面的表现进入世界前列，交通领域发生了跨时代的巨变，取得了令人瞩目的成就。与传统的交通方式相比，我国的新型交通科技应用不仅更快捷、更安全，也更高效、更环保，更能满足社会发展和交通强国建设的需要。

为了加快交通强国建设，2021 年 2 月，中共中央、国务院发布了《国家综合立体交通网规划纲要》，指明了我国在交通基础设施网络的基础上建设综合立体交通网的方向。

《国家综合立体交通网规划纲要》提出，交通强国的建设要立足于世界，要统筹兼顾，要具有世界眼光。此外，建设交通强国还要推进大数据、人工智能、互联网等技术在交通领域的深度应用，促进科技与交通的融合发展，以此实现“一站式交通服务”“一体畅联运输服务体系”的现代化交通体系建设。

第二节 人民美好生活新期待的需求

“向阳而生，逐光而行”，每个人对美好生活都会心向往之。根据马斯洛需求层次理论，人们在满足衣、食、住、行等基本生存需求后，会在此基础上寻求更高层次的满足。例如，人们不再局限于吃饱、穿暖、有住所、能出行，而是追求“吃好、穿好、居住安、行得快”等高质量的生活方式。

正因为始终有所期盼，人类社会才能不断进步。满足人民对美好生活的期待，则必然以交通科技的积极应用为基础。

一、空中交通：出行效率与水平不断提升

自女娲补天、嫦娥奔月等神话故事诞生，神秘的天空始终吸引着人们持之以恒的探索和追寻。直到第二次工业革命，飞机的出现开始让人们的想象化为现实。此后，随着科技的快速发展，以及我国人民生活水平的不断提高，人们的出行需求不断增加，空中交通成为人们中长距离出行的普遍选择。

为了进一步提升人们的空中出行效率，保证出行服务质量，相关交通部门借助大数据、人工智能、互联网等技术的优势，通过空中交通方式革新和供给侧改革，进一步整合交通科技资源，为提升空中交通出行效率和水平开拓更大的空间。

1. 航空旅游潜在市场庞大

近年来，我国大力加强通用航道基础设施建设，致力于推动通用航空产业发展和革新，而如火如荼发展的旅游业也为通用航空的发展提供了重要契机。

空中交通能够为出行者提供独特的游览视角和出行体验，对出行者有很大的吸引力。因此，我国部分城市开始改变空中交通工具的属性，尝试赋予其旅游属性。

而在空中交通工具的选择方面，直升机以其“垂直起飞降落不需要大面积机场”“可低空飞行”的特点，成为航空旅游空中交通工具的首选。

尽管航空旅游使人们的“飞天梦”得以圆满，但受资金和专业人才的限制，将直升机作为空中交通工具开展航空旅游的实施情况并不理想。随着社会经济的发展、人民生活水平的提高、国家对专业人才培养力度的加大，以及技术与交通的深度融合，利用直升机等空中交通工具开展航空旅游将越来越受青睐。航空旅游也会因其巨大的潜力，成为旅游市场的一匹“黑马”，带动旅游业高质量发展。

2. 低空空域政策改革带来的契机

与在陆地旅游相比，空中的不确定性让我国对航空旅游中空中交通工具的飞行高度做出了严格的限制。为了不影响航空运输的正常运营，保证航空运输的安全，1000 米以下的低空空域没有被放开。2010 年，《关于深化我国低空空域管理改革的意见》(以下简称《意见》)发布，航空旅游迎来了发展契机。根据《意见》中的内容，我国将开放 1000 米以下的低空空域，允许直升机、轻型固定翼飞机等小型飞机飞行。该《意见》的出台，不仅进一步拓展了我国低空旅游的交通网，也为科技推动航空旅游的发展打下良好基础。

3. 民用直升机产业的快速发展

由于国内相关技术的成熟，我国民用直升机产业展现的潜在市场前景巨大，在未来 10 年内很有可能进入发展的“井喷期”。要想让我国民用直升机产业按照预期的方向发展，就应该在技术领域积极借鉴和吸取国外民用直升机产业的优秀成果，推动民用直升机与交通运输体系的融合，并在此基础上制定能够长期、稳定推动民用直升机发展的政策。同时，我国还应积极鼓励科技创新，开发出民用直升机新机型，推动我国民用直升机产业的转型升级。

4. “互联网 + 民航服务”优化出行体验

借助大数据、云计算、人工智能等技术，现代交通体系的特点以“互联网 + 民航服务”为主。在互联网时代，人们可以通过平台“一站式”获取出行信息和处理相关业务。例如，乘客可以直接通过平台办理购票、退票、改签业务，机场可以通过 App 为乘客实时推送航班动态信息，这些举措为乘客提供了极大的出行便利和良好的出行体验。

二、地面交通：生活满足与经济发展并重

在水上、地面、空中交通 3 种方式中，地面交通因费用低、覆盖率高、可达性强和运载量大等特点，与普通人生活息息相关。今天，人们的日常出行也更依赖于汽车、电动车等私人交通工具，这也进一步导致地面交通拥堵，交通事故频繁发生。

为了有效解决人们的出行需求，我国始终致力于构建综合运输体系，根据高速铁路、干线运输、高速公路、城市轨道交通等地面交通的特点，打造统一、连贯、合理的综合运输体系，以便为人们的生活提供更大的便利，更好地促进国民经济的发展。

1. 高速铁路

高速铁路作为现代新型铁路交通方式，得到国家政策的大力支持，代表了未来铁路交通的发展方向。在《中长期铁路网规划》的引领下，我国积极引进国外先进铁路技术，在原有的技术基础上大力推进技术创新并获得了显著成果。目前，我国高速列车技术、列车控制技术、工程建造技术等与列车相关的技术已经位居世界前列。铁路轨道四通八达、可达性强，车厢内部配备完善的基础设施，为乘客提供了舒适的出行体验，这一切都彰显了生机勃勃的高速铁路交通。

2. 干线运输

干线运输是指利用交通网络中的主要干线，进行距离长、数量多等较重的运输任务，在交通网络中担负着主力军的作用，是交通网络不可或缺的重要部分。考虑到现实问题，我国更多从基本国情和各地区地面交通的基础出发，以农村公路、高速公路、城市道路、铁路等交通方式为主体，在国家的综合调控下，形成各种运输方式相互协调、共同发展的干线运输体系，以满足现代社会不断增长的客运、货运需求。

3. 高速公路

根据我国交通运输部的定义，高速公路是指能适应年平均昼夜小客车交通量为 25000 辆以上、专供汽车分道高速行驶并全部控制出入的公路。与普通公

路相比，高速公路因其机动车专用、速度快、费用低、安全度较高等特点广受出行者青睐。尽管如此，特殊时期高速公路的交通拥堵现象也十分显著，尤其是节假日、恶劣天气等引发的出行高峰，出行者被堵在高速公路上的情况比比皆是。为了有效应对高速公路的交通拥堵情况，做好应急工作、建立完善的应急指挥部门、加强各部门联动和沟通是提升人们出行满意度、促进经济发展的重要措施。

4. 城市轨道交通

城市轨道交通是指城市中在固定轨道上运行的交通工具，例如轻轨、地铁等。与传统的公共交通工具相比，城市轨道交通按照既定的在空中或地下建造的轨道运行，不受汽车、行人、建筑、路况等因素的影响，无论在速度上，还是价格上，都具有更高的性价比，是大部分人工作出行、生活出行的首选。

城市轨道交通不仅满足了人们多样化的出行需求，而且由此呈现多样化、安全化、高效化的特点，也促进了社会经济的发展。在社会经济发展和科学技术进步的共同赋能下，综合运输体系必将更加完善，进而与经济和科技的进步相互联系，形成完美的良性循环，最终使我国广大的人民群众受益。

为此，2020 年我国针对交通强国建设目标制定了合理、科学的新蓝图，其中最主要的举措是继续加强铁路建设和保持对铁路建设的高额资金投入，计划在更多的地区建设 4000 千米以上的新线路。此外，《交通强国建设纲要》提出以交通运输的重点地区为主，结合交通运输在空间和时间上的分布特点，在“四极”“八组群”“九组团”的基础上，加快构建以“6 条主轴”“7 条走廊”“8 条通道”为主的国家综合立体交通网主骨架，提高城市与城市之间、城市与经济圈之间的交通联系，实现重点交通区域之间的“多通道联系”，使不同区域之间的交通联系更加安全、高效、便捷。

三、水上交通：满足多样化生活出行需求

我国河流水域众多，尽管东西南北分布不均，但长江、黄河横跨东西，京杭大运河贯通南北，内外流区域兼备，这不论是对内经济贸易，还是对外经济贸易，都能发挥巨大的作用。

在古代，受经济和技术的限制，地面道路情况和交通方式十分落后，人们只能依靠牛、驴、马等拉车出行或步行。无论是客运还是货运，都会耗费非常多的时间和经济成本，安全也很难得到保障。在这种情况下，黄河、长江、淮河、松

花江乃至京杭大运河等具备船只通行条件的水域的航运价值得以凸显，水上交通成为客运和货运重要的交通干线。航道沿岸地区的人口、经济也得到快速发展。例如，京杭大运河的开凿带动了杭州、苏州、扬州等城市的发展。

当今，水上交通经过各个时期的发展、完善和经营，仍发挥着重要作用。例如，在“十一五”期间，原交通部对长江干线航道进行系统治理和综合改善，进一步发挥其交通功效。目前，我国已形成四通八达的水上交通网络，其凭借速度快、货运量大、能耗低、运输成本低的特点，受到人们的青睐。

党的十九大以来，我国致力于“大力提高交通服务质量，建设人民满意交通”，进一步促进水上交通运输行业与旅游行业融合，让人民拥有更好的出行体验。

案例2-1　“海上飞船”助力水上交通

说起水上交通，人们主要想到的是轮渡、游船和快艇等借助水的浮力漂在水面上的交通运输工具。但现代先进技术为水上交通的发展和革新注入了新的活力，水上交通工具不仅能借助水的浮力漂起来，还能借助气流和地面效应飞起来，其典型代表是海上地效翼船。

2014 年，我国成功研制出海上地效翼船“翔州 1 号”，其航速最快可以达到每小时 210 千米，比直升机快一倍左右。不仅如此，“翔州 1 号”还可以在海面上飞行，数据显示，其最高可以飞行 150 米，是名副其实的“海上飞船”。

1967 年，中船重工 702 研究所开始了海上地效翼船的研制和开发，在“信天翁”“天翼一型”等小型地效翼船研制结果的基础上，经过数十年的不懈努力，最终研制出“翔州 1 号”，并在 2014 年 4 月完成海上试验，获得了中国船级社认证。海上地效翼船“翔州 1 号”的成功试验，不仅代表着我国海上地效翼船研制技术获得重大突破，也促使我国水上交通运输踏上发展的“快车道”，推动水上交通运输的快速发展。

随着“翔州 1 号”商用，其“海上飞船”的特性带来的吸引力促进了水上交通与旅游业融合，大大提升了旅途的趣味性。

四、网上交通：高效出行与资源合理调配

进入互联网时代后，交通运输行业发生了巨大的变化，现代交通运输方式除了具备基本的交通属性，更侧重于为人们提供个性化的服务体验。因此，智慧交通成为未来交通运输行业发展的主要趋势。

1. 高效出行，智慧交通

随着各类网约车软件的使用，无论何时何地，只要人们有用车需求，就可以通过相关 App 一键打车，驾驶员也可以通过平台接单。这在很大程度上避免了乘客无车可坐、驾驶员无人可载的尴尬情况，不仅有利于乘客高效、便捷、安全出行，也实现了交通资源的合理调配。

2. 地图导航，让出行更便利

随着 GPS 技术和移动互联网技术的飞速发展，地图导航软件已经不局限于为用户提供实时定位、路线规划、路线导航等基础服务，还能通过对交通运输数据的整合和分析，提升用户的出行效率，为用户提供良好的出行体验。例如，北斗卫星导航系统因其定位的空间位置和真实位置之间的距离小，能向用户提供高精准的定位服务，有效降低了用户因路况复杂走“冤枉路”的可能，让用户的出行更加便利。

3. 网络调配车辆，大数据助力公共交通

由于人们收入的增长和生活水平的提高，我国机动车保有量始终处于较高水平。数据显示，截至 2021 年年底，全国机动车保有量达 3.95 亿辆，尽管这一数字与中国庞大的人口基数相比存在不小的差距，但考虑到不同地区的经济发展水平，以及老龄化持续加重的人口结构，目前我国机动车的数量在世界范围内仍处于较高水平，大部分人的日常出行依赖私家车。相比之下，我国公交车的运营规模在 70 万辆左右，出租车的运营规模在 170 万辆左右，私家车的增长势必会给公共交通工具的运营带来一定的影响，除了加剧交通拥堵，公交车、出租车空车运营还会浪费公共交通资源。

为了解决以上问题，我国依托大数据、云计算等技术对交通环境进行合理分析，通过智能排班，对公共交通车辆的发车时间等进行优化，以此提升公共交通的运营效率。例如，通过构建公共交通综合管理服务平台，将车辆信息通过站台、App 等方式推送给乘客，让乘客随时了解公共交通车辆的运行信息，减少乘客的等待时间，以此提升乘客的满意度。同时，出租车驾驶员还可以通过公共交通综合管理服务平台发布载客信息，方便乘客及时获取一定范围内出租车的信息，或者乘客可以通过该平台寻找出租车，以此扩宽出租车接单的渠道，减少驾驶员“碰运气式乱转”和乘客与驾驶员交通信息不对称而造成的资源浪费。

应用互联网技术，使公共交通工具的运营更加灵活、高效，乘客的体验更

加良好，对实现交通资源的最大化利用，以及促进“互联网 + 交通”体系的发展发挥着重要的作用。

第三节 满足国家治理能力提升的需求

积极运用交通科技发展成果解决交通出行问题，不仅关系到个人和家庭生活的需求，同时也关系到国家治理能力提升的需求。

一、空中交通：参与国际航空航天竞争

古往今来，人们从未停止过对太空的探索。现代社会的科学技术使飞天梦想成为现实。

我国不断加快“飞出去”的步伐，逐步形成四通八达的航空通道，开辟出更多的国际航线。截至 2021 年，我国已建成北京、上海、广州、成都、西安等 10 个国际航空枢纽，29 个区域枢纽等组成的现代化机场体系。我国已与 128 个国家和地区签署了双边航空运输协定，开通国际航线 895 条。

我国的外交政策一向是友好的。在与其他国家的航空合作中，我国始终坚持在平等互利的基础上，以“积极、进取、有序、有保障”为原则，持续拓展合作渠道，满足中外航空企业需求，为国内外人员及经贸往来创造便利条件。

在积极对外开展航空合作的同时，我国也从未停止技术改革与发展的步伐。根据中国商飞公司官方网站的介绍，2017 年，我国自主研发的 C919 大飞机成功首飞，标志着我国已正式进军民用飞机领域。2022 年 5 月，中国商飞公司即将交付首家用户的首架 C919 大飞行首次飞行试验圆满完成。新一代民航机的问世，标志着世界民航领域被空客公司、波音公司垄断的局面被彻底终结，我国在航空领域将继续创造新的辉煌。

二、地面交通：打造强大陆路系统

交通是国民经济的基础性产业，对于地区乃至国家的发展有着至关重要的作用。一座城市的发展，离不开交通运输的带动。众所周知，河南省郑州市就是

一座被人们称作“火车拉来”的城市。

从天空到陆地再到海洋，在多维空间的视角下，地面交通在人们的日常出行中占据的比重始终最大。地面交通是否发达，关乎国计民生，我国也因此制订了一套科学的地面交通发展计划。

随着近年来“一带一路”倡议的推进，中欧陆路运输系统的发展得到了快速提升，内部结构不断向着包容化、开放性的方向完善，不断促进亚欧大陆各地区之间的全方位联系。在此期间，我国推出多元化的合作方案，打破各国之间的贸易壁垒，力求建立平等、友爱、互信的合作网络。概括来说，可将其称为我国地面交通“三部曲”战略。

首先，鉴于中欧陆路之间距离长、面积广、覆盖国家和地区众多，为丰富陆路运输方式，中欧共同推出铁路、公路、跨国油气管道三合一的联动发展模式，刷新地面交通运输布局，推进各领域衔接更加方便快捷。

其次，中欧陆路运输在双方经贸往来中逐渐扮演着重要角色。随着公路等级的提升，通行里程也在持续增长，承载量、运力、运输频次等重要数据均已实现稳步攀升，这象征着中欧陆路运输的发展即将进入一个全新的时代。

最后，为了保证中欧陆路运输口岸贸易的通畅，我国积极对话各国政府，说服对方开通更多口岸，协调各国海关和检疫部门之间的工作，提高运输交接效率，使通关流程更加快捷。

我国对内紧盯“打造交通强国建设示范城市”这一目标，创建“通道＋枢纽＋网络”三位一体的综合性交通体系。通过科学的空间布局，我国打造了一批具有国际竞争力的交通枢纽。

在铁路建设方面，最高效的方式是从沿海、沿江城市入手，搭建贸易网点直通车，发展专项货运班列。而在道路交通方面，可以按照不同的城市功能区域划分，打造城市圈互联互通道路网，推动出行大通道和高速公路的建设。

无论是过去还是现在，我国始终没有停止对地面交通的开发。强大的地面交通网络，犹如中华大地上一条条强劲有力的经络，源源不断地为我们输送着发展的养料。无论时代背景如何变化，世界各国逐步走向统一整体的趋势不可逆转。未来我国仍将在地面交通领域开辟出更多的国际合作空间，以维系全球物资供应链的稳定，助力全球经济回暖。

三、水上交通：远洋航运能力提升，保障进出口贸易

回顾我国的航海历程，有记载的史料最早可以追溯至秦代。海洋存在众多的

未知，远洋航运更是潜藏着变幻莫测，存在着一定的风险。

随着党的二十大胜利召开，提升我国远洋航运能力，降低航运风险的发展计划被再次推进。海洋科技创新是建设海洋强国的根本动力，是贯穿全局、起决定作用的关键因素，加快海洋开发进程，振兴海洋经济，关键在于科技创新。

近年来，为了加速海洋科技创新发展，我国出台了一系列的远洋航运政策，以此全力参与打造全球综合物流供应链。

2019 年 1 月 21 日，“吉林一号”在酒泉成功升空。值得一提的是，其搭载的“水运一号”卫星载荷，是全球首个可实现船舶在轨智能跟拍的民用商业卫星载荷，与此同时，“水运一号”也是第一个由我国自主建成的水运科学空间实验平台。

丰富的航海及航天科研资源的搭载，说明“水运一号”是以船舶和航运为对象，主要任务是测试卫星通信、导航及遥感等远洋航运服务能力，为船舶航行提供更多的安全保障和技术支撑。

提升远洋航运能力是我国的重要策略，对我国参与全球发展起到不可替代的重要作用。为了实现这一宏伟目标，需要相关人员深耕航海技术，突破现有技术瓶颈，增强风险意识，更需要参与的部门、机构、企业上下一心，同舟共济，共同维护我国的水上交通地位，保障进出口贸易的安全与稳定。

四、网上交通：提升交通销量，建设绿色交通

近年来，定制、预约、共享的新型出行模式发展迅速。全国网约车平台的最新数据显示，截至 2021 年 2 月，全国网约车平台收到的订单数量高达 5.6 亿单，全国登记在册的网约车平台已有 200 多家，全国获得驾驶资质的网约车驾驶员约 330 万人。

发展绿色交通，既是民之所向，也是大势所趋。“十三五”以来，交通运输部陆续发布了关于绿色出行的一系列指导性文件，将绿色出行理念与时代发展相结合，梳理发展流程，全力打造低碳环保、可持续发展的绿色交通运输体系。这充分体现了国家对网络交通产业的宏观指导能力。

同时，无论采用何种形式的网络出行，最终都要依靠信息通信技术加以实现，而技术手段的运用必然也会产生成本。

此外，技术的创新与普及，也需要相关科普体系的建立。人民群众对交通的需求，对交通发展的认知，都需要交通科普工作的跟进。交通科普工作包括科普理论、科普工作管理体制、科普交通运输行业发展现状、科普交通运输行业体系建设研究等，这些都是交通科技发展的有力支撑。交通科技的发展，不是单

一的技术发展，而是全方位、立体式的体系发展。例如，一些科普教育基地、科普活动、科普传媒等在交通科技发展的过程中起到锦上添花的作用。

当下，人们在确保高效、环保出行的同时也会进一步兼顾出行成本，这将是我国治理网上交通的下一个重点。

第四节 抢抓新科技革命机遇

交通科技的发展有其自身的规律性。在全球新技术浪潮不断推高的时代背景下，借助科技来推动交通运行水平达到新的高度，势必要抢抓新科技革命这一重要机遇。

一、空中交通：航空技术带动科技、经济发展

近年来，伴随航天事业的飞速发展，我国频繁登上国际航天领域的热搜榜单。载人飞船、“两弹一星”等全面开花，在全球范围内掀起一股研究中国航天的热潮。在中国航天技术取得的众多突破性成就的背后，是不可估量的附加价值，这些成就犹如一股强劲的电流，共振出经济、军事、教育等多个领域的潜能。

以经济领域为例，国内生产总值（Gross Domestic Product，GDP）是衡量一个国家综合实力的重要指标，在与GDP直接挂钩的产业链中，航空产业占据不小的比重。原因在于GDP总量与就业率有着密切的关联。即便是普通飞机的研发生产项目，也能支持600多家企业业务发展，间接带动2000多个行业的发展。

国际航空运输协会预计，2023年全球航空业将实现收入7790亿美元。由此可见，航空产业在拉动区域经济方面有着举足轻重的作用，航空产业的发达，可以直接变现为撬动经济增长的杠杆，为区域创造更多的机遇与发展红利。

除了拉动经济增长，航空技术还充当起其他行业高新技术的孵化器，其中最具代表性的当属航空发动机原理在高速列车气动装置中的应用。此外，由航空发动机衍生出的燃气轮机也亮相于工业发电和军事领域，成为船舰与装甲坦

克上的“作战利器”。被广泛应用于交通领域的刹车系统，其灵感起源于飞机的防抱装置（Antilock Braking System，ABS）。航空领域常见的碳纤维、钛合金等新材料也被广泛应用于民用领域。

航空产业中的核心环节当属航空运输。在快节奏、高效能的科技革命里，我国航空运输的优势极为突出，既能满足企业低成本和弹性生产的需要，也能利用庞大的航运路线间接打造全球资源共享平台。以此为背景，跨国贸易、休闲旅游、文化交流等产业将呈现一派生机盎然的景象。航空运输带来的商机、人流、物流及信息流，最终汇聚成巨大的网络洪流，流量经济就此诞生。

二、地面交通：高铁、新能源交通发展

轨道交通对国家和地区经济的发展有着重要的先导性作用，正所谓“火车一响，黄金万两”。自中华人民共和国成立以来，全国人民积极投身于轨道交通事业的建设中。历经半个多世纪的艰苦奋战，昔日的汗水终于化作丰收的果实，京张高铁、大兴国际机场等世界级工程陆续落地。截至 2022 年 9 月底，我国铁路营业里程已达 15.3 万千米，99% 的 20 万人口以上城市都已被铁路网覆盖，全国高铁运营总里程已经超过 4 万千米。高铁现已成为我国在国际舞台上又一张鲜亮的名片。

我国在交通领域的强大不仅体现在铁道上，近几年频繁出现在公众视野的新能源交通技术同样表现不俗。新能源给人们最直观的感受是绿色、节能、环保。也正是源于这些亮眼的标签，新能源技术这一重要的科技成果被广泛应用于国内一线城市的公共交通。

新能源公交车内部环境舒适，而且不烧油，只用电。当新能源公交车返回场站时，车辆在停稳后便可自动充电，只要 10 分钟的时间，就可以补足电量，避免因电量不足造成车辆出行受阻，从而减轻交通负担。不仅如此，一些城市积极创新，将新能源公交车与人工智能相结合，大大提高了乘客出行的舒适度与满意度。

新能源技术的应用无疑是科技革命的重要成果，这给人们的出行带来了翻天覆地的变化。作为低碳环保的出行方式，新能源技术除了适用于公路，在轨道交通领域也备受追捧。从技术层面而言，新能源汽车与高铁存在着许多共性，原本应用于高铁的轻量化技术经过改良后，被顺利应用到新能源汽车的研发上，从而使后者的生产效率实现了质的飞跃，汽车零部件使用数量缩减过半，大幅节省了生产成本。

截至2022年9月底，我国新能源汽车保有量达1149万辆，其中纯电动汽车保有量为926万辆，同时新能源汽车保有量每年还在以惊人的速度持续增长。在各地公共交通建设中，新能源公交车也因其低能耗、高效率的特点而备受青睐。上海、青岛等城市率先开启了新能源公交车的推广，并在现有技术的基础上不断改革创新，融合智能装备，进一步打造有当地特色的新能源交通体系。

新能源汽车给人们的生活带来了诸多的便利，但机遇与挑战往往是并存的。现阶段，充电配套设施数量短缺、行驶里程较少等问题亟待解决。此外，全球变暖导致人们生存环境日益恶劣。在严峻的生态环境下，新能源汽车在全球汽车市场有着广阔的发展潜力，许多国家对于新能源汽车的应用给予政策支持。为了改善全球生态环境，也为了获取更大的市场空间，我国的新能源汽车制造企业需要不断进行技术突破，为全球新能源交通打上“中国智造”的烙印。

三、水上交通：远洋船舶、大型船舶技术发展

我国的海上贸易已有上千年的历史，一望无际的海面，时而平静，时而惊涛骇浪，要想避开航海风险，安全顺利地到达目的地，打造坚固的船舶是关键。

2012年以来，我国造船订单数量蝉联全球第一，这说明我国造船技术日趋成熟，与欧美国家之间的差距不断缩小。真正让我国造船业迎来重大突破的时间节点是2020年。这一年，我国自主研发的新一代柴油发动机正式应用于远洋船舶，彻底打破了发动机长久以来被国外产品垄断的局面，使造船技术从中国制造向中国创造升级。

船舶制造是全球经济的重要环节，面对巨大的市场需求，各大造船企业纷纷投入船舶技术创新与性能改良的工作中，力求赢得更多的市场份额。

抢占市场，技术是关键。在一系列的考核中，智能化程度是检验船舶品质优劣的重要指标。进入21世纪，智能航海系统逐渐在全球范围内普及。号角吹响之际，我国造船企业迅速展开研发生产，在2018年打造出全球首艘40万吨智能超大型矿砂船——“明远号”。该船的船体由上海船舶设计院设计，总长为362米，配有7个货舱，具有超大存储能力，总量级约为40万吨。该船主要负责我国与巴西之间的铁矿石运输。

除了体量大、运输能力强，“明远号”的另一大优势是智能化产品的嵌入。“明远号”内部配有一体化的网络信息平台和智能通信系统。“明远号”具备辅助自动驾驶、船岸一体化通信及设备自检维护等功能。在海上航行期间，“明远号”

借助高度集成的中央控制系统，各模块间分工明确，运转有序，通过了挪威船级社的认证。这项技术荣誉不仅是对“明远号”的认可，更是对我国在研发智能船舶技术水平上的充分肯定，标志着我国智能船舶即将在新科技革命浪潮中获得更大的发展空间。

四、网上交通：共享交通、智能交通的发展

互联网技术早已不是“虚拟世界”的固有形象，而是能凭借其技术支持，对现实社会产生实际的影响，实现“网络互联，万物互联”。

随着云计算、大数据等技术的成熟，“共享”概念应运而生。这个概念在我国的起源与交通领域和网络共享经济第一次合作成果密切相关，是共享单车引起的“出行革命”。

今天，共享单车早已不是新生事物，在国内城市随处可见。出行者利用手机扫码即可体验骑车出行的便利。到达目的地后，出行者将单车停放于指定区域，便可供其他有需要的人使用。这便是共享经济不可或缺的理念，即公共与分享。

将有限的交通工具发展为公共资源，分享给更多有出行需求的人，是新科技革命在交通领域的又一大创新应用，其成果集中体现在共享单车、共享汽车能最大限度地将一辆车的使用价值发挥出来，以提高公共资源的使用效率。互联网共享交通工具的出现可以满足一部分人的日常出行需要，降低购买私家车的需求，有效缓解交通压力。而更长远的影响在于减少汽车尾气的排放，打造绿色交通。

除了共享交通，智能交通同样也是交通领域的新兴概念。发展智能交通的目的，并非是打破现有的交通格局，而是在当前已经取得的成果之上，结合新的发展需求，集成电子传感技术、网络技术及信息通信技术等，创建新型的运输管理系统。

智能交通的实施，一方面，有其固有而缜密的操作流程，需要相关部门对交通数据进行分析，模拟现实应用场景，判断过程中可能出现的情况及突发性事件，提前制定应急防范措施；另一方面，传统的管理模式中存在的短板同样需要升级改造，提高交通运行效率，维护交通网络安全畅通。

作为创新型出行模式，在互联网技术加持下的共享交通、智能交通不但解决了出行难、耗时多、成本高等问题，同时还因绿色出行为生态环境保护做出了贡献，现已发展为时代的风向标，引领更多的人使用新的交通方式出行。

第五节
保障国家安全战略的需求

国家安全直接关系政治、经济、社会的稳定。只有保障国家安全，社会才能长治久安。在信息通信技术高速发展的今天，保障国家安全的主战场已经转移到蓝天，甚至是浩瀚的宇宙。无论怎样变化，国家安全与交通建设始终有着密不可分的关系。

一、空中交通：空天时代，国家安全出现新特征

伴随信息通信技术的高速发展，我国空中交通体系日渐完善，不断呈现各种适应时代的新特征。

航空航天技术水平是综合国力的象征之一，其涉及的技术不管是深度还是广度，都是其他领域难以比拟的。另外，多级火箭技术带领人类探索更广袤的世界，载人飞船的性能更加强大，国际空间站为人类带来更宽阔的视角。而这一切与高精尖技术密切相关。

目前，我国的空中交通力量正处于高速发展期，并逐步屹立于世界之林。

二、地面交通：高铁与国家安全

我国是世界上高铁总里程最多的国家，高铁是以其稳定性和可预测性承担着我国内外互联互通的重要交通工具。从 2005 年开展高铁建设到今天，我国高铁无论是里程数还是技术，都属于世界顶尖水平。

我国之所以大力发展高铁，主要是因为高铁在交通资源上具有重要的战略地位，它不仅改变了人们的时空距离，还带动了区域经济的发展。高铁的快速发展，不仅承担着我国的运力重任，还在国家安全层面具有积极意义。每次灾难发生时，高铁都能迅速扛起救灾抢险的大旗，为一线人员运送充足的物资用品。

“四纵四横”使我国一线城市的人员往来更加密集，“八纵八横”让越来越多的山区人民走出山区。每一次计划的实施都给我国带来崭新的面貌。

交通资源作为基础的战略资源，对任何国家来说都是寸土必争的。古罗马重视道路资源建设，才让其走向鼎盛，才有“条条大路通罗马”。我国在交通资源的布局上也从未松懈，在不断铺设国内高铁的同时，跨境高铁也正在改变国家之间、洲际的经济格局。以欧亚高铁[1]、泛亚高铁[2]、中亚高铁[3]、加美高铁[4]为主的4条线路将成为我国高铁走出去的“强劲引擎”。

跨境高铁不仅使欧亚各国的经济往来更加频繁，而且在文化、人才、技术等资源的整合上也更加便利。我国在欧亚大陆，尤其是在东南亚地区逐渐发挥重要的作用，加深对全球政治、经济、文化的影响。

三、水上交通：保障国家能源安全

随着我国能源规划体系逐步向立体式、多层次的特点发展，解决能源安全问题、构建能源安全战略成为当务之急。交通运输领域对能源的需求量大且多样化，因此以交通领域为突破口，是推动能源消费革命效率最高的方法之一。能源安全意义重大，因为它与人民生活、经济活动、政治往来息息相关。能源安全脱离可控的范畴，对人类、对全球生态环境来说都是难以挽回的损失。换言之，全世界人民共同追求的可持续发展，其本质是解决能源安全问题。

自“十三五”时期以来，我国不仅加大水上安全基础设施的建设，新建了多个海事监管和航海保障基地，投入各类搜救船艇，还着力于水上安全信息技术的发展。目前我国船舶交通管理系统信号覆盖范围世界第一。在这些基础设施的保护下，我国水上交通事故发生率相比“十二五”时期大幅下降，国家与人民在水上交通的安全管理有了强有力的保障。

以国内为试点，再放眼全世界。我国在船舶证书的管理上也勇创先河，率先与新加坡实行电子证书数据对接，为船舶和人员数据的管理提供了新的解决方案，对水上交通安全管理产生了积极影响。我国还积极处理水上交通安全问题的“疑难杂症”，例如，澜沧江—湄公河流域支流众多，管控难度大，为此我国为澜

1　欧亚高铁是属于亚欧大陆高速铁路网中的一条铁路。我国正在与17个国家协商关于建设亚欧高速铁路网络事宜，计划在10年内修建3条高铁，贯穿南北、连通亚欧。届时，乘坐时速超过321千米的火车，从伦敦到北京只需要两天时间。

2　泛亚高铁是由联合国亚洲及太平洋经济社会委员会策划，打造欧亚大陆铁路运输网络的建筑计划。

3　中亚高铁的起点是乌鲁木齐，经哈萨克斯坦、乌兹别克斯坦、土库曼斯坦、伊朗、土耳其等国家，最终到达德国，与古代丝绸之路的路线相似。

4　加美高铁又称中俄加美高铁，从我国东北出发一路往北，经西伯利亚抵达白令海峡，以修建隧道的方式穿过太平洋，抵达阿拉斯加，再从阿拉斯加去往加拿大，最终抵达美国。

沧江—湄公河打造了一套海事监管体系，对该流域的人员和船只安全起到了重要作用。

未来，水上交通安全管理体系将进一步升级，通过大量布局水域信息采集设备，以高速信息通信为基础，打造“陆海空天”一体化的交通运输安全保障体系。届时，交通运输效率会显著提高，能源安全问题保障落在实处，一旦发生交通安全问题，成熟的一体化管理体系以最快的速度将损失降到最低，全方位保障能源、人员甚至国家的安全。

如今正值“十四五”期间，我国秉持人类命运共同体的理念，深度参与海事全球治理，积极提出解决海运海事温室气体减排的措施，为全球海事管理贡献宝贵经验，不断完善海事防控保护机制，致力于全球海事管理进步。

四、网上交通：互联网与物联网融合互通

物联网是物物相连的互联网，其本质是让世间万物与互联网产生连接。随着人们需求的增多，物联网已经扩展到物品与人、物品与物品之间。物联网的传输路径是以智能设备为基础，通过约定的技术协议，在互联网上完成一系列操作。

进入智能时代，物联网的应用与智慧城市的理念不谋而合。一根小小的灯杆可以集监控、Wi-Fi、信息中转基站、各类传感器于一体，其作用大有可为。Wi-Fi的覆盖不仅使市民有更好的上网体验，还能高速传输采集器采集的数据信息。例如，当人们乘坐公共交通工具时，通过物联网可以了解下一辆车还有多久到、道路是否拥挤，以及接下来的交通路况如何，这些数据的精准呈现归功于高精密的采集器。

当然，在智慧城市的建设过程中，所有基础设施都有可能成为采集器。只有如此，城市才能实现全面感知、互相协同。从城市建设的角度来看，智慧城市需要精密的采集设备与高效的信息传输媒介。我国在这方面的建设虽然起步较晚，但近几年也已迎头赶上。

目前，无人驾驶热度居高不下，其本质是车联网技术的应用。只有交通基础设施等采集器足够完善，搭配具有高速数据传输能力的互联网，无人驾驶才能正常运行。

实现无人驾驶需要智能系统在极短的时间内对道路数据、车辆数据、行人数据等数据进行计算。在数据采集方面，各类交通基础设施作为数据采集器再合适不过了，例如，智能灯杆可以实时计算当前区域的车流、车速、行人等情况。车辆作为一个终端，其本身也是一个集合众多传感器的设备，例如，车身毫米波

雷达可用于获取外界信息，机器视觉系统可用于各种测量和判断，自动避让和主动刹车系统可最大化地保证车辆行驶安全。

无人驾驶可以通过高速的信息传输与附近的车辆进行通信，随时了解车辆的车速或行驶信息，这种默契的配合便是基于物联网，基于车辆与车辆之间的连接。

无人驾驶想要做到安全可靠，一是要保证信息采集精度足够高，二是互联网传输速率要足够快。只有完全满足以上两点要求，无人驾驶才有望全面普及。目前能实现的大多是中短距离的安全防护，对于长距离驾驶，需要做到“车网合一”，这也是无人驾驶研发领域正在努力的方向。

物联网在市政方面的作用同样很广泛。例如，物联网可以用于解决城市常见的“停车难”问题。当停车位与互联网进行连接时，停车位在数字空间相当于一个符号，通过实时数据更新，驾驶员可以了解附近的车位情况，让停车位物尽其用。

物联网在物体与物体、物体与人之间构建起沟通桥梁，让物体的状态、尺寸、数量等数据化，因此其应用场景会越来越广泛，万物互联将让人们的生活更加智能。

第六节
交通新基建拉动国家经济高质量发展

基建是经济发展的催化剂，德国在第二次世界大战后依然能保持经济的高速增长，与其拥有完善的传统基建是分不开的。随着时间的推移，新基建的领域更加细分。交通运输行业作为现代化的开路先锋，衍生出来的交通新基建将拉动我国经济高质量发展。

一、空中交通：新基建拉动空天科技升级突破

基建是大部分国家刺激经济的重要手段。传统基建主要用修铁路、桥梁的方式带动经济发展，它是工业经济的基础。而新基建则是利用新兴技术（例如

物联网、5G、人工智能等）来实现经济高效率增长，并且把资源调配做到极致，完成工业经济与数字经济的完美融合。

2020 年，在产业变革的关键时期，我国提出了新基建的七大关键领域。这七大关键领域可以分为数据产业类和基础设施类两大类。其中，数据产业类包括人工智能、大数据中心、工业互联网，基础设施类包括 5G 基建、城际高速铁路和城际轨道交通、特高压、新能源汽车充电桩。由此可见，新基建的核心关键词仍是效率，从经济学的角度来看，新基建的重要目标是通过提速完成产业升级，推动经济建设，助推数字化时代发展。

1. 新基建全面启动，助力互联网产业发展和数字经济繁荣

2022 年 9 月，工业和信息化部数据显示，我国 5G 基站总数达 222 万个，比 2021 年年末净增 79.5 万个，占移动基站总数的 20.7%；5G 移动电话用户达 5.1 亿户，占移动电话用户的 30.3%。与此同时，工业互联网率先完成产业转型，国内的工业互联网平台已超过 600 个，连接工业设备超过 7900 万台（套），并且新增速度还在不断加快。在宏观层面，我国为了促进新技术与新商业模式的融合，于 2020 年 6 月发射第 55 颗导航卫星，其导航定位服务解决了工业互联网对数据获取的刚性需求，对各大产业的促进作用明显。

2. 高新技术不断突破，释放产业发展动能

量子科技以其强大的并行计算能力给信息通信技术的发展带来划时代的变化，为产业升级、数据传输、信息加密带来了新的曙光。

随着我国加快新基建进程，各类服务于数字经济的基础设施不断完善，未来新基建涉及的领域还会不断增多，应用场景也会更加广泛。在新基建与数字经济的双重促进下，智慧城市推进速度加快，为实现万物互联、一网感知奠定了坚实基础。智慧城市的一大重要特征是智能化，以无人机为代表的智能设备市场，在国家的引领下，其基础设施建设及运行维护的服务规模正在不断扩大，逐步成为智慧城市建设的主力军。

二、地面交通：新基建拉动东西部经济平衡发展

在工业经济时代，人们追求的是生产效率的增长。新基建本质上是工业经济与数字经济的结合体，它利用 5G、人工智能、大数据等技术来实现传统产业的数字化转型。新技术的应用不仅能迅速推动基础设施的建设，还能促进社会

经济的繁荣，让科技与经济形成正向循环。

传统基建具有强稳定性，对上下游产业有很强的供给作用，所以世界各国对它的黏性都特别高。新基建依托新兴技术，研发周期长、维护成本高、见效时间久，虽然它是传统基建的升级版，但还需要强有力的产业链来完成人们观念上的改变。无论如何，在科技革命席卷全球的今天，一个国家若能率先完成新基建，就能引领世界走向更高级的文明。

新基建作为国家战略层面的重要部署，我国东西部技术发展水平差异明显，且供应链完备程度不同，因此东部重视技术研发，引领整个新基建的产业升级，而西部在原料及配套产业上有得天独厚的优势，在新基建的投入上以经济价值为导向。

新基建的“新”在于其广泛地利用新兴信息技术，其中一项便是数据中心。区块链作为信息技术领域的新兴产物，必然也被纳入新基建的建设范畴。目前，已有超过 20 个省（自治区、直辖市）将区块链建设写入《政府工作报告》，其中还有大量中西部省（自治区、直辖市）。各省（自治区、直辖市）在发展区块链时各有侧重，例如，北京市倾向于技术攻关与政企融合，江苏省重视产业升级，福建省则大力开展相关教育培训行动。与新基建相似，区块链在中西部地区的应用仍然以重视产业价值、提倡经济建设为导向。例如，陕西省大力发展区块链产业，而海南省则重视区块链与自身产业的融合。我国以新基建为契机，在这些地区牵头进行交通基础设施建设，能够减少因地理差异带来的影响，使当地经济得以高质量发展。

三、水上交通：新基建拉动交通立体化、多样化发展

我国提出的新基建涉及七大领域，虽然这些领域涉及的大部分是新兴信息技术及相关基础设施，但其本质是以传统基建的数字化转型带动全产业的智能化发展。

水上运输的成本低、运力大，是货物运输的重要方式。新基建与水上运输的结合可以提高水上运输的效率和安全性。在国家政策的支持下，各地海事部门都在大力推进新基建并取得了不错的成果。长江重庆航道局为了随时监测水位变化与洪峰信息，利用遥感技术与人工智能技术打造了一套水位遥测系统。这套系统不仅使船只的通行效率大大提高，还能预测水位变化，降低自然灾害的影响。而在一些经济发达地区，为了提升其运力及服务质量，智能化“海空”枢纽设施应运而生。这套设施集合运用了人工智能、物联网、5G 等新兴技术，能够

在短时间内对船只进行调度，实现了江海联运的智能化、网格化、数字化。

新基建与水上运输结合，其目标是智慧航道建设。与智慧城市相似，智慧航道的建设也以全方位感知为基础，利用人工智能、物联网、5G、大数据等技术实现智能管理。具体到航道建设的运用方面，当船闸设施和预警设备可以实现全方位感知时，航道便可以实现智能化、自动化管理，这对推进智慧交通的立体化管理十分有利。

不仅如此，智慧航道依托于全面感知技术，使航道在养护、应急处置等方面更加方便与快捷，智能化的管理使船舶更好地服务于社会和公众。

截至 2021 年年底，我国内河航道的通航里程约有 12.8 万千米，水运基础设施总体规模排名世界第一，其中，可通航千吨级船舶的高等级航道超过 1.6 万千米。完善的内河水上交通承包了我国接近一半的货物周转量。与内河水上运输相比，外贸进出口的运力有 95% 是由海运提供的。可以说，水上运输是我国“走出去”的重要方式。

四、网上交通：新基建联动线上与线下

传统基建以高铁、桥梁建设为主，新基建主要是高新科技的基础设施建设。以汽车制造为例，通过 5G、人工智能、物联网等技术的加持，汽车制造更加智能化、自动化。在精密的信息采集下，汽车生产变成一个数字化的过程，这有利于汽车质量的把控和监督。

新基建的最终目标是实现产业数字化转型。其中，无人驾驶成为享受新基建红利的“排头兵”，物联网的高速发展使车联网技术越来越成熟，5G 极大地提升了数据传输的速度，无人驾驶的安全性大幅提高。随着越来越多新兴技术的加入，与新基建相关的产业将呈现爆发式增长。

互联网产业是以技术作为支撑的，新基建的基础也是高新技术，因此许多互联网企业在理解新基建的内涵后纷纷加入。其中，腾讯在智慧交通的布局中取得了重大成功，基于微信生态的乘车码已覆盖几百座城市的公共交通工具，让人们初步感受到智慧交通带来的舒适体验。未来，随着 5G、人工智能、物联网等技术的迭代升级，智慧交通的应用场景更加广泛，它不仅可以提高交通出行的服务质量，还可以提升智慧城市的运营管理效率。

新基建的信息传输主要依靠 5G，华为作为国内通信行业的头部企业，其 5G 处于世界领先水平，为新基建的高质量建设起到了关键作用。不仅如此，华为还拥有多个先进的智能设备研发中心及完善的供应链，具有独立建设智慧交通基

础设施的能力。在物联网方面，宇视科技不但可以提供一系列智慧交通解决方案，还能构建完善的公共安全架构，这对智慧交通来说无疑是锦上添花。

我国在新基建的七大领域都有成熟的技术和专业团队支撑，这有利于实现智慧交通线上线下全布局，从而使整个社会进入新的发展阶段。

案例2-2　川藏铁路构建国防线

“十三五”时期，川藏铁路的建设尤为亮眼。川藏铁路完成建设需要横穿雅鲁藏布江 16 次。雅鲁藏布江海拔高，地势起伏落差大，累积爬坡高度达 14000 米，宛如巨型过山车。

川藏铁路全长 1838 千米，相当于洛杉矶到温哥华的距离，它是贯穿拉萨与成都的重要运输线路，为沿线各地区的龙头项目的基础设施建设提供了巨大便利。

川藏铁路虽然高耸于巅峰之间，且大部分运行路段位于海拔 3000 米以上，但火车运行速度仍能达到每小时 200 千米，这代表着我国铁路建设的高水准。

在经济层面上，川藏铁路能够带动沿线各地经济发展，缩小东西部贫富差异。川藏铁路的建成，为滇藏铁路、新藏铁路及多条跨境铁路提供了物质保障与技术支撑，不仅能带动西藏、新疆的经济发展，还能进一步加深我国与印度、尼泊尔、巴基斯坦等国的交流，因此川藏铁路的意义重大，是维护国家统一、边疆稳定的“国之重器”。

案例2-3　新能源交通打造绿色环保交通

新能源产业的竞争方式由企业与企业之间的竞争上升到产业与产业之间的竞争。在这场竞争中，新能源绿色交通业务迎来全新的发展机会，各新能源交通领域的独角兽企业以“产业 + 科技”的方式，吸引了金融产业的关注，形成以科技为主导的新能源产业金融生态圈。

2011 年，工业和信息化部公布了第二批 7 个新能源汽车试点城市，试点创新的方式使新能源汽车产业呈爆发式增长。各城市的新能源汽车不断增多，海口市于 2016 年投运 150 辆纯电动公交车，合肥、重庆等多个试点城市也在不断提出新能源汽车发展解决方案，这为我国使用清洁能源交通奠定了坚实的基础。

新能源产业带动了生物医药、生态环保、智能汽车等相关制造业的发展。

海口市在初步投放纯电动公交车后，市民乘坐体验得到了很大的提升。近年来，人们的出行模式越来越绿色化，由以往单一的公交、地铁、大巴，逐渐转变为“公交+共享单车”“公交+市域列车”。

截至2021年9月，海口市共有公交线路151条，线路运营里程约3448.63千米。作为新能源汽车试点城市，海口市成绩斐然，新能源与清洁能源公交工具使用率达到100%，成为全国绿色公交城市的标杆。

第三章

我国交通科技发展的突破

第一节
交通科技发展的突破及总体面貌

我国交通科技水平跻身世界前列，各领域取得的成就震惊世界。2021 年，我国完成海底 100 米掘进工作的“深江一号”海底隧道盾构机正式下线，世界首台双结构硬岩掘进机“雪域先锋号”在西藏林芝始发，全球最大直径全断面硬岩掘进机“高加索号”在格鲁吉亚投入使用，多种高科技交通装备成为我国交通科技的亮眼名片。

从交通大国转向交通强国的进程中，我国交通科技的发展一直被世界称道，尤其近年来取得的突出成就促进着我国交通运输行业高质量发展。

一、空中交通：整体先进，正在突破

近年来，我国卫星应用蓬勃发展，民用卫星已广泛应用于对地观测、通信广播和导航定位等领域，取得了显著的社会效益和经济效益。航天科技与交通运输的融合，为解决我国交通发展提供了高水平的中国方案、中国标准和中国智慧，未来将创造更多融合航天科技创新的“飞车”“快车”“便车”。

我国可重复使用试验航天器于 2020 年 9 月 4 日在酒泉卫星发射中心顺利发射，并于 2020 年 9 月 6 日安全返回。我国的航天器项目初步立意在于“航班化”发展，即航天器的运载规则逐渐与航班看齐，安排固定的运载时间点、运载周期段，价格也将渐趋平民化，对人们的出行方式产生巨大影响。届时，航天器将实现“全球 1 小时抵达”，充分满足我国航天、商业领域的运载需求，给经济、文化、生活等各个层面带来深刻影响。这一过程将细化为“三步走”阶段：预计到 2025 年完成起步建设，破解关键技术，建成试用系统；到 2035 年，初步实现小目标，实现年飞行百架次、货运千吨级、客运千人次的运营计划；到 2045 年，全面建成“航班化”目标，适应需求市场，预计年飞行千架次、货运万吨级、客运万人次。

据了解，我国研发的航天器，不仅能够多次使用，而且能够执行航天发射任务，可用于载人航天，实现航天员飞行任务等服务的“航班化”，也可用于空间站货物补给、太空突发状况救援等行动。预计到 2045 年，航天器可实现“全球 1 小时抵达”的航空运输能力，对国内外的交通运输方式有着广泛影响。

航天技术作为高科技，其产业化依赖于整个国民经济与社会生产力的发展水平及传统产业的支持，航天技术发展过程中产生的许多新技术、新工艺、新材料和新产品，将牵引传统产业技术水平不断提高。

二、地面交通：运力强大，成绩领先

近年来，我国交通运输行业有了巨大发展，并极大地促进我国各项事业的发展。在“十三五”期间，我国城市轨道交通完成投资额持续增长，轨道交通新增运营里程 4000 千米，发展迅速，在满足人们交通出行、缓解城市交通拥堵、促进经济社会发展方面发挥了重要作用。城市轨道交通已成为提高人们生活品质、提升人们获得感和幸福感的重要载体。

在“十三五”期间，我国城市轨道交通运营里程的增长率约为 110%，增加的城市轨道交通运营里程超过过去 50 多年建成里程的总和。截至 2022 年 9 月，我国共有 51 个城市开通运营城市轨道交通线路 280 条，运营里程 9195 千米，实际开行列车 281 万列次，完成客运量 17.7 亿人次，进站量 10.6 亿人次。

城市交通呈现多元化发展。城市公共汽电车车辆数和运营线路长度持续大幅增长，截至 2020 年，我国城市公共汽电车运营车辆数达 589961 辆，运营线路总里程达 1042348 千米，客运总量为 3951265 万人次。自 1969 年北京市开通全国第一条城市轨道交通线路以来，截至 2021 年 4 月，已有 45 个城市开通运营城市轨道交通，运营线路达到 237 条，运营里程达 7746.9 千米，运营里程及完成客运量均居世界第一。高铁的飞速发展，将人们生活带入了“坐地日行千万里，朝发夕至一日还”的时代。截至 2022 年年底，全国高铁建成里程达 4.2 万千米，占世界高铁的三分之二，覆盖了 65% 以上的百万人口城市。目前，我国建成世界最大的高速铁路网。

三、水上交通：担贸易重担，保国家安全

我国港口已与世界 200 多个国家和地区、600 多个主要港口建立了航线联系，成为经济往来的重要纽带，并在“一带一路”建设中扮演着重要角色，水上交通

安全必须有保障。

我国海事系统将按照加快建设交通强国、海洋强国的总要求，构建“陆海空天”一体化水上交通运输安全保障体系，实现“到得了、看得见、传得回、管得住”，全面保障国家海洋权益和战略利益。海事系统的主要任务包括建设业务协同、运行高效的“陆”基设施和平台，打造技术领先、智能完备的“海”基装备系列，形成立体机动、调配灵活的“空”基处置平台，打造多维感知、多元融合的“天”基资源体系，并将在多维感知技术和装备、海上专用通信网络技术与核心设备、水上交通大数据与智能管控一体化平台等方面深化技术创新。

交通运输部海事局有关负责人介绍，“陆海空天”一体化水上交通运输安全保障体系建设将融入国家规划统筹推进。在时间上，以 2021 年为起点，每 5 年为一个阶段，分步推动任务实施。在实现方式上，合理利用现有资源，结合新科技研发和产业发展，逐步实现装备、设施、技术全领域自主可控。该体系建成后，将全面掌控我国管辖水域水上动态目标，现场执法指挥高效，重要通道和战略支点即时感知。

四、网上交通：提升出行效率，打造智慧交通

查堵点、找景点、看热点……随着移动互联网与大数据技术的快速发展，电子智能地图成为人们出行的必备“神器”。在大数据的助力下，出行如今变得更“智能”。

高德地图在春运期间发布《平安春运安全出行指南》，通过大数据分析预测春运期间的道路拥堵指数和天气情况；百度地图发布《春运出行预测报告》，对春运期间人口迁移趋势、交通出行状况及春节出游热点等进行预测……

综合来看，这些互联网公司的春运预测报告除了利用往年的春运数据进行分析和研判，也利用实时数据，综合比较并做出分析，为旅客提供靠谱、可参考的出行方案。

利用大数据，交通运输主管部门有了缓解交通拥堵的“神器”。在广东省交通综合监控中心，全新启用的春运大数据分析平台能够实时监测该省 80 多个重要交通枢纽的旅客流量情况。一旦出现交通拥堵，春运大数据分析平台会根据实时客流量进行分级预警，通过该平台的紧急调度功能一键联系交通枢纽的主要负责人，实现与现场的实时应急联动。

从 2016 年起，交通运输主管部门首次利用大数据分析手段，对旅客的出行规律进行研判，有助于相关部门提前做好准备，并随时应对春运期间的各类突发

情况。对旅客而言，在大数据的帮助下，回家的路更有温度，回程的路更加安全。

第二节 部分交通装备处于世界领先水平

一、空中交通：掌握自主知识产权，发展迅猛

航空发动机由于研制难度高，被誉为现代工业“皇冠上的明珠”。迄今为止，世界上只有少数几个国家掌握了先进航空发动机的研制和生产技术。2016 年，中国航空发动机集团有限公司的成立，标志着我国航空发动机产业将形成全新格局。

未来，我国先进航空发动机的研制，将为我国 C919 大型客机、运－20 大型运输机及未来的宽体客机等的研究带来极大的推动力。同时，由于航空发动机的研制覆盖空气动力学、燃烧学、结构力学等多个学科，这一产业对经济社会和科学技术的带动作用也尤为巨大。

C919 是继运－10 之后我国第一款真正意义上的民航大飞机，是我国新一代干线客机，也是我国自主研制的新一代喷气式客机。

C919 是我国自主研制的新一代喷气式干线客机，自 2008 年开始正式研制，是我国 16 个重大科技专项之一。C919 采用单通道窄体布局，全经济级布局为 168 座，混合级布局为 158 座，与目前国际航空市场上最为常见的空客 320、波音 737 相当。C919 全机长度接近 39 米，翼展近 36 米，比同类型飞机略大。

在设计方面，C919 的研制坚持适航先行原则，全面按照与国际接轨的适航标准开展设计研制并进行适航审定，以保证其安全性。C919 还大量采用复合材料和新型航空合金，使机体在更大的情况下，总体重量保持在合理水平。与同级别的空客 320 和波音 737 相比，我国的 C919 更快速、更省油、更环保。

二、地面交通：技术先进，装备齐全

目前我国掌握的高铁技术有车体设计和空气动力学，高速道岔（250 千米，部分进口），板式轨道，列控系统（部分芯片进口），逆变器、变流器、电动机（部

分零件进口)。我国铁路在高速动车组、高速铁路基础设施建造技术和既有线提速技术等方面都达到了世界先进水平。尤其在动车组技术方面，我国成功搭建了具有自主知识产权的时速 350 千米的动车组技术平台，实现了国产时速 350 千米的动车组批量化生产，在高速铁路的固定设施、系统集成、运营管理、环境保护等方面实现了一系列重大的技术创新，形成具有我国特色的高速铁路技术标准体系。

伴随着我国城市轨道交通 60 余年的发展，轨道交通技术也在不断创新，规划线路从一城一线到多城多线；系统制式由单一的地铁发展到轻轨、有轨电车、磁悬浮、单轨、市域快轨的多制式、多层次交通体系协调并存；勘察测量技术由传统单一的测量、钻探、取样、试验模式向多种手段结合的综合勘察方法发展，勘测技术逐步精细化、智慧化；轨道技术形成系列化成套技术和专利产品；机电设备系统逐步实现了关键核心技术的国产化，向智能化、集约化、模块化、网络化发展；轨道交通从单线运营发展到网络化运营，综合监控、大数据、智能支付、智慧运维等技术得以推广应用。城市轨道交通建造的很多新技术、新工艺、新工法都走在了世界前列。

近年来，我国积极贯彻公交优先发展战略，城市公交行业发展迅速。2021 年公共汽电车运营数为 709443 辆。从占比来看，近年来，城市公交（主要指 5 ～ 8.5 米）的市场销量比重越来越大。

发展新能源汽车是实现节能减排的重要举措，目前的产业环境和政策环境已具备推广新能源汽车的条件，加之公共交通领域亟须发展新能源汽车，因此，为“节能减排”而生的新能源汽车更符合民生要求。另外，随着国家充电基础设施的完善，纯电动客车凭借在环保性能和节约能源方面的优势，将成为我国主推路线。

物流行业的变革是由两股力量共同推动的，即技术的突破和产业的升级。新一代物流行业紧跟新零售的发展而进步，线上线下的边界更为模糊，服务更加智慧且便捷。现代物流行业最大的变化在于移动互联网、物联网、人工智能、大数据、云计算和区块链等技术的深度应用，根据用户的个性化需求，充分调动物流资源，能够有效支持零售等商业创新，以实现高效、绿色、安全运行的物流发展方向。

人工智能、区块链、物联网、大数据等技术并非彼此孤立，而是相辅相成、相互促进的。大数据是基础资源，人工智能依托大数据进行智能管控，区块链可实现分布式记账，物联网可实现万物互联。从发展趋势来看，上述各项技术在商业实践领域的应用会更加紧密，技术边界在不断弱化，新一代信息技术的发展正在形成融合生态，并推动物流行业进入新的发展阶段。

三、水上交通：船舶技术强大，自主化程度高

根据相关政策规划，我国船舶领域的下一步发展重点：一是实现产品绿色化、智能化；二是实现产品结构的高端化，大力发展高技术船舶、环保型船舶及智能型船舶。可以看出，我国政策有利于相关技术升级，企业可以借助国家大力发展海洋工程装备和高技术船舶产品及其配套设备的东风，提升自身产品的科技水平，这是提升竞争力的最佳途径。目前，我国提升水上交通科技竞争力的主要方法有以下 3 个方面。

1. 自主研发新一代发动机

我国自主研发的全球首台新一代双燃料低排放船用低速发动机 7X82DF，在中国船舶集团有限公司所属的中国船舶重工集团柴油机有限公司顺利交验。这台机器总高超过 15 米，足有 5 层楼高，最大持续功率 2.25 万千瓦，重达 928 吨，可完全满足国际海事组织 Tier Ⅲ排放标准。它由中国船舶集团有限公司自主研发、建造，以优异的性能和排放指标处于世界同类型发动机领先地位。这款发动机将作为 30 万吨级以上大型油轮、万箱级集装箱船的主流动力，标志着中国船舶动力研发、制造、服务能力迈上一个新台阶。

2. 特种船舶技术水平不断提升

全球第二的中国最大半潜船“新光华号”多次承担海上大型装备载运任务。由天津新港船舶重工有限责任公司负责组织建造的全球最大非官方医院船成功下水，在全球范围内提供慈善医疗和国际救援。复杂海况目标检测、救助设备波浪缓冲等关键技术取得突破，用于我国首艘深远海多功能实船建造和专用救助装备研制。

3. 全行业稳步推进智能制造应用

与新一代信息技术的深度融合，是船舶工业未来成为先进制造业的重要路径。“十三五”期间，我国骨干船企和大型配套企业在自动化、数字化、智能化等技术应用方面开展了积极尝试，部分企业在提升建造效率、提高产品可靠性、降低成本等方面取得了显著成效。

四、网上交通：整体领先，稳步提升

交通基础设施从“连线成片”发展到“基本成网”。整体看，我国综合交通网络规模和质量实现跃升，覆盖广度和通达深度不断提升。具体看，最突出的表现就是综合交通基础设施基本实现网络化。此外，我国综合运输大通道基本贯通，进一步打通了国家运输大动脉。与此同时，综合交通枢纽建设步伐加快，城市交通基础设施体系化建设稳步推进，截至 2019 年年底，全国城市道路总长度达到 45.9 万千米。交通、物流、信息与经济社会深度融合，为优化国家经济空间布局和构建现代化经济体系提供了有力支撑。

运输服务从“走得了”到“走得好”，我国是世界上运输最繁忙的国家之一。面对日益增长的运输需求，交通运输部全面提升交通运输服务质量，持续优化运输结构，不断提高综合运输效率，有效降低物流成本，使出行服务体系日益完善。2019 年，我国全社会完成客运量 176 亿人次，完成货运量 462 亿吨，平均每天有 4822 万人次和 1.27 亿吨货物处于交通运输中。网约车覆盖全国 400 多个城市，平台日均使用量超过 2000 万人次。共享单车日均使用量大约是 4500 万人次。快递业务量完成 635 亿件，近 10 年年均增长 39.1%，相当于每天约有 1.74 亿件快递处于运输状态。我国运输服务的通达性和保障性正在显著增强，为经济社会的发展和人民群众的生产生活注入了强大动能。

我国智能交通基础设施建设稳步推进。在交通信息基础网络方面，中国国家铁路集团有限公司研发车厢内公众移动通信系统，在大同至西安的高速铁路完成卫星通信技术测试，在京津城际铁路开展无线超宽带技术测试。工业和信息化部先后批复多家公司开展航空机载通信业务试验，多家在我国境内注册航空公司的全部国内航线和部分国际航线已基本实现机载通信全覆盖。在交通运输信息开放共享方面，交通运输部研发的“综合交通出行大数据开放云平台”，成为全国首个交通出行大数据开放平台。在感知监测系统方面，长江电子航道图已全面完成，截至 2022 年 6 月，超过 85% 的长江货运船舶依靠电子航道图引领航运作业，长江航道图 App 已成为 14 万内河船员船企必备的工具。

智能交通技术的推广应用取得显著进展。在交通管理控制系统方面，中国国家铁路集团有限公司完成 11 个铁路局运输调度管理系统升级改造；天津对中心城区 1200 个灯控路口的信号机进行智慧化改造，实现交通信号协调控制和智能化管理；深圳开展基于电子标识的路口公交车信号优先应用。在装备和载运工具自动化方面，公安部、工业和信息化部和江苏省交通运输主管部门在无锡共建基于智能交通技术测试、车联网和自动驾驶技术测试的第三方国家级测试基地；北京、河北、上海、重庆、浙江等地建立了车联网示范区；北京依托城市轨道交通燕房线推进列车全自动运行示范工程。

案例3-1　我国新能源交通装备的超前发展

2022年9月6日，在江苏高宣高速公路上，我国自主研发的5辆新能源磁悬浮汽车以时速200千米的速度完成了现场测试，这是我国首次实现磁悬浮重量2.8吨、悬浮间隙35毫米的交通装备试验，这一阶段性成果极大地推动了我国新能源交通装备的发展。

在这次新型交通装备测试过程中，测试路段涵盖140、160、200千米等多级限速路段，共有8辆磁悬浮汽车参加测试，其中5辆测试车为新能源汽车，3辆为常规能源汽车。这8辆测试车利用数字化手段实现了时速200千米行驶状态下的精准感知、精准管控与精准服务。

这次新能源磁悬浮汽车200千米级测试的圆满完成代表我国新能源交通装备研发技术已经进入全球领先水平。虽然我国新能源磁悬浮汽车的研发比美国、德国、日本等国家起步晚，但技术水平已经与这些国家同步。从200千米级高速公路测试中可以看出，我国新能源磁悬浮汽车的研发技术已经通过控制模型算法输出的控制信息及外部环境感知设备，提供精准驾驶与速度控制的引导，极大地降低了复杂交通环境下的事故发生率。

另外，在我国120千米级高速环境下，这一水平可以实现交通效率与交通安全的均衡化，这对我国交通装备整体高端化发展有着显著的推动作用。

这次试验项目的分项负责人对测试进行了这样的描述，“本次依托试验段同步实施满足两个阶段磁悬浮汽车行驶测试的专用车道，为后续载运工具技术的进步提供了高速公路场景下的长期测试环境”“下一步将聚焦于1：1的实车研发，助力实现第一辆磁悬浮汽车‘浮起来，跑起来’的美好愿景”。

可以看出，我国新能源交通装备的超前发展依然处于稳定阶段，未来将继续引领全球新能源交通装备的行业发展，为我国交通强国建设增强更多动力。

案例3-2 新一代国产大型无人运输机TP500首飞成功

2022年1月，国务院发布了《“十四五”现代综合交通运输体系发展规划》，明确提出我国未来将“推广无人车、无人机运输投递，稳步发展无接触递送服务”。这项政策发布不到半年的时间，我国无人空中运输设备便取得了突破性成功，国产大型无人运输机TP500首飞成功。这架完全按照我国民航适航要求研制的大型无人运输机不仅满足了500千克级标准载重，还实现了500千米半径范围的无人驾驶航空货运覆盖，最大航程达到了1800千米。

无人运输机TP500是我国首架正向设计的固定翼无人驾驶运输机，主要材料为复合材料，按照先进的胶接一体化工艺装配连接，这一设计理念最大限度地减轻了TP500的结构重量，最重要的是降低了TP500的生产成本，为TP500全面服务我国无人运输行业奠定了重要基础。

另外，TP500在我国传统无人运输机的基础上进行了创新设计，其中包括可开启的尾部舱门、轻量化货盘的配备等。总体而言，这些升级与创新使TP500的经济性得到显著提升，TP500的吨公里运输成本可以与现有干线货机相媲美。

TP500的动力系统和多余度飞行控制系统也是设计亮点。在这两大系统的支持下，TP500表现出高度智能性，可以根据实际环境、航路情报自助决策、自助飞行，同时可以满足地面人员的随时介入，以此强化了TP500的安全性。

目前，TP500的主要定位是货运无人运输机，主要目标为满足东南亚、中东、北非等地区的货物无人运输需求。但TP500已经具备满足多种极端场景下的特殊应急和救援的要求，经过改装后可以执行应急救援、通信保障、人影工程等各种高标准任务。

事实上，TP500并不是我国首架无人运输机。2018年，中国航天科技集团有限公司第九研究院在运-5B的原型机基础上，自主研发改造了飞鸿98无人运输机，并完成首飞。虽然TP500的载重能力比飞鸿98弱，但TP500的续航能力明显强于飞鸿98，这对满足我国无人运输行业的发展更有利。

前瞻产业研究院的研究报告显示，截至2020年，我国工业无人机市场规模约达273亿元，并且前瞻产业研究院预测，到2027年我国工业无人机市场规模将超过1700亿元。

从这一发展趋势可以看出，我国无人运输领域具有广阔的发展前景，最重要的是我国无人机研发技术已经位于世界前列，在军用、民用领域获得了突出的发展成果，这为我国交通运输行业高质量发展带来了保障，更为我国国家安全提供了重要支撑。

第三节 新一代信息技术在交通运输领域广泛应用

一、空中交通：智慧航道成就智慧出行

用技术满足民航需求，用技术提高出行效率，用技术确保航空安全。智慧航空将移动互联网与航空出行全流程服务结合起来，整合航空旅游上下游行业资源，搭建“一站式”服务的航空移动应用平台，为旅客提供出行“门到门”的服务体验。

一般来说，旅客乘机出行大致可分为 6 个流程：出行前、去机场、在机场、飞行中、到达目的地及行程结束后。现在的智慧航空使出行尽在“掌”握。想出去玩，但不知道去哪儿，航空公司服务 App 会告诉旅客哪里好玩，而且给出产品购买链接，价格和服务一目了然，一键下单立刻出行；天气不好，担心航班会不会延误，航空公司服务 App 会告诉旅客精确的预计起飞时间，不用在机场长时间等待；机场太大，不知道该往哪里走，航空公司服务 App 会给旅客指路；计划有变，随时随地都可以变更行程，轻轻一点立刻完成……

智慧出行要有大格局。在互联网时代，智慧生活就是一个普遍联系的有机整体，民航智慧出行是智慧交通的组成部分，智慧机场是智慧城市的组成部分，这就要求各单位制定智慧出行方案时的思路要跳出民航领域。作为国际口岸的机场，需要边检、海关、公安等多部门入驻；作为综合交通枢纽的机场，与其他交通方式的协同联动越来越多。智慧出行需要打破部门间的壁垒，打通链条上的环节。“One ID[1]”不仅要能过安检，能登机，还要能过边检；空地联运、空铁联运，通过智慧化变得更加顺畅。

智慧出行也要有温度。例如，老年人因为没有智能手机，出现了在某些生活场景下不方便的情况，“数字鸿沟”成为热点话题。为了解决这一问题，部分城市实施“智慧助老”行动，在开展智能手机使用培训的同时，也要求在老年人频繁活动的公共场所保留必要的人工服务。同样，民航各单位在推行自助出行、无纸化出行的时候也要考虑部分特殊群体的需求。自助不能让部分人感到无助。

1 One ID 是大兴机场推出的“一证通关 + 面像登机”服务平台。

二、地面交通：无人汽车、无人地铁成就智慧城市

无人驾驶汽车依靠车内计算机系统的智能驾驶仪来实现无人驾驶，它已不再是传统意义上的汽车，而是一个轮式移动机器人，是智能汽车的高级形态。无人驾驶是智能化的终极体现，未来随着云计算、人工智能、现代传感、信息融合，以及自动控制等技术的不断进步，无人驾驶汽车的发展会越来越迅速。

无人驾驶汽车是智能自动化汽车的最高阶段。美国国家公路交通安全管理局将汽车自动化分为 4 个阶段：辅助驾驶、半自动驾驶、高度自动驾驶、完全自动驾驶（即无人驾驶）。目前辅助驾驶基本普及，半自动驾驶在一些国家已趋于成熟；高度自动驾驶与完全自动驾驶则是目前各国研发的热点。

无人驾驶汽车被比作“装了轮子的机器人”，主要通过雷达、GPS、摄像头等智能设备精准感知路况与行车环境，快速做出判断，减少、避免人为交通事故，实现车辆自主安全驾驶。

随着城市化不断加剧，城市人口的密度越来越大，城市的基础设施能匹配预期，是智能驾驶落地的重要条件之一。从目前来看，无人驾驶技术早已实现，只有破解交通难题，完善法律法规及保险体系，无人驾驶汽车时代才会到来。

近年来，我国全自动运行系统突破了关键技术，也打破了国际上的技术垄断，建立了一套适用于全自动运行的标准及规范体系，促进全自动运行装备的发展，推动轨道交通高端装备的产业化。关键技术包括全自动运行的信号及综合监控系统、全自动运行的车辆系统、全自动运行的综合承载系统等。

三、水上交通：智慧港口成就智慧水运

以自动化码头为代表的智慧港口建设已经成为我国港口业发展的标志性成就之一。整个“十三五”期间，多个全自动化码头落成，我国港口硬件设施已步入全球领先地位。与此同时，相关数字化单证建设也迅速推进，已有多个港口形成全程电子单证。

当前，多个省（自治区、直辖市）发布港口发展“十四五”规划，作为港口发展的重要趋势，我国智慧港口建设迎来新高潮。

舟行四海，货通天下。从我国首个自动化码头——厦门远海自动化码头投入运营开始，智慧港口建设就不断开创新局面。上海港和青岛港建成全自动化码头并投入运营后，成为港口发展的亮点工程。目前，天津港也正在建设全新的智能化码头。

在港口陆运业务协同方面，不少港口提高了码头和集卡车队的作业效率。例如，天津港和厦门港采取了集卡车辆预约制，有效提高了集卡车队的运输效率和码头的作业效率。青岛港通过验证身份实现闸口自动放行，提高了港口集疏运的安全性和效率。

在信息互联共享方面，港口企业开始大力推动港口统一云数据中心平台和业务单证电子化建设，规范内外部、上下游数据流转。例如，上海港实现的设备交接单（Equipment Interchange Receipt，EIR）和提货单电子化，大幅提升了单证流转效率；天津港也实现了 18 种主要业务单证的电子化；青岛港完成了 20 类港口作业主要业务单证电子化。

在港口物流链方面，创新港口物流运营模式，推动物流链信息共享。其中，上海港建设的江海联运业务协同平台，实现江海联运装卸作业协同与通关业务协同。大连港整合多式联运业务信息资源，构筑内陆综合集疏运体系。

在新技术应用方面，多个港口积极推进大数据、北斗卫星导航、区块链和 5G 等技术的应用。目前，各港口基本上建立了大数据的云计算中心，为智慧港口建设奠定了坚实的基础。

新的国内外市场环境已经逐渐形成，对此，我国确定了以国内大循环为主体、国内国际双循环相互促进的新发展方向，这需要港口积极适应新形势，及时调整经营策略，持续推动智慧港口建设，为经济的双循环提供动能。

四、网上交通："新一代空中交通管理系统"核心技术框架

"新一代空中交通管理系统"包括导航、基于数据链和精确定位的航空综合监视、空管运行协同控制和民航空管信息服务平台四大核心技术，申请发明专利 140 项。

我国民航运输总周转量在国际民航组织缔约国中的排名，由 1978 年的第 37 位上升至 2020 年的第 2 位，但我国空中航路数量仅增加了 5%。目前，全国有 14 个机场空域饱和，北京、广州、上海、深圳、重庆、西安、昆明等地区在高峰时会出现空中拥堵。

中国民航"新一代空中交通管理系统"的规划和总体战略目标是：为了适应中国民航又好又快发展的目标，满足航空运输需求的不断增长，保证航空安全和运行效率的全面提升，通过系统建设高适应性的、大容量的、系统结构化的、具有中国特色的民航空管技术和设备体系，实现我国空管技术和设施装备的全面跨越式发展，为实施民航强国战略提供技术支持和基础平台。

“新一代空中交通管理系统”实施以所需性能服务为基础的技术支持，包括所需通信性能服务、所需导航性能服务、所需监视性能服务。另外，地面的各种设备之间也要进行数据交换，必须遵循统一的数据交换标准—全系统信息管理。具体内容包括通信系统技术支持、导航系统技术支持、监视系统技术支持、航空器气象服务、航空情报服务、综合空管信息处理与服务、空中交通流量管理等。

中国民航致力于在引进、消化、吸收国外先进空中交通管理系统的基础上自主研发新一代空中交通管理系统，主要包括通信、导航、监视和空中交通管理4个主要部分。主要研究内容包括新一代空中交通管理系统总体技术研究、航空通信、航空导航、航空监视、空中交通管理和综合空管信息处理与服务。主要核心技术包括空天地一体化航空通信网络研究、航空导航关键技术、航空监视关键技术、空中交通管理关键技术和综合空管信息处理与服务关键技术。为了对自主研发的系统进行校验，中国民航致力于开发一套具有自主知识产权的验证体系结构，该体系结构分为3个层次：技术验证、技术系统验证、大系统级验证。

案例3-3　解读《公安交通管理科技发展规划（2021—2023年）》

目前，大数据已经成为每个人的一种新的思维模式，已经成为交警部门每一级业务工作决策的新方式，也应该成为每一个科技人员进行科学技术研究的一种新范式。公安部交通管理科学研究所相关负责人在智能交通与车联网创新发展高峰论坛上发表了对《公安交通管理科技发展规划（2021—2023年）》的解读。

交通管理技术更多的是应用层的技术，交通管理的产品创新、平台创新是1到N的创新，而不是0到1的创造。一个成熟的产品，要能够满足基层交警相对高频次的真正需求，同时技术性能应达到一定的要求，产品创新的本质是把先进技术应用到业务中来提高工作效率。目前有以下3种现象：各地交警部门使用的智能交通系统软件中，有80%的业务没有得到真正应用；产品的试用，消耗了交警部门和产品单位的人员精力和财力；各种交通“大脑”产品的推广基本没有超过3家。这说明产品的宣传和实际应用效果差异很大，1到N没有做好，无法满足当前实战的需求。由此可看出，建立一个科技创新机制是非常重要的。面向交通管理的两个创新领域如下。

（1）交通安全

安全是交警的第一主责，它的任务分为以下5点。

① 道路安全隐患的排查，应用大数据、多维数据、不同行业和企业的数据排查路面的安全隐患，同时对下坡和隧道的重点部位建立终点智能管控系统。

② 加强交通违法的立体监测。

③ 农村道路的建设。

④ 强化公共交通安全防控体系的建设。

⑤ 交通数据安全的共享应用。

（2）道路畅通

道路畅通管理主要分为 4 个任务，具体如下。

① 优化交通组合，建立三位一体的交通信息技术体系。

② 做信号联网。

③ 鼓励各地在特殊的区域和时段推行预约出行的服务。

④ 打造一个从公安部、省（自治区、直辖市）、地市一直到路面交警音视频融合的调度体系。

⑤ 完善社会服务，主要是业务流程的完善、软件技术架构的改造和技术服务能力的提升。

第四节 生态环保关键技术取得突破，引领绿色交通发展

一、空中交通：绿色航空技术深化发展

关注全球科技发展趋势，特别是前沿新兴技术在航空领域的应用潜力，加强基础研究，注重科技创新，优化研发布局，推进交叉融合；从未来航空科技发展需求和当前科研型号和产业化中的共性基础问题出发，引领智能航空、绿色航空、数字航空、安全航空的重大创新和应用，深入研究新型装备的使用、探索颠覆性航空技术，为航空工业的重大科技创新提供支撑。

广袤的宇宙是人类共同的花园，和平利用外太空造福人类社会是我国发展航天事业不变的原则。如今，全球科技迅速发展，而我国的航天事业也迎来了重要的机遇期，应坚定不移地推动我国航天工业稳步发展，扩大空间技术的应用领域，为国民经济和社会发展服务。

航天器可重复使用，意味着它不仅拥有可以摆脱火箭独立进入太空的能力，同时也避免成为和火箭一样的一次性用品，这就是研制航天器的真正意义，降低空中运输成本，创造出最经济的运输工具。

我国在此方面也取得了一些进展，一种可重复使用的试验航天器搭载长征二号 F 运载火箭，进入预定轨道运行一段时间后，成功返回国内预定着陆地点。此次试飞收集到的试验数据，为未来可重复使用太空航行器的研制提供了技术支持。可以肯定的是，随着越来越多的国家打破技术壁垒，将会研发出可重复使用的空天飞机。

二、地面交通：循环、可再生路面材料普及

公路交通运输科技创新正处于从量的积累向质的飞跃、从点的突破向系统能力提升的关键时期。未来，养护技术将朝着快速化、智慧化、绿色化和标准化的方向继续发展。

实现材料的循环利用，不仅是实现低污染、低耗能、低排放及高效益等问题的关键，同时也是在公路建设过程中可持续发展及资源节约型社会的重要标准。

无论是道路的新建，还是建成通车后的日常养护，沥青路面都是道路建设和管理部门的工作重点。21 世纪以来，不可再生能源危机的持续和工业污染的有害排放引起各国政府的高度关注。

随着我国公路建设的不断发展，我国不但加强了新公路的建设工程，而且还格外注重对旧公路的改造工程。在改造旧公路的过程中，不可避免地出现了大量的废弃材料，这些废弃材料不仅造成了资源上的极度浪费，同时也会对环境造成不同程度的污染，因此，公路建设中材料的循环利用得到了广泛重视。旧沥青路面的循环再利用是公路材料循环利用的重要组成部分，同时也是目前我国公路可以实现循环利用的主要材料。

三、水上交通：码头船舶岸电设施建设技术规范推广应用

船舶岸电系统主要由岸上电源部分、岸船连接部分和船舶受电部分组成，根据受电船舶电力系统的要求，岸上电源部分将变电站的电力进行电压等级和频率变换，输送到码头、泊位的连接点或接电箱。根据岸上电源系统输出电压等级的不同，将岸电分为高压岸电和低压岸电。高压岸电是指岸电电源

输出为 6.6kV、11kV 或更高的岸电电压，适用于用电负荷较大的大型船舶；低压岸电是指岸电电源输出为 440V/400V 或者更低的岸电电压，适用于用电负荷较小的船舶。

岸船连接部分是连接岸上接电箱和船上受电装置的电缆及设备的统称，安装于岸基、驳船或船上，一般设置电缆管理系统，以便快速连接和存储电缆。

船舶受电部分是指对船舶配电系统进行改造，安装岸电受电装置，一般包括电缆绞车、船用变压器、控制设备和并车装置等，必要时还可以安装船用变频器。

《交通运输部关于推进水运行业应用液化天然气的指导意见》《长江干线京杭运河西江航运干线液化天然气加注码头布局方案（2017—2025 年）》等政策发布，加快形成长江干线 LNG[1] 加注网络，推动 LNG 动力船舶发展形成规模，优化水上运输用能结构，有效减少污染排放。

2020 年，交通运输部正式印发《港口和船舶岸电管理办法》，引起行业相关方关注，标志着我国岸电逐步由建设阶段转入运营使用阶段。与船舶使用低硫油相比，船舶靠港使用岸电后，大幅降低船舶污染物排放量，具有明显的环保效益。

自“十二五”以来，岸电被列为交通减排的主要措施之一，国家有关部委先后发布《关于推进电能替代的指导意见》《港口岸电布局方案》等，对岸电支持力度越来越大，地方政府支持政策也相继出台。

在绿色能源推广方面，宁波北仑第三集装箱码头有限公司始终坚持绿色、可持续发展理念，积极打造“绿色码头”，推进港口岸电建设并取得明显成效。目前，宁波北仑第三集装箱码头有限公司已建成 13 个低压常频接电点、2 套高压变频岸电设施。

与港口岸电设施建设相比，具有高压岸电接口的船舶数量较少，并且改造进展缓慢。为了提高高压岸电连船并网的成功率，港口岸电设备技术人员希望能更多地获取受电船舶的一些用电信息，用于船岸兼容性分析。这些信息主要包括受电船舶副机、主配电板电压等级，靠泊期间船舶用电功率、功率因数、最大启动负载、并网模式、并网条件、负载转移方式、连船操作交流方式等。

四、网上交通：应急交通调度系统，减少资源浪费

城市轨道交通发展的根本，依然是以人为本，为民服务。在智慧城市发展

1 LNG（Liquefied Natural Gas，液化天然气）。

的进程中，城市轨道交通将在改变人们出行方式、节能减排方面扮演着重要的角色。城市轨道交通必然要为人们的出行提供安全、舒适、便捷的保障。

在出行安全方面，智能调度系统将改变传统调度系统分离式部署，减少人工甚至不需要人工干预，在把传统调度子系统有机协调起来的同时实现自主分析，及时响应。例如，传统调度系统中的行车调度与电力调度这两个子系统是轨道交通的“大脑”和生命线，但它们彼此独立，相互之间形成“信息孤岛”，一方发生故障，另一方不能及时反应，就可能导致故障处理迟缓甚至引发特大事故。因此，智能调度系统的第一要务，就是能更好地保障安全，任何一点引发问题或者有问题的隐患都能及时反应或者发出警报，并指派工作人员及时处理。

应急通信调度建设遵循平战结合的原则，各地交通运输主管部门及下属单位能够在日常会议和办公室通过电视会议系统直观地部署工作，听取工作汇报，在看到分会场图像、听到分会场声音的同时，同步看到相关文档、图表、图片等内容。

近年来，我国各城市整治交通秩序、优化交通环境、改善交通面貌、提高市民文明素质和城市文明程度，成效显著，有效治理了高峰时段交通拥堵的重点路段，提高了通行效率。

交警的指挥平台是以相关地图为基础，通过接入卡口、电警设备，采集分析路面行车的数据，生成实时路况在地图上用红黄绿显示。结合增强现实(Augmented Reality,AR)实景指挥平台，直观地展示区域内的事故、拥堵、事件、流量等信息，指挥员能够及时地掌握交通态势，实现勤务由被动监控向主动防控转变。如果因为违法停车或者其他原因导致路面出现拥堵时，指挥平台会根据实时路况自动生成交通信号配时方案，临时调整交通信号灯时间，避免出现交通拥堵。后台信息发布员也会通过引导屏、微信公众号等发布路况信息，提醒附近车辆绕行。

缉查布控系统采用大数据、人工智能等技术，在原有基础上对接多源数据，实现精准打击“涉牌涉证”较隐蔽的交通违法行为。这种“网上”预警布控、“扁平”调度指挥、“地面”精准拦查的作战方式目前已经取得了不错的成果。

近年来，静态道路基础设施已无法满足日益增长的动态交通等需求，市区内多个重点交叉路口多头、畸形、坡岗路、人流车流混杂，改变这种拥堵落后状态，必须融入创新性的设计理念，进行问题路口的渠化改造。

针对道路空间资源浪费、公交站点设置不合理、出租车占道待客等问题，交通运输主管部门应重新规划路段和交通信号灯等基础设施，增设交通护栏。随着交通管制智能化的快速发展，人们已经逐步适应了目前的交通管制节奏。

随着智慧城市的发展进程，城市轨道交通的发展日趋完善，而智能调度系统的应用也是大势所趋，本书所提的基于大数据和云计算的神经网络模型将是设计智能调度系统的一个参考模型，该模型能自我学习，适应变化和发展，让轨道交通更好地为人们服务，起到举足轻重的作用。当然，随着科技水平的提高，更先进的理念将被提出，最终目的依然是能为人们提供优质服务，不断提高人们的生活水平。

第五节 交通安全应急保障能力有较大提高

一、空中交通：机场应急保障显著提升

2021年，在全国应急管理工作会议上，应急管理部相关负责人发表了《深入推进改革发展　全力防控重大风险　为开启全面建设社会主义现代化国家新征程创造良好安全环境》的重要讲话，对应急管理部2020年的工作进行了总结，并对“十四五”及2021年重点任务进行了部署，指出要大力加强航空消防应急救援体系建设，按照中央与地方结合、购买与租赁结合、研发与引进结合、短期和长远结合的原则，构建大型固定翼飞机、直升机与无人机高低搭配、远近结合、布局合理、功能合成的航空器体系，在大型灭火飞机上要实现突破；健全完善空域使用、航路航线审批、飞行服务保障、机场骨干网络联动机制，抓好航空护林站、直升机临时起降点、野外加油等设施建设，完善气象保障、训练基地、化学灭火等基础设施配备。

总之，通过不断健全应急救援预防管控及联动机制，合理调度和配置资源，一方面可以增强社会力量支援机场的力度，另一方面可以充分发挥机场应急救援队伍的社会效能，全面实现共建、共享、共赢的社会效益目标！

二、地面交通：高速轨道交通提升交通保障能力

我国城市轨道交通持续高速发展，越来越多的城市迈入网络化运营阶段，

客运量、客运强度等指标位居世界前列，行业监管不断加强，企业管理与技术创新能力不断提升。与此同时，城市轨道交通行业管理逐步完善，标准化进程不断推进，智能运维、智慧城市轨道等新技术、新热点不断涌现，共同推动我国城市轨道交通运营向健康、可持续发展的方向前进。

近几年，我国高速轨道交通事业蓬勃发展，正逐步发展成为世界上高速铁路发展最快、系统技术最全、集成能力最强、运营里程最长、运行时速最高、在建规模最大的国家之一。我国高速轨道交通领域的各个方面均取得了重大突破，并得到了广泛应用。高速动车组在“引进、消化、吸收、再创新”的号召下，CRH380 系列动车组先后上线，并应用于京沪高铁、武广高铁、哈大高铁等线路。

目前，我国已攻破时速 250 千米、350 千米高速铁路的难题，通过了累计 8000 万吨运量的实车运行考验。在运行控制系统方面，CTCS-3 级动车运行控制系统平台实现了与现场实时再现，故障再现率达到 90% 上，该平台的总体技术水平达到世界领先。

三、水上交通：船舶救援与应急能力增强

在交通运输部的组织协调下，我国已陆续编制完成《国家海上搜救应急预案》《交通运输部海上突发公共事件应急反应程序》等为主要内容的国家、省（自治区、直辖市）、市和港口 4 级海上突发事件应急预案体系；组建了北海、东海、南海 3 支国家专业海上救助队伍和 4 支海上专业救助飞行队伍；建立了各级海上搜救中心，应急反应机制逐步完善，应急队伍和应急资源建设全面启动，应急管理水平不断提高，处置突发事件的能力明显增强。

当前，海上突发事件应急处置能力与人们的期望还有一定的差距。通过完善海上突发事件应急预案，建立高效的应急管理机制，健全应急资源与救援人员组织保障体系，可进一步提高预防和应对突发公共事件的能力。

总之，完善应急预案和管理机制，加强海上应急技能培训和救援演练，落实应急救援人、财、物保障措施，充分发挥救援专家及救援志愿者的作用，是全面提高海上应急救援能力的有效途径。

四、网上交通：综合视频监控系统愈发强大

近年来，在国家政策的大力支持下，我国智慧城市、平安城市、智能交通等

项目建设得到了持续有效的推进，政府、机关、企业、社区纷纷在安全领域发力，使我国安防产业始终保持中高增长态势：2021 年，我国安防市场规模达到 9452 亿元，视频监控市场规模近 5 年来始终保持两位数增长。随着人工智能、计算机视觉、深度学习等技术的成熟，视频监控的智能化已经成为行业发展的必然趋势，也成为视频监控产品市场规模增长的主要推动力量。

案例3-4 国产时速400千米高速综合轨道检测列车成功使用

依托国家“863”计划重点项目“最高试验速度 400km/h 高速检测列车关键技术研究与装备研制”，以集成设计技术为核心，针对高速检测列车动车组时速 400 千米和检测系统需求两大技术核心，着重研究转向构架、车体、牵引传动与制动、网络控制、辅助供电等关键子系统的适配技术，在高速动车组系统集成技术、动力配置技术、气动外形优化技术、检测设备与动车组接口技术、电磁兼容技术、超高速技术研究试验接口技术、动车组不同动力配置编组的转换技术、轨道检测技术、弓网检测技术、轮轨动力检测技术、车辆动态响应测试技术、通信及信号检测技术、综合检测技术 13 个方面取得了重大创新成果，具备 400km/h 持续检测运行和 500km/h 以上超高速试验能力，为今后我国更高速度等级的高速列车技术研究提供了平台。

高速检测列车集成了通信、信号、轨道、动力学、弓网及综合六大检测系统的数百种检测设备，解决了满足时速 400 千米时各种检测设备的结构、强度等性能和布局匹配，满足了检测系统的高速、实时、同步检测的需求，实现了对车体、构架、轮对应力载荷和气动载荷等列车性能在不同速度、不同服役条件下的实时跟踪检测，填补了国内外时速 400 千米等级高速检测列车技术上的空白，为我国高速列车相关理论与技术的持续发展提供了数据获取与验证手段。

案例3-5 船舶救助、大吨位沉船整体打捞技术

大吨位沉船打捞需要投入大量的人力和物力，借助计算软件制定合理的打捞方案，可确保资源的有效、精准投放。

以往相关软件之间无法实现数据共享，软件数据相互调用和读取需要人力中转。打捞方案辅助设计平台成功搭建，实现了实时数据的交互调用，效率得到显著提升，为打捞力量的快速、精准配备提供了支撑，提高了前期设计打捞

方案的效率，缩短了工作周期，节约了工程成本。

打捞方案辅助设计平台融合了多个软件，主力软件包括打捞计算软件、水动力分析软件（HydroSTAR）、局部强度校核3种软件，可快速计算沉船打捞吨位、重量分布、浮态和稳性、拖航状态、拖航阻力及风浪影响等方面的数据。借助打捞方案辅助设计平台，软件数据交互融合，对沉船状态及打捞过程进行快速仿真、模拟和计算，大大缩短了制定方案的时间。该平台的设计应用标志着我国打捞信息处理技术迈上了一个新台阶。

"嫦娥三号"缓缓展开一对银翅的画面，深深地印在人们心中。如今，沉船救捞计算机模拟的一体化集成监控平台，水下版的"嫦娥登月"三维模型宣告面世。

打捞沉船时，潜水员在沉船关键部位布设传感器，将采集的数据回传至终端并驱动沉船三维模型，现场指挥在救捞母船上通过界面实时观测沉船的状态信息，界面上同步显示兜底千斤拉力、千斤顶提升力、沉船姿态、沉船提升速度等信息。数据与画面高度交互，实现了打捞过程的可视化，为构建打捞决策指挥系统提供了重要的数据图像支撑。

案例3-6　英雄机长的壮举

2018年5月14日早晨，四川航空公司的一架客机执行从重庆直飞拉萨的3U8633航班任务。该飞机进入9800米巡航高度时，驾驶舱右侧（副驾驶席）风挡玻璃突然破裂，造成座舱严重失压。面对突发险情，机组果断处置，约20分钟后，飞机安全备降成都机场，仅副驾驶和一名乘务员受轻伤。

面对险情，机长刘传健以过硬的心理素质和堪称完美的操作表现，圆满实现了这次空中大营救的成功迫降，刘传健因此获得了一个新的称号："中国版萨利机长"。

何谓准备过硬？即面对可能出现的各种突发事件，应对措施全面，应对招数娴熟，应对方法得当，应对流程科学。这些过硬的条件，成就了这位中国英雄机长的完美营救。

据悉，在空军第二飞行学院的飞行训练中，每一个学员都要进行特情处置训练，其中风挡玻璃爆裂后如何处置是必训科目。作为教员，刘传健在多年执教过程中，亲身带学员进行过数次类似的训练，而这一切为他处置此次突发险情打下了坚实的基础。

第四章

新技术发展的总体趋势

第一节
空中交通：新一轮科技革命加速推进

在交通领域的发展中，不论是交通基础设施，还是交通技术、交通规划、交通发展，都离不开科技的融入与推动。在我国交通强国战略的推动下，交通领域的科技应用、科技融合越来越紧密。科技发展改变交通发展，这表现在交通领域的方方面面，例如智能路灯、大数据交通、智能交通信号控制、无人驾驶、智能交通地图、智能交通调度等，都是科技推动交通的优化与完善的重要体现。我们身边的交通，可以说是科技型交通，也是智能化交通。

从技术来看，交通运输领域最大的特征是需要集成基础设施建设工程、信息工程、控制工程、通信技术、计算机技术等众多学科领域的技术成果，需要众多领域的技术人员共同协作。

从发展模式来看，先进的电子传感技术、信息技术、人工智能技术、数据通信传输技术、大数据分析技术、网络技术、控制技术等技术的出现推动了交通运输模式的发展。载运装备的动力推进技术发展包括从畜力到内燃机，到电气化，到新能源动力的一系列演进；载运装备的智能控制技术发展包括从人类驾驶到半自动驾驶，再到全自动无人驾驶技术，从轨道交通运输到通过电磁力实现列车与轨道之间的无接触的悬浮和导向等，种种发展成果体现了交通运输领域的不同发展模式。

总之，新一代技术革命方向明确、影响深远，在大数据、云计算、区块链、人工智能、智能制造等方面，在新材料、新能源等方面，各国起步发展差距不大。高位部署、自主创新、励志并行、致力领跑，必然成为“十四五”及中长期交通科技战略规划的目标追求。

2020 年 8 月 7 日，交通运输部发布了《关于推动交通运输领域新型基础设施建设的指导意见》（以下简称《指导意见》），明确指出未来交通运输发展将重点推动机场和航空公司、空管、运行保障及监管等单位间核心数据互联共享，实现航空器全球追踪等。在助力信息基础设施建设方面，《指导意见》提出，推进 5G 等协同应用、北斗卫星导航系统和遥感卫星行业应用，加强网络安全保护，推进数据中心、人工智能的建设和应用。

从各项政策和当前所取得的发展成果可以看出，我国交通科技融合方向主要体现在大数据、云计算、区块链及新能源、新材料的结合之上。在空中交通领域中，这些前沿技术能够给空中交通带来精细化、智能化、高效化改变。例如，当代航空载具已经从购票、候机、登机、驾驶、运输等方面升级多种智能设备，我国航空运输效率相较前几年显著提升。又如在互联网、云计算、大数据等技术的支撑下，我国无人机行业高速发展，截至 2022 年年底，无人机已被应用在智慧空管、物流运输、地面交通管理等多个领域。

结合《指导意见》与“空天车地信息一体化轨道交通运营与安全综合保障技术研究与应用示范”项目，足以看出我国大力发展智能空中交通的决心。未来，新一轮科技革命加速推进空中交通的发展不仅局限于无人机的应用等领域，空中无人驾驶、空中交通管制员的智能化辅助工作也是我国空中交通发展的重点。

第二节
地面交通：智能交通、智能城市发展不断深化

新技术发展对地面交通发展的趋势影响主要表现在路网运行决策管理中的大数据、智慧高速公路技术研发及应用、道路交通调度的“数字大脑”、基础设施智能化养护管理技术研发、车辆电动化快速发展、车辆智能化及无人化发展、停车技术革新、交通无感支付等方面。

例如，厦门借助各种前沿科技打造了公路路网运行监测管理平台，自平台搭建完成后，4 个月内该平台先后处置交通路网管理信息多达 25000 多条，处理公路交通事件 500 多件，先后 5 次启动防汛应急响应。厦门打造的这一智慧交通管理平台能够精准检测、管理各项交通数据，充分发挥大数据技术作用，通过各类交通数据分析、整理、归纳为厦门建立了完备的交通基础数据库，也为厦门智能交通发展奠定了坚实的基础。

在地面交通装备智能化升级领域，新技术应用有效促进车辆电动化发展、车辆智能化及无人化发展、停车技术革新、交通无感支付等。在地面交通装备全方位升级的过程中，大数据、云计算、区块链、人工智能、智能制造、新材料、

新能源等技术应用不断深化。

例如，随着5G技术与地面交通加速融合，新型智慧交通技术随之诞生，加之人工智能、大数据等技术融合，地面交通运营管理得到有效促进，交通运营体现出实时、广泛、精准、全域覆盖等特点，公共交通系统也向智能化、无人化发展。

例如，2020年广西移动与广西交通运输主管部门开展了一项“中国移动5G+AI智慧交警项目”，据中国移动广西公司有关负责人介绍，“中国移动5G+AI智慧交警项目”在广西已经得到了相关应用。这个项目充分发挥了5G优势，结合人工智能、大数据等技术，助力广西交警向网络化、数字化、智能化执法转型升级。一方面，5G道路视频无线化，相较于有线传输视频，5G无线传输更容易部署，成本更低，使用更加便利，各地市交警支队可按需进行“低成本、快速、灵活”部署；另一方面实现了5G道路视频智能化分析，交通视频流通过5G汇聚到云端的视频平台，在边缘云节点进行5G视频智能化分析，低时延就近终端设备提取结果，提升违法响应和处理的速度，减少违法逃逸，提升交通风险和交通路况实时感知预警能力，实现更高效的道路交通智能化管理，从源头上降低事故风险，减少拥堵，整合交通管理资源[1]。

从“中国移动5G+AI智慧交警项目”中可以看出，我国地面交通运营管理、地面交通装备的发展正随着人工智能、大数据、云计算等技术应用进入高速升级阶段，各种新技术正在深度融入智慧交通建设中，助力智慧城市快速成型。

事实上，以数字化、智能化交通促进城市协同化、一体化、高效化运作是我国智慧城市发展的主要方式，在打造智慧城市的过程中，交通科技升级主要展现以下3个作用。

1. 交通科技支撑智慧交通、智慧城市展开顶层设计

交通科技的发展对交通业务、运行、治理产生了诸多良性影响，在城市交通运输能力升级后，城市可以根据自身特点对其他产业进行数字化、智能化转型规划，逐步实现城市资源有效整合，城市产业智能化发展，交通运输主管部门、城市规划部门便可以展开智慧城市顶层设计，以一流智慧城市为目标规划城市未来发展。

2. 交通科技强化智慧城市发展效果

随着各类前沿技术的深度应用，我国各大城市交通系统已经完成满足大众

1 骆万丽，邓东静．交通管理走向无人化智能化 [N/OL]. 广西日报，2020-10-31.

便捷出行、智能规划等需求的功能转变。例如，城市公交系统应用物联网、人工智能、云计算等技术后，先后推出无缝公交衔接、出行时间实时查询等 10 种便民交互服务，显著提升城市出行效率、大众生活体验。

又例如，城市地面交通搭载智慧管理系统后，能够将城市地理信息、交通流量进行数字建模，实现城市地面交通运行信息全方位实时感知。基于这种感知能力的升级，城市管理部门可以随时高效调配城市资源，确保城市运行的效率，实现城市运行从人工智慧到智慧化自动运行的跨越。

3. 交通科技夯实城市基础发展实力

随着城市交通云端化发展，城市基础设施安全性、运维保障性显著提升，城市规划部署随之呈现云特色。近年来，深圳根据智慧机场统计的交通流量数据，对机场周边设施、机场通往城区的主要交通干道周边设施进行多次升级部署，这一策略有效提升了深圳城市交通运行系统的稳定性，同时加快了城市的运行效率。

交通科技改变交通运行模式、交通管理系统及交通发展模式，城市基础发展实力得到多方面强化。这主要是因为交通系统连接着城市基础设施及主要资源，在智慧城市发展过程中，交通科技发展可以有效激活城市调度能力，充分发挥城市资源价值，以此夯实城市基础发展的实力。

第三节 水上交通：河运、海运与道路交通更深度融合

新技术发展对水上交通发展的影响主要涉及船舶自主航行的发展，自主、远程控制船舶的发展，北斗卫星导航、5G 的信息基础网络建设，水上安全与水上救援的发展。

随着人工智能技术及高速处理器在近十年来的发展运用，智能航运成为航运业发展的一个主要方向，其中，船舶自主航行技术是实现智能航运的关键技术。从自主航行船舶的发展现状来看，远程遥控结合部分自主控制功能已经成为自主航行船舶发展的主要方向。

减少驾驶员直至实现无人自主航行，可以实现船舶设计建造的革命性突破，

不但在同样载重能力下可节约超过 20% 的建造成本和 20% 的运营成本，还能减少 15% 的燃油消耗并大幅降低排放，节省大量的成本。正如人工智能和自动化在其他领域的应用前景一样，研究者也在不断探索自主航行船舶安全性和如何提高效率，将人类从不安全、重复性的任务中解放出来[1]。

水上交通是我国综合立体交通网的重要组成部分，且水上交通具有低能耗、低成本、大运量的突出优势。水上交通的智能化发展能够有效促进我国海运、河运与陆运的深度融合，增强我国综合立体交通网的整体运行效果。

2020 年 5 月，我国首艘自主航行集装箱商船“智飞”号在青岛造船厂有限公司举行建造开工仪式。该船是我国首艘具有智能航行能力、面向商业运营的运输货船，也是目前在建的全球吨位最大的智能航行船舶。

“智飞”号船体总长约 110 米、型宽约 15 米，集成并安装有交通运输部水运科学研究院、智慧航海（青岛）科技有限公司等多家科研机构和企业完全自主研发的自主航行系统，采用中国船舶重工集团第七〇四研究所研发的大容量直流综合电力推进系统，首次在同一船舶上实现直流化和智能化两大技术的跨越，具有人工驾驶、远程遥控驾驶和无人自主航行 3 种驾驶模式，能够实现航行环境智能感知认知、自主循迹、航线自主规划、智能避碰、自动靠离泊和远程遥控驾驶。通过 5G、卫星通信等多网多模通信系统，“智飞”号商船可以与港口、航运、海事、航保等岸基生产、服务、调度控制、监管等机构及其设施实现协同。“智飞”号商船还配备船舶航行辅助系统，以便在人工驾驶模式下为驾驶员提供信息、环境认知、避碰决策、安全预警等全方位的辅助支持。

从水上交通技术发展成果及海上运输装备研发成果中可以看出，我国水上交通正转向一体化发展趋势，即水上运输技术全面适用于河运交通、海运交通，同时搭配港口智能化发展成果，我国水上交通可以与地面交通紧密衔接，整体深度融合，我国综合交通运输网络整体性、协调性将得到全面的提升。

截至 2022 年年底，我国水上交通与地面道路交通融合发展战略已经取得众多突破，多项发展成果有效提升了我国综合立体交通网的发展质量。例如，2019 年国家发展和改革委员会在印发《西部陆海新通道总体规划》之后，我国西部陆海交通遵循规划指示，先后在重庆、成都、广西北部湾、海南洋浦港等关键枢纽位置建设物流运营组织中心、商贸物流中心、集装箱枢纽港等关键交通设施。在多种交通科技力量的支撑下，这些关键水上交通枢纽凸显智慧特性，大幅提升我国水路主通道运输的能力，提升了水路转陆路的衔接能力，深度完

1　喻剑. 国内首艘自主航行货船首航 [N/OL]. 经济日报，2019-12-29.

善了水陆交通一体化集疏运体系，为我国水上交通协同发展贡献重要力量。

2022 年，交通运输部东海航海保障中心上海海图中心对外展示了“海陆融合一张图”平台应用效果，在大数据、云计算等技术的支撑下，东海航海保障中心上海海图中心将海图、地图合二为一，通过“智慧大脑”管理，实现海运、陆运交通物流一体化管理，推动多式联运交通模式快速发展，这也是我国交通科技升级对我国水上交通发展带来的促进效果。

总体而言，我国水上交通智慧化发展不仅表现为水上交通运输发展，更表现为水陆结合高效发展、综合立体交通网整体发展。

第四节

网上交通：新基建要求科技创新，发展新动能

新技术发展对网上交通的影响主要表现在网上交通科技企业、网上交通科技服务、网上交通科技监管等方面。

随着互联网技术的发展与应用，“互联网 +”与各个传统行业融合发展，创造出新的方式，为社会进步做出了贡献。在这种发展背景下，交通的“互联网 +”已经成为交通领域的未来发展大势。“互联网 + 主要模式”是借助移动互联网、云计算、大数据、物联网等信息通信技术进行数据分析，交通运输主管部门利用这些数据分析交通状况，在互联网上精准、科学地安排各项交通工作，提高工作效率，实现网上交通的智能化，达到“线上资源合理分配，线下高效优质运行”的效果。此外，交通的“互联网 +”还能够及时预测可能出现的事故等，减少不必要的损失，极大地节省了社会资源。

2020 年 8 月，《福建省新型基础设施建设三年行动计划（2020—2022 年）》出台，明确了福建新基建主要任务、目标和政策举措。新基建三大领域中尤其是创新基础设施所需技术往往具有高指标、超前性等特点，其溢出效应可以带动区域经济社会发展。从供给侧来看，新基建是厚植现代化产业体系根基，特别是抢占全球科技创新和产业竞争的制高点，撬动福建省新兴产业的重要支点。从需求侧来看，新基建能为车联网、智慧城市、数字经济、新能源汽车等新经济新业态提供发展基础，更好地满足人民对美好生活的新期待。

新基建包含5G基建、大数据中心、人工智能、工业互联网、新能源汽车充电桩、特高压，以及城际高速铁路和城市轨道交通，新基建的数字化、网络化、智能化等科技属性突出，未来10年将是新基建与科技创新持续互动升级的关键时期，加快其发展是我国政府的一项重要工作内容[1]。

随着我国新一代信息技术的发展，数字化、网络化、智能化的交通科技将成为新基建的新动能，支撑我国各个交通运输领域高速、高质量发展。新基建要求科技创新、发展新动能，这也推动了网上交通的发展进步。由苏州交通运输指挥中心重点打造的“一微两端”政务服务微平台，即微信公众号、巴士管家App、苏州行App，在方便人们出行的同时，大大提高了人们出行的满意度。“苏州交通运输”公众号部署了智能融合客服系统，利用语音识别、人工智能答复市民的咨询投诉，政务服务微平台已有27项服务功能，打造24小时“不关门”的交通政务网上办事微平台；巴士管家App涵盖城际拼车、机场接送、定制班车、运游结合等个性服务，App注册用户数已超过2500万；苏州行App向市民提供路况服务、公交轨交线路、停车场等12类查询及网约车、查询失物、咨询投诉等7类服务内容[2]。

从新基建对网上交通发展的推动中可以看出，随着网上交通与大众生活的深度融合，我国交通基础设备将大幅被新基建更新、取代，这是我国综合立体交通网整体发展的主要趋势，也是提升交通运输系统整体发展效果的重要路径。

目前，我国交通新基建的创新发展主要偏重互联网、云计算等技术融合，以此实现交通云端感知、车辆实时定位、路网全程管控。未来，我国交通将与5G、大数据、人工智能等技术深度融合，以此将基础交通全面升级为网上交通，对现实交通实施网络管控。

从移动通信行业与交通运输行业近年来的融合发展中可以看出这一方向，且这种趋势日益明显，诞生了以下挑战。

1. 交通科技创新需满足新基建“上网”需求

目前，我国交通新基建注重与交通科技融合，但融合选择需要遵循一定的技巧，即以网络覆盖、全域感知为基础，之后提升交通新基建智慧性。这是因为基于交通新基建搭建全域感知的交通网络是智慧交通发展的基础，只有交

1 蔡承彬.发展“新基建”筑牢科技创新基础[N/OL].福建日报，2020-9-21.

2 罗鹏，张顾颖，高波.“最强大脑”打造城市交通网科技智能解锁出行新模式[EB/OL].中国江苏网，2019-12-18.

通新基建实时保持网络连接，我国交通运输网才能够被智能管控，发挥更大的价值。

交通新基建“上网”不是单纯的网络硬件结合，而是基于交通运输发展需求进行科技创新。例如，我国各地打造的交通智慧云服务平台，就是结合人工智能、大数据、云计算等技术的科技创新，这一类型的技术平台既可以提供交通服务，又能够优化交通管理，而这类平台的搭建恰好需要交通新基建具备网络互联、细致感知的能力。

2. 交通科技创新需为新基建附加发展动能

2021 年，交通运输部印发了《交通运输领域新型基础设施建设行动方案（2021—2025 年）》，明确提出了交通新基建发展的 3 个考量。

① 打造融合高效的智慧交通基础设施。以交通运输行业为主实施，以智慧公路、智能铁路、智慧航道、智慧港口、智慧民航、智能邮政、智慧枢纽，以及新材料、新能源应用为载体，体现先进技术对交通运输行业的全方位赋能。

② 助力信息基础设施建设。主要是配合相关部门推进先进技术的行业应用，研究利用北斗卫星导航技术在高速公路实现自由流动收费等，以及网络安全、数据中心、人工智能等。

③ 完善行业创新基础设施。主要是科技研发支撑能力建设，例如重点实验室、基础设施长期性能监测网等。

从这 3 个考量中可以看出，交通科技研发是交通新基建的主要支撑力量，而交通科技研发创新需要为新基建起到“提效能、扩功能、增动能”的效果。在未来发展中，交通科技在新基建领域将发挥更多的赋能作用，为我国交通网络搭建高效、便捷、智能的网络框架。

案例4-1　无人机逐渐普及

2021 年 4 月 13 日，“2021 第五届世界无人机大会暨第六届深圳国际无人机展览会”组委会召开新闻发布会，主题为“新起点、新价值”的 2021 第五届世界无人机大会暨第六届深圳国际无人机展览会于 5 月 21~23 日在深圳市举行。

据发布会信息，此次世界无人机大会有 60 多个国家和地区的千余名行业专家、学者、企业家参会；同期，围绕“5G+ 网联无人机”应用、安全管理、行业应用、教育培训、人工智能、机器人、水域无人系统等主题。数百位在各自领域享有盛誉的学者及无人机系统知名企业家、创新者齐聚一堂，通过主题报告、主旨演讲或圆桌分享等形式，共同探讨无人机的技术迭变、创新应用、产业落地和未来发展。

本次大会由中国电子信息行业联合会、深圳市南山区人民政府、工业和信息化部政府采购中心、中国科学院无人机应用与管控研究中心、中国国际科学技术合作协会、中国民用机场协会主办，深圳市南山区工业和信息化局、深圳市无人机行业协会承办，同时邀请了巴基斯坦、埃塞俄比亚、瑞士3个国家作为本届大会的主宾国。该会得到了深圳市工业和信息化局、深圳市交通运输局、中国国际贸易促进委员会深圳分会和国际民航组织、世界无人机联合会、国际精准农业航空学会、国际无人系统控制协会、国际航空保安协会等国内外相关主管部门和行业组织的大力支持。该大会以“新起点、新价值”为基调，以打造支柱产业、建设“无人机之都”为目标，大力推进无人机产业的创新应用与发展[1]。

从这次以“新起点、新价值”为主题的无人机展览会中可以看出，我国无人机行业、无人机研发技术已经处于全球领先水平，我国交通运输主管部门统计显示，截至2021年年底，我国民用无人驾驶航空器经营企业已经达到7万余家，2020年全国无人机行业总产值达到670亿元，其中，深圳市的1200余家无人机企业产值高达500亿元，深圳市无人机产业已经形成研发、制造、销售、服务为一体的完整产业链。

我国无人机市场的出口占比达到全国生产总量的90%，这说明无人机在我国的应用水平还有待提高。虽然我国目前已经将无人机应用到应急物资、巡查、照明、宣传等多个领域，且在各个领域创新了多种无人机智能技术，但无人机的应用潜力依然巨大，激发这一交通装备的潜在力量将给我国交通运输的整体发展带来积极的促进作用。

2021年春耕时节，山东广饶县的农民通过无人机进行农药喷洒。广饶县共有统防统治服务组织37个，拥有大中型施药机械994台（套），其中植保无人机249架，日作业能力达18万亩（120平方千米）。2021年，广饶县继续组织发动植保专业化服务组织，利用植保无人机大规模开展专业化统防统治，提高病虫害防治效果，保障农业生产安全[2]。

而在湖南，农民可以做到一键抛秧，主要是配合无人机精准施肥。望城项目引进中国工程院院士、华南农业大学教授罗锡文团队的无人农场关键技术，使用中国工程院院士袁隆平团队选育的优良水稻品种，选用中联重科股份有限公司等先进农机装备，以实现水稻耕、种、管、收生产环节全覆盖。

1　蒋偲. 2000余架最新无人机下月来深展示，还有无人机足球比赛！[N/OL]. 广州日报，2021-4-13.

2　梁国新 . 广饶县无人机飞上农田变身春耕“好帮手”[EB/OL]. 中国山东网，2021-4-13.

从无人机的上述应用成果中可以看出，无人机与我国大众生活、生产的融合较为顺畅，其交通运输装备的价值得到了全方位凸显。

如今，无人机已经真正地融入人们的生活，被广泛应用在航拍、农业、植保、微型自拍、快递运输、灾难救援、观察野生动物、监控传染病、测绘、新闻报道、电力巡检、救灾、影视拍摄等领域。在交通运输领域，无人机的应用自然也越来越广泛。无人机在交通运输领域，可以应用到高速公路巡逻、录像和违法抓拍等，随着技术的进步，无人机可能会用于堵车时交通的指挥、停电时快速地切换到临时信号的指挥，以及灾后救援时交通车队的指挥，交通事故或堵车时隧道内的信号源等。

莆田高速交警在 2021 年清明节期间，坚持科技引领、实战检验，积极探索“警用无人机＋”模式，加快警用无人机常态化应用，全力护航节假日期间辖区高速交通安保工作初显成效。清明节期间启用警用无人机执行飞行任务 12 次，累计时长 402 分钟，开展交通违法查纠 18 起、交通疏导工作 12 次，抓拍典型案例 2 起[1]。

济南交警支队市中大队结合辖区的实际特点，借助无人机操作方便、反应迅速、智能高效等优势，以智慧新警务为引领，积极探索无人机技术与警务实战需求的契合点，将无人机应用于交通执法领域，逐步建立并完善“无人机＋警情＋处置”机制，全力推动无人机更好地融入并服务辖区警务实战及社会管理。经过前期的精心筹备，2021 年 1 月 20 日，无人机变身“空中交警”首次上岗，在济南二环南路、兴仲路、小姑山北路、元华路、文华路、红符路等群众反映较多的重点路段分时段开展空中巡航，指导路面勤务查处。截至 2021 年 4 月 9 日，济南交警支队市中大队利用无人机技术采集警情 300 余次，有效抓拍违章车辆 100 余辆次，并录入公安部交通管理综合应用平台，让交通违法行为无处遁形，有效净化道路交通环境[2]。

2021 年清明期间，无人机在交通领域频频亮相，成为协调交通管理、保障节假日出行的重要利器。据了解，清明前后，南京、杭州等城市都曾出动无人机进行高空巡检。

从无人机在我国警务系统的应用中可以看出，我国无人机的交通应用价值远比想象得更加突出，无论民用还是警用，以及在科研领域的应用，无人机都发挥了无可替代的作用，显著提高了各领域的发展效率，得到了理想的效果。

1　莆田高速交警. 莆田高支清明节启用警用无人机护航交通安保 [EB/OL]. 网易新闻，2021-4-13.

2　葛婷婷. 济南市中交警启动“无人机”巡逻今年已抓拍违法车辆100 余辆次 [EB/OL]. 中国山东网，2021-4-12.

归根结底，无人机能够凸显如此强大的优势主要是因为其集合了多种新兴技术。新兴技术与交通运输装备的融合已经成为当前全球交通运输行业发展的主要趋势，跟随这一趋势，充分彰显自身技术特点，是我国屹立于全球交通强国之林的重要保障。

案例4-2　离岸深水港建设的大突破

进入21世纪以来，国际海洋运输船舶向大型化、专业化发展，我国港口基础设施也需要进一步提升水平。以往建设港口基本是围绕码头岸线，在深水区建大泊位靠大船，浅水区建小泊位靠小船，即“深水深用，浅水浅用”。自然条件优良且适合建港的岸线绝大部分已被开发利用，大型专业化深水码头正面临无处可建的困境。开敞海域、岛群或人工岛建港等离岸深水港建设，成为破解我国港口资源环境制约问题的有效手段。

2006年，国务院颁布的《国家中长期科学和技术发展规划纲要（2006—2020年）》将离岸深水港等交通基础设施建设关键技术及装备列为优先发展的主题项目。原交通部在协调多个科研机构的意见后，确定由中国交通建设集团有限公司作为课题牵头单位。

由此，原交通部组织、中国交建牵头，院士领衔，联合行业内28家科研、设计、施工、建设单位的247名科技人员，开始了“产、学、研、用”联合攻关。该项目成为中华人民共和国成立以来我国水上运输工程最大的技术开发项目[1]。

据悉，离岸深水港建设项目主要包括3个原始性创新成果：攻克了深水大浪条件下水下软黏土地基波浪动力软化评判标准的难题，开发了箱筒型基础防波堤施工工法，在传统建港禁区建成了大型人工港；研制了集抛石、整平、检测于一体，供料母船和水下整平机分离的深水基床抛石整平船，缩短工期到原来的1/5，实现了深水区的安全环保快速施工；创立了新的土体广义极限平衡理论，并开发了相应的地基计算软件。

离岸深水港建设项目的成果分别已在世界最大的矿石码头、卡塔尔多哈港等20余项国内外重大工程中应用，并纳入13个国家和行业标准规范。该项目不仅通过一系列富于独创性的应用手段将离岸深水建港安全、经济地变成现实，更从自然规律的最高层面，填补了人类对于海洋工程自然环境认识的若干重要

1　齐中熙 .“离岸深水港建设关键技术研究”取得突破性进展 [N/OL]. 新华社，2013-04-20.

空白。离岸深水港建设项目还包括天津港、洋山港、港珠澳大桥等成果，都有赖于技术创新的力量，特别是应用型和集成型创新。

从我国离岸深水港建设项目的发展历程中可以看出，我国离岸深水港建设项目的建设水平已经达到世界先进水平。例如，我国浙江舟山的洋山港，2021年全年集装箱吞吐量超过2200万标箱，这一水平全球屈指可数。2022年3月，马耳他籍“达飞希米”号集装箱货轮驶入洋山港二期码头，“达飞希米”号集装箱货轮靠稳系缆后，LNG运输加注船“海港未来”号通过吊装软管为“达飞希米”号集装箱货轮加注燃料，这是国际航行船舶保税LNG加注业务的“中国首单”，这代表我国洋山港已经成为全球少有的具备“船到船同步加注保税LNG”服务能力的港口。

这些发展成绩充分彰显了我国水上交通的发展水平，也突出了我国交通运输行业的技术能力。在顺应以新技术为主导的交通运输发展趋势过程中，我国交通运输行业创造的各种佳绩充分凸显了我国交通运输的发展水平。

第五章

新技术发展对空中交通（航空运输）的影响

第一节 空中交通（航空运输）新技术的发展现状

在中国民航局 2021 年 4 月 16 日举行的新闻发布会上，中国民航局航空安全办公室有关负责人从安全运行和生产运行介绍了 2021 年 3 月及第 1 季度民航安全生产运行情况。

该负责人在新闻发布会上讲到，在安全运行方面，2021 年 3 月，全行业完成运输航空飞行 96.3 万小时，同比增长 130.7%；通用航空飞行 10.3 万小时，同比增长 212.4%。未发生运输航空事故，行业安全生产继续保持总体平稳态势。在生产运行方面，3 月，共完成运输总周转量、旅客运输量、货邮运输量分别为 89.2 亿吨千米、4782万人次、65.5万吨，同比分别增长128.5%、215.7%和35.4%[1]。我国空中交通（航空运输）的发展形势整体趋好。

航空运输是交通运输的重要组成部分，能够为客户提供安全、快捷、方便和优质的服务。在我国政府的有力调控举措下，我国航空业的发展形势不断趋好，除了行业管理因素，新技术的促进也是航空业高质量发展的重要因素，新技术的促进效果主要体现在以下 3 个方面。

1. 新技术发展助推现代航空载运工具设计与推广应用

因为空间跨度大等特点，航空运输被认为是高附加值货物运输的重要方式。航空运输市场的回暖虽然与制造业复苏、电子商务兴起、国际贸易需求旺盛等因素密切相关，但不容忽略的技术因素随着发展也愈发凸显，特别是随着气动创新技术、发动机增效减排、新型材料、创新结构设计和先进机载系统等技术的不断突破，使现代航空载运工具飞行效率和环保性能不断提高，对航程的扩展、载荷能力的提高、服务空间的拓展、性能的优化都有着深远的影响。

2. 新技术发展助力智慧民航与智慧空管的发展

智慧民航是运用各种信息通信技术，分析整合关键信息，最终实现对行业

1 徐伟，刘欣. 民航局：截至 3 月底全国运输航空持续安全飞行 127 个月 [N/OL]. 法治日报，2021-04-16.

安全、服务、运营、保障等需求做出数字化处理、智能化响应和智慧化支撑的建设过程。在智慧民航理念的引导下，空管也开始了数字化转型，主要围绕建设“强安全，强效率，强智慧，强协同”的空管体系，更加强调以数据为核心的综合管理。

3. 新技术发展保障路空协同

路空协同立体交通是近年来在我国兴起的一种新的交通运输方式，路空协同立体交通的发展，对于我国综合立体交通体系的建设具有积极意义。新一轮空中控制技术、智能交通技术和信息通信技术等技术的发展，对于路空协同立体交通具有明显的积极意义。

近年来，无人机技术的应用越来越广泛。中国邮政集团有限公司在无人机、无人车、无人分拣方面积极实践，还自主研发了高速分拣机、水陆两栖无人机，以及智能调度系统、综合指挥调度系统等。

目前，新技术已经在我国航空运输领域得到充分应用，应用成果显著。未来，这一发展方式依然是我国航空运输的主要发展方向，相信各种新技术可以继续推动我国航空运输高质量发展。

第二节 现代航空载运工具设计与推广应用

航空运输是使用飞机及其他载运工具运送人员、货物、邮件的一种运输方式，具有快速、机动的特点，是远程运输的重要方式。

航空运输业经历了漫长的历史发展。航空运输始于 1871 年，但直至 20 世纪初期，飞机运输才真正首次出现。20 世纪 30 年代，民用运输机出现，各种技术性能不断改进。到 2007 年，我国民航运输业全年运送旅客约 1.84 亿人次，全国机场旅客吞吐量约 3.84 亿人次，已经成为航空运输大国。

不管航空运输业如何发展，都要依托相关的载体，这个载体就是航空载运工具——飞机。现代航空载运工具发展很快，载运能力早已从几十千克发展到超过 100 吨，活动范围也从天空到了海上，典型代表就是水陆两栖飞机。水陆两栖飞机是指既能够在陆地起降，也能够在水面起降的飞机。例如海鸥 300，这款飞机是我国首款自主知识产权的水陆两栖飞机。水陆两栖飞机可以航拍、陆地物资运输，也可以水上巡逻，多用途的通用飞机将会为用户创造更大的价值。

现代航空载运工具的高速发展涉及多种交通科技，正是这些科技的有效进步加速了我国航空载运工具的研发应用，提升了我国空中交通的运输水平。例如，航空材料技术的创新和发展，对现代航空载运工具设计与推广应用产生了重要的影响。利用智能结构技术改善飞机材质的耐久性和可靠性，能提高飞机内部空间利用率、降低成本，是当代研究者的主要关注方向之一。

另外，飞机发动机技术的改进，机载系统的智能化，都是当代空中交通科技的研发重点。随着科技水平与信息化水平的不断发展与进步，依托于微电子技术、计算机技术、网络技术，以及传感器技术的不断深入和研究，智能化技术在民用飞机领域的应用越来越广泛。智能化技术的研究应用或可实现民用飞机的智能驾驶、智能维护，从而降低飞机的维护成本、减少机务的工作负担。

纵观我国航空载运工具的发展，可以看出，在科技赋能下我国航空交通运输领域已经呈现新的发展格局。这不仅体现为我国航空载运工具的科技水平、运输能力的提升，也表现为智慧属性在航空运输领域的全要素、全流程、全场景覆盖，表现为我国航空运输系统年保障飞机起降 3000 万次的交通运输能力，以及航空交通运输的效率。

交通科技在航空载运工具领域的创新应用已展现出诸多成效，例如，航空交通安全服务水平提升，乘客乘坐飞机高效“无感”通关，航空运输生物识别系统简单准确，这些都是交通科技在航空载运工具设计、研发领域的创新成果。总体而言，我国航空载运工具已经进入全球先进行列，为我国航空运输发展“去全局化”、智能化、精细化水平注入强大的动力。

第三节
智慧民航与智慧空管的发展

2020 年 1 月 6 日，全国民航工作会议在北京召开。中国民用航空局对推进民航治理体系和治理能力现代化提出了 7 个要求：坚持党对民航工作的领导，是推进民航治理体系和治理能力现代化的根本原则；坚持牢牢守住民航安全底线，是推进民航治理体系和治理能力现代化的基础所在；坚持正确处理政府和市场的关系，是推进民航治理体系和治理能力现代化的核心内容；坚持全面依法行政，是推进民航治理体系和治理能力现代化的重要支撑；坚持多元共治、充分调动各方积极性，是推进民航治理体系和治理能力现代化的有效途径；坚持创新发展，广泛运用互联网、大数据、人工智能、区块链等技术，是提升治理能力的必要手段；坚持构建以当代民航精神为核心的中国民航文化价值体系，是推进民航治理体系和治理能力现代化的强大动力。

其中提到的坚持创新发展，广泛运用互联网、大数据、人工智能、区块链等技术，已成为智慧民航的常态之一。中国民航网报道，截至 2019 年年底，民航 229 个机场和主要航空公司已实现“无纸化”出行；8 家航空公司、29 家机场开展跨航司行李直挂服务试点；15 家航空公司 410 架飞机为 805 万人次旅客提供客舱 Wi-Fi 服务；推进全民航行李全流程跟踪系统建设；将“同城同质同价”纳入机场服务质量评价指标；12326 民航服务质量监督电话开通，国内航空公司投诉响应率达 100%。这些成绩的背后都是互联网、大数据、人工智能等技术在做支撑。

2020 年，新冠肺炎疫情无疑对我国“智慧航空”发展带来了重大的考验。疫情之下，我国智慧民航系统以“无纸化”出行、智慧安检、“刷脸”登机等一系列“无接触”措施有效阻断了疫情传播渠道，助力疫情防控常态化下的航空出行。

以东方航空为例，新冠肺炎疫情防控期间，东方航空在业内率先利用 App 和微信小程序发布“旅客健康申明”线上申报功能，为超过 450 万名东方航空旅客提供快捷的健康申报服务。东方航空还利用人工智能技术、软件联合开发等，为普通旅客、听障旅客提供多种场景的 AI 交互式客服服务。事实上，新技术的应用不仅能够解决民航在旅客出行和服务方面的诸多问题，也是使旅客充分享受民航发展带来的获得感、幸福感，更应该是民航安全水平和运行效率实现量级跨越的驱动力[1]。

我国民航与空管的智慧发展已经成为我国航空运输的主要进步趋势，各种智慧化发展成果有赖于各种新技术的应用。这些新技术的有效应用让我国民航系统和空管系统的发展速度与服务品质得以提升，这为我国空中交通与国际水平接轨，以及空中交通经济的高速增长都提供了重要动力。

从近年来我国航空运输的发展成果中可以看出，航空管理部门大力加强智

1　程婕．智慧民航：我们的征途是星辰大海 [N/OL]. 中国民航报．2021-3-1.

慧民航、智慧空管等创新性建设，推进了我国航空运输智慧化运行体系的快速搭建。在党中央与交通运输部的指引与支持下，我国空管发展保持了健康良好的发展势态，截至 2021 年年底，我国民航航空载运工具突破 6700 架，年旅客运输量超 4.2 亿人次，这些成绩都体现了我国航空系统的高质量发展。

除了民航高质量发展，智慧空管也是我国航空运输当下发展的重点。智慧空管同样依赖交通科技的创新升级。在大数据、人工智能、5G 等技术的支撑下，我国航空系统陆续开发了一批新技术产品，我国空管逐渐表现出多模式协同、服务精准及时、出行安全等特点。例如，信息通信技术在空管领域可确保空管的时效作用，云计算在空管领域能够支撑各种实时数据分析，这些技术的深度应用可以将当代空管由人工管理迅速转型为系统智能管理，显著提升空管的效率和效果。

截至 2022 年年底，我国智慧民航、智慧空管已经逐步实现自动化、智能化运营，结合北斗卫星导航系统、无人机、高速航空器等设备，将大数据、人工智能、云计算等技术价值充分体现。相信不久的将来，我国智慧民航与智慧空管将呈现更多的创新成果，稳步提升大众航空出行的便捷性和体验感。

第四节 无人机服务提升

《交通强国建设纲要》提出，未来我国的交通发展要构建综合立体交通体系，这是建设交通强国的具体性指导文件，更好地推动了路空协同立体交通的发展。

据统计，截至 2019 年年底，全国公路总里程 484.65 万千米，高速公路里程 14.26 万千米，位居世界第一；共有颁证民用航空机场 246 座，完成航空运输总周转量 1292.7 亿吨千米；注册无人机超过 39.2 万架。显示了我国交通基础设施规模迅速扩大，交通网络覆盖面不断拓展，综合运输能力明显增强。

在多元化物流运输方式中，公路运输占比巨大。随着大数据、物联网、人工智能等技术的广泛应用，我国交通运输行业以互联网为纽带，正在由传统物理位移服务向一体化、网络化、社会化、智能化的方向发展。这客观上要求交通运输在基础设施、服务模式、质量效率等方面，顺应多层次、广范围的融合互动需求，营造全链条发展环境，提供更适用的交通运载及交通协同平台，打造路空协同立体交通的目标。大力发展现代综合交通运输体系已经成为交通强国建设的核心要义，“各种运输方式融合发展”成为交通运输行业发展的主流。

路空协同立体交通是近年来在我国兴起的一种新的交通运输方式，在一些地区的实践已经展示出其蓬勃的生命力[1]。路空协同发展的关键在于地面交通与空中交通的高效协同，在交通科学技术的支持下，路空协同发展模式呈现多样化的发展趋势，例如以往路空系统的发展主要体现为地面交通工具与飞机的协同发展，而当代路空协同的发展主要体现为地面交通与无人机服务的协同发展。

无人机是现代交通科技创新的产物，截至 2022 年年底，无人机服务已经在交通运输领域得到广泛应用，我国无人机服务将深化发展，以适应交通领域发展的需求，积极探索更多的创新模式，在路空协同发展、海空协同发展中体现出更大的价值。

无人机服务主要体现为增强交通空中监测、管理、信息传达效果。目前，无人机服务在交通运输领域的应用方式主要体现在以下两个方面。

1. 克服地面、水上交通极端环境，增强交通运输运维管理效果

无人机能够不受地面、水上交通环境的限制，在复杂环境下，能够在空中完成各种交通运维、监测和管理的任务。在无人机服务的支撑下，地面交通、水上交通运营管理更高效，发展潜力更加突出。

2. 以新型交通装备身份强化交通运输发展效果

截至 2022 年年底，无人机已经在交通管理、物流运输等领域发挥着重要作用，无人机已具备新型交通装备身份，并保持着良好的发展态势。随着无人机技术的提升，其对交通运输行业带来的创新也越来越丰富。例如，无人机已经能够具备空中智慧交警、城市高效配送员等各种身份，未来发展中无人机的身份还将继续被丰富，继续对交通运输发展带来促进效果。

由此可见，今后一段时间内，在无人机服务的助力下，我国能够搭建路空交通协调、海空交通协调顺畅的立体交通体系。实现地面、水上、空中交通资源的结合使用，各种无人机交通建设项目也是必不可少的。

1　楚峰. 金伟：无人机将在“路空一体”中大显身手 [J]. 交通建设与管理，2020（3）：60-61.

案例5-1 邮政无人机投入使用

国家邮政局政策法规司相关负责人在2020年5月18日召开的中国交通运输协会路空协同立体交通分会成立大会上披露：在无人机应用方面，至少有7家邮政快递企业在全国十几个省（自治区、直辖市）开展了配送业务，其中，中国邮政集团有限公司在浙江、四川、贵州、云南等地开通多条无人机邮路，大幅缩短党报党刊的投递时限；顺丰在江西赣州建立无人机末端配送运行管理平台，开展常规配送服务；京东在陕西、江苏、海南、青海等地开通100多条无人机配送路线，实现常态化运营[1]。

这不仅是我国无人机交通应用的发展成果，更是我国邮政行业改革升级的主要趋势。其实，中国邮政应用无人机应该是深有体会的。早在2015年，山东邮政EMS公司凭借敏锐的市场意识，开始尝试无人机送件。2015年9月初，一位山东师范大学的学生在山东邮政EMS官方微商城购买了一件小商品，山东邮政EMS公司随即与该客户取得了联系，承诺一小时内将邮件送到客户手中，并与客户沟通了无人机送件的相关事项，该客户既惊讶又期待。邮政无人机飞行升限达120米，全程高清航拍，同时作为送件的凭证。最终，无人机在客户所在宿舍楼前降落，偏移量不超过2米，落地平稳后由客户自行取下邮件，并将签收完的详情单放回EMS专用信封。此后，无人机凭借自动返航功能返回学校北门，无人机始终处在EMS投递员的可视范围内。

自山东邮政EMS公司的无人机配送成功后，我国无人机配送行业就进入高速发展阶段，这不仅因为这次成功案例让更多的快递企业看到了新的发展契机，更因为在全球交通科技高速迭代下，无人机配送已经成为主流的发展趋势。

经过多年发展，我国诸多偏远地区也享受到了邮政无人机的服务。例如，草坝村是陕西汉中市镇巴县泾洋街道办事处的一个边远行政村，单程投递里程39千米，原有投递作业单程需用时120分钟。中邮科技股份有限公司为此选用了一款6旋翼结构，整机重量6千克，最大载重5千克，最大飞行速度16米/秒，最大抗风能力6级，满载情况下最大续航时间30分钟，最远飞行距离15千米的无人机投递后，单程仅需20分钟即可送达邮件，这让草坝村的人民群众享受到更加及时、便捷的邮政服务。

同时，陕西汉中邮政、镇巴邮政与中邮科技股份有限公司还组建了救援队

1 楚峰. 靳兵：建议将路空协同科技创新纳入邮政业“十四五”规划编制[J]. 交通建设与管理，2020（3）：40-41。

伍，加强与地方政府的合作，将无人机投递纳入政府紧急救助体系，为人民群众快速运送急救药品、救援物资，为服务地方经济和社会发展贡献力量。

不仅如此，中国邮政的无人机早在2019年就实现了跨海运邮。2019年5月29日5时58分，一架带有中国邮政标志的水陆两栖无人机载满邮件从上海市金山幸福水上机场起飞，于6时50分平稳降落在浙江省舟山市嵊泗岛水域，历时52分钟跨越了110千米的海峡。此次飞行是快递业内首例使用大型固定翼无人机实现海上运送邮件，同时也标志着中国邮政大型无人机运邮又向前迈出了一步。未来，中国邮政将继续试验大型无人机在实际场景的应用，以期在加快党报党刊投递速度、助力精准扶贫、助力国家应急安全保障工作等方面有更多作为[1]。

利用无人机技术，我国邮政系统顺利打通了偏远地区“最后一公里”的配送障碍，全面提升了邮政物流行业的覆盖范围与服务品质，这对我国交通物流行业的发展带来了极大促进，同时也彰显了我国无人机领域的发展实力，体现了我国空中运输的技术水平。

国际航空运输协会空中交通管理及基础设施总监罗布·伊格尔斯认为航空业应当接纳无人机带来的变化，他说：“无人机以及无人机空中交通管理系统的运作在很大程度上都是自动化的，这与现在的传统策略型空中交通管理非常不同。因此，无人机空管系统可以被看作新思想、新技术和新运作概念的发展温床和试验场”，但中国邮政对于无人机的应用早已经突破了试验阶段。

未来，中国邮政将以“科技强邮、智创未来”为导向，以推进信息通信技术与邮政业深度融合为主线，将有关路空协同的科技创新纳入邮政业“十四五”规划编制的内容，汇聚资源、凝聚智慧，推动邮政业在路空协同方面取得更多的突破和进展。例如，进一步推动无人机投递示范区建设，加快推进产业数字化转型。推动寄递物品、运输车辆、服务人员、服务设施等物理元素转化为数字元素，形成数字化、可视化、智能化的寄递网络，加强智慧邮政标准体系的建设，加快促进无人机、无人车在快递物流领域的落地生根，更好地发挥科技创新在促进行业转型升级、提质增效、服务民生、服务制造业的最大优势，促进行业高质量发展。

1　蔡玮. 邮政大型无人机实现跨海运邮 [EB/OL] 中国邮政网，2019-6-3.

案例5-2 无人机协助交通管理

公安部交通管理局统计数据显示，截至 2022 年，我国机动车保有量达 4.17 亿辆。随着机动车保有量的快速增长，机动车驾驶员数量也呈现同步增长趋势，总量突破 5 亿人。但道路的扩宽远远跟不上汽车保有量的增长速度，这就为交通管理带来巨大的压力，行车难、停车难成为常态。在这种背景下，传统的交通管理模式已经不能适应日益变化的交通现状。如果不利用科技手段，现代交通管理根本无法想象。在这种背景下，无人机作为辅助工具被引入交通管理。

2019 年 2 月 1 日（农历十二月二十七），是贵州省东北部江口县农历新年前最后一个赶集日，称为赶“封场”。这一天如往年一样是人多、车多，道路易拥堵，路况复杂，全县人民在这一天上街购买年货，交警更是全员上路，分散在各路段指挥交通，为人民群众保驾护航。所以，在最易拥堵的江口县三星路与商业街路段，江口县公安交通管理局首次使用无人机巡查“封场”的路况，这是该交通管理局除了用无人机绘图辅助事故处理，首次将无人机用于路面交通管理。无人机的投入使用弥补了以往路面管理工作中的短板，例如无视频监控路段、警力管控难以做到全时空覆盖的问题，有效提升了江口交警的路面应急管理水平。最终，赶“封场”当日，城区未出现长时间拥堵路段。

这只是无人机协助交通管理的一角。现在，许多交警部门都配备了无人机来协助交通管理。据不完全统计，截至 2020 年年底，上海、福建、山东、陕西、广东等数十个省（自治区、直辖市）的交警部门都已经启用过无人机来协助交通执法。2019 年，广西南宁更是成立了首个无人机“邕城飞鹰”小组，将无人机正式编入该市公安局交警支队七大队之中。

从无人机在我国交通管理领域的应用情况来看，无人机的科技优势充分凸显，且这一新型交通装备可以根据交通管理需求与其他技术有效融合，由此大幅提升我国交通运输领域的管理成效，减少综合立体交通网的管制死角，满足各种复杂状况、恶劣环境下的交通管理需求。

作为新兴崛起的潜力装备，无人机具有不受道路状况的影响，违法取证更加灵活、机动的优点，达到全地形覆盖，能够多视角、整体直观地实图显现车辆的违法行为，因此获得了交通执法部门的青睐。在民用无人机发展日益成熟，产品品质与性能不断提升，以及价格趋于合理的背景下，无人机在交通管理领域的应用越来越多。无人机主要具有路况侦查、违法取证、事故勘察、路况提醒等功能，在巡查作业时，无人机能够覆盖高架、地面等交通场景，实时监控路面车流，及时发现、反馈突发情况；在查处违章行驶中，无人机能够实时抓拍机动车压线、不系安全带、开车打电话等违章行为，并清晰拍摄当事车辆牌照等信息传回交警指挥控制中心。因此，目前无人机主要的应用有交通指挥、违章抓拍、交通巡逻、追踪车辆、交通救援等领域。无人机的应用，极大地提升了路面交通警情的处置效率。这是新技术发展对空中交通（航空运输）发展影响最具象的一个缩影。

无人机行业在我国的高质量发展是新技术促进航空运输进步的主要体现，我国无人机技术的迅猛发展推动了交通运输行业升级，强化了科技国防的效果，尤其我国在无人机技术科研领域及应用方式中展现出的发展成果，在世界范围内都是首屈一指的。

专家预测，2025 年全球无人机市场将达到 428 亿美元，亚洲将成为全球最大的无人机市场，而我国的无人机技术有望主导整个市场的发展。

第六章

新技术发展对地面交通的影响

第一节
地面交通的发展现状

城市综合交通从形式上可以分为地面交通、路面交通、地下交通、轨道交通、水上交通。新技术发展对地面交通发展的影响包括路网运行决策、智慧高速公路、交通调度、基础设施智能化养护管理，车辆电动化、智能化、无人化发展，停车技术革新、交通无感支付等方面。

随着科技的不断发展革新，特别是近年来陆续获得关注的“互联网 +”、大数据、人工智能等技术的应用，使地面交通发展出现精细化、智能化、数字化等特点。例如，人工智能的一些重要发展领域，将对城市交通技术变革产生巨大的推动作用。大数据和人工智能技术将使仅依靠自身经验和知识的管理人员和交通控制技术人员成为落伍者；人机混合智能将极大地提升交通控制能力。伴随这些技术的逐步成熟，智能计算、智能控制和智能服务将上升到新的层次。这意味着城市交通的部分控制权将转移给算法和机器，解放了人力，提高了效率，减少了错误。再如，区块链技术借助信用体系构建技术将互联网从信息互联推向价值互联。当区块链与物联网进一步融合，会形成支持客观信用体系的技术基础。这些技术的发展无疑会催生新的交通服务业态、经营组织模式和决策沟通方式。

这些新技术在地面交通运输领域的有效应用，显著提升了我国地面交通的发展水平和地面交通的智慧程度。2022 年，第 24 届中国科协年会“智慧交通与自动驾驶科技创新高峰论坛”在长沙召开，这届以“创新引领，实践推动，助力交通强国建设”为主题的论坛详细讨论了自动驾驶技术对我国交通发展的重要作用，并详细分析了各种新技术为交通发展带来的智慧性。这次论坛全方位地展现了新技术与我国交通运输行业融合发展的形式与主流趋势，并分享了大数据、云计算、人工智能、区块链、5G 等技术在交通运输领域的应用策略。

事实上，自 2018 年以来，交通科技就开始主导我国地面交通的发展方向。以大数据、人工智能、云计算等技术主导的智能交通时代随之来临。地面交通是新技术的主要赋能体，随着新技术与交通运输行业的融合发展，智慧公路、智慧铁路、自动驾驶等新业态、新产业随之诞生，这种发展趋势不断促使地面交通基础设施、运营管理、维护治理、能源结构发生颠覆性变革。

总体而言，新兴交通科技对地面交通的主要影响体现在交通智能性改变上。附加“智能”属性的地面交通开始有效缓解城市拥堵、提升出行安全、改善交通环节，并随着人工智能、5G、大数据等技术的发展不断创新交通运营模式与交通科技应用方式。

未来，智慧交通将成为地面交通的终极形式。全域精准感知、网络实时管理的智能地面交通系统将实现车车、人车、车路协同发展，最终将人、车、路、环境融合为一体化智能交通系统。所以，在新技术高速发展的今天，我们应该以前瞻性的眼光看待交通技术融合及融合之后的新型产物，从更准确的切入点进入交通发展“快车道”，将自身的能力转化为交通发展的动力，以此充分展现自身的价值。

第二节
路网运行决策管理中的大数据

目前，我国已经步入大数据决策时代，政府也在利用大数据技术进行科学建设。我国机动车保有量的规模不断扩大，路网交通流量也迎来了高速增长。随着车流量的剧增和社会公众出行频次的增多，路网运行管理和路网运行监测工作面临新要求，迫切需要从量变到质变的提升，从而全面建设“智慧路网”。即通过信息化监测、大数据、云计算、物联网等技术，逐步建立完善的基础设施监测体系、智能化的路网感知体系、可靠的通信资源保障体系、实时的预报预警体系、高效的应急保障体系、完备的出行服务体系，实现路网管理决策科学化、路网调度智能化、出行服务精细化、应急救援高效化。

例如，2017 年贵州省交通运输厅对地面交通开展了“路网运行管理系统”建设项目，主要完成从“经验”管理向“数据”决策的转变，有效地提升路网管理效率。该系统 2017 年 9 月上线运行，经过一年的时间，访问量近 12904 人次，新增接报信息 2271 余次，有效计算拥堵 269994 次，准确率达 90% 以上，在日常监测、应急值守工作中对拥堵判断、信息接报、事件处置的工作效率提升了 60%[1]。

1　贵州省交通运输厅 . 贵州大数据战略行动助推路网运行管理实现“三个转变”[EB/OL]. 贵州省人民政府网，2018-4-24.

又如，2018 年，苏州公路路网部门率先在 S228 张家港城区出入口、S228 沪宁高速新区出入口、S342 常熟城区出入口等路段安装感知设备，实现对城市出入口运行状态的智能化监测。

通过苏州公路交通微观大数据平台，单击屏幕上的摄像机图形可以调取路面的即时视频，单击雷球联动可以同时调取实时交通量数据和视频图像，实现宏观与微观交通状态的有效结合，真正做到路网管理“可视、可测、可控”。此外，还可以通过数据报表模块的实时图表、统计图表、评价图表，获取该路段的全过程数据，通过图表可直观地反映检测区域的情况。还可以实现手动绘制检测区域、拾取地图上任意一点经纬度、地图界面截图、数据存储及设备信息维护等资料的查询等功能，满足路网管理者的多样化需求。

苏州公路交通微观大数据平台在立足于精准认知的管理模式下，将交通量变得可知、可测，这仅是我们“初探”公路交通真容的一次尝试，想要进一步掀开公路交通的神秘面纱，还需要利用大数据、人工智能等手段不断探索，真正实现路网管理的智能化管控[1]。

从我国各地路网管理系统、数据平台的建设策略及方法中我们可以看出，大数据技术是确保我国路网运行管理实时高效、全程覆盖、精准及时的关键技术。这主要因为我国拥有全球最长的地面交通路网，且随着我国交通的发展，地面交通路网的运行情况、承载能力频繁发生变化，只有完整、准确的大数据技术才能确保地面交通路网安全运营、健康发展。

在我国地面交通路网中，交通事故突发性、随机性较强，我国交通运输主管部门统计，全国地面交通事故中突发事件占比为 2/3，而突发事件数据分析处理是有效规避同类问题的主要措施。

从大数据在地面交通路网应用效果的角度分析，大数据技术为路网运行决策管理提供了可靠依据，并基于数据分析提供导航建议、出行规划建议，这些建议是有效规避地面交通拥堵状况的智能决策。由此可见，大数据技术对地面交通路网的发展有较大的良性影响。

从大数据在地面交通路网应用目的的角度分析，大数据技术能够为地面交通路网提供路况信息、路网运行状态表信息，这些信息可以用于分析路网健康属性及交通拥堵情况的发生概率，便于交通运输主管部门根据交通动态进行合理规划，充分调动交通资源，引导交通路网达到最优的运行状态。由此可见，大数据技术是地面交通路网日常健康运行的基础，也是我国地面交通高质量发展的

1 余婷 . 苏州路网管理迈向 2.0 时代丨试点构建苏州公路交通微观大数据平台 [EB/OL]. 苏州公路，2018-12-25.

重要保障。

截至 2022 年年底，大数据技术已在我国地面交通路网得到深度应用，有效缓解了地面交通的拥堵情况，提升了交通运行的效率，大数据技术还将提升地面交通运行的舒适度，改善交通安全环境，提供细致化、准确化、智能化出行数据服务，为我国交通发展贡献更多的力量。

第三节 智慧高速公路技术的研发及应用

随着物联网、大数据、云计算、5G、人工智能等技术与高速公路交通融合，当代高速公路开始了智能化发展，“智慧高速公路”随之诞生。

例如，2017 年，我国江西省首条智慧高速公路——宁定高速公路正式运营。宁定高速公路沿线枢纽分布着交调站，实时监测车流情况；在重点路段隧道、高边坡等处布设监测系统，并设有弯道车辆监测预警、道路结冰预警及自动除冰等功能。

2019 年 6 月，国家发展和改革委员会、交通运输部两部门印发《加快推进高速公路电子不停车快捷收费应用服务实施方案》（以下简称《方案》），《方案》中明确提出，截至 2019 年 12 月底，我国高速公路收费站电子不停车收费（Electronic Toll Collection，ETC）系统实现全覆盖，货车实现不停车收费，不停车收费率达 90% 以上，所有人工收费车道支持移动支付等电子收费方式。

2020 年，深圳外环高速公路以交通数据标准化为基础，建立深圳外环高速大数据中心及交通综合监测系统，实现对高速公路路网运行状态、车辆实时运行、交通事件和交通环境的动态化、一体化监测和预测。此外，深圳外环高速公路沿线布设 135 根多功能智能杆，挂载基站实现 5G 网络全覆盖。伴随着深圳段一期工程通车，深圳外环高速公路成为全国首条以多功能智能杆为载体实现 5G 网络全覆盖的新建通车高速公路[1]。

2021 年，北京冬奥会重大交通保障项目之一的延崇高速公路河北段开展

1　李天军 . 深圳外环高速一期月底通车！全线实现 5G 网络全覆盖 [N/OL]. 羊城晚报，2020-12-22.

了智慧公路试点建设工作。延崇高速公路河北段主要针对项目桥隧比高、气候变化大等特点，结合冬奥会交通保障的要求，进行了车路协同一体化感知融合和车辆时空轨迹重构技术应用、多车自主编队与同步行驶技术应用等服务冬奥会的智慧高速公路关键技术研究。智慧公路建设将实现 5G、北斗卫星导航信号全覆盖，着力解决“行、看、听、感”4 个方面的出行需求。建设团队打造了全要素数字化公路基础设施，建设数字高速公路平台，开展桥梁、隧道等重点基础设施集群全生命周期监测与管控；打造 29 千米车路协同示范路段，实现两类 13 个应用场景，提供全新的驾驶体验，服务司乘、服务冬奥；实现北斗卫星导航信号全覆盖，提供全程车道级定位服务；开展基于大数据的路网综合管理，提供“互联网 +”路网综合服务，实现奥运转场车路监测保障等[1]。

从以上高速公路技术的研发成果中，我们可以看出，我国已经通过拓展交通新基建，同时利用新技术实现了普通高速公路向智慧高速公路的顺利转型，这为我国高速路网的高效运行提供了安全保障，同时为无人驾驶的全面普及应用奠定了基础，虽然我国智慧高速公路的整体建设范围依然处于起步阶段，但各种新技术的应用已经为形成智慧高速公路建设标准与技术规范指明了方向。

总体而言，我国智慧高速公路技术的研发应用主要体现在各种新技术结合之上，在大数据、5G、北斗卫星导航、云计算等技术结合的过程中，我国高速公路系统随之具备数字化、网联化、智能化特征，达到动态可测、运行感知、状态可控的管理效果。就智慧高速公路技术研发应用效果而言，我国智慧高速公路技术主要具备以下 3 个优势。

1. 智慧高速公路技术具有数据可观测性

我国智慧高速公路是利用云计算、大数据、人工智能等技术对高速公路运营管理系统进行重构再造，多种技术融合后，高速公路逐渐搭建起监测感知体系、通信保障体系及运营服务体系，大量的高速公路数据可以从多种渠道汇入高速公路运营管理系统。

运用数字技术的高速公路运营管理系统能够充分分析各类数据，观测数据变化，感知高速公路运营状况，并以此制定智能化的管理决策。

1　赵瑞雪 . 相约冬奥丨延崇高速公路河北段开展智慧公路试点建设 [N/OL]. 河北日报，2021-4-14.

2. 智慧高速公路技术具有精准感知能力

我国智慧高速随着高速新基建的智能化升级，已经搭建起完善的高速监测系统，通过收集各类数据，高速公路运营管理系统能够精准感知高速公路车辆的运行状态，及时处理各种交通事故，并分析事故原因，制订后期的管理优化方案。

随着当代交通感知设备技术水平的不断提高，我国智慧高速公路的感知能力正逐步增强，我国高速公路的感知能力将成为高速公路高质量发展的重要保障。

3. 智慧高速公路技术具有营造健康生态能力

基于超强的交通感知能力与数据分析能力，我国智慧高速已经能够打造复杂的智慧化运行模式，针对高速公路发展问题制订各种解决方案，确保高速公路运营管理系统和高速路网的稳定运维。

例如，我国江苏省打造了一款高速公路监控运维平台，该平台拥有大量高速监控设备支撑。该平台投入使用后，江苏省高速公路管理部门顺利解决了江苏省高速公路基础设施离散、高速资源无法调配等问题，同时攻克了多个运维难题，真正做到江苏高速一网管理、一键决策，并以此搭建了健康的高速交通运行生态圈。

智慧高速公路是我国地面交通发展的重点，智慧高速的核心技术是确保智慧高速发展效果的主要力量。未来，这一领域需要更多的技术创新来加快发展速度，充分展现智慧高速发展的效果，我国综合立体交通网将因此获益，交通强国进程也将随之提速。

第四节
道路交通调度的“数字大脑”

交通运输行业一直是社会生产运营的基石，我国构建了日益成熟的运输服务网络和稳定的运输经营模式。近年来，城市汽车保有量高速增长、城市交通拥堵、交通事故频发、交通环境恶化及能源短缺等成为当前世界各国面临的共同问题。

利用最新的科技成果合理规划城市交通，提高道路的通行能力，加强交通基础设施的管理，科学调度交通警力，提高对交通事故快速处理的能力和交通保卫事件快速反应的能力已成为城市交通运输主管部门面临的重要课题。这时，道路交通指挥与调度管理系统的重要性得以凸显。

道路交通指挥与调度管理系统是集通信、指挥、控制、信息于一体的复杂系统，它涵盖电子信息技术、计算机技术、图像技术、GPS 和 GIS 等。在新时代的背景下，道路交通调度进入数字化、智能化的发展阶段，现代化的道路交通调度成为道路交通指挥与调度管理系统的“数字大脑”。

2019 年 7 月，交通运输部在印发《数字交通发展规划纲要》的通知中明确提出：要推动交通基础设施规划、设计、建造、养护、运行、管理等全要素、全周期数字化，构建覆盖全国的高精度交通地理信息平台，完善交通工程等信息，实现对物理设施的三维数字化呈现，支撑全天候复杂交通场景下的自动驾驶、大件运输等专业导航应用。

此外，交通运输部还鼓励平台型企业深化多源数据融合，整合线上和线下的资源，鼓励各类交通运输客票系统充分开放接入，打造数字化出行助手，落实各级交通运输管理部门及相关机构的网络安全职责，健全信息通报、监测预警、应急处置、预案管理等工作机制。加强网络安全与信息系统的同步建设，提高交通运输关键信息基础设施和重要信息系统的网络安全防护能力。

在这项关键政策的指引下，我国数字交通发展的速度不断提升。随着 5G、大数据、物联网、人工智能等技术的全方位应用，我国数字交通有效地缓解了交通拥堵，优化了出行服务，在提高交通智慧水平的同时高效聚集了现代交通的高端配置，为我国交通运输经济发展带来了强劲动能。

事实上，自我国确定交通强国发展战略以来，我国交通道路调度系统开始转型。与以往信息化发展相比，当下数字化、智能化发展更具特点。基于新技术打造的“数字大脑”能够深度分析数据来源、动态、结果，并且可以协同管理不同类型的交通数据，这种发展趋势充分解决了我国交通调度滞后、拥堵、资源利用不足等问题，让我国交通发展保障更全面，综合交通网络价值更突出。

总之，道路交通指挥与调度管理系统的数字化运营要基于云计算、大数据、人工智能、物联网等数字技术来开展，以数据为基础、以行业需求为驱动、以智能为导向，把实时决策融入业务流程，使生产运营更加简单高效，最终助力交通强国的实现。

第五节
基础设施智能化养护管理技术的研发

2020 年 8 月,《交通运输部关于推动交通运输领域新型基础设施建设的指导意见》中提出:到 2035 年，先进信息技术深度赋能交通基础设施，精准感知、精确分析、精细管理和精心服务能力全面提升，成为加快建设交通强国的有力支撑;基础设施建设运营能耗水平有效控制;泛在感知设施、先进传输网络、北斗精准时空信息服务在交通运输行业深度覆盖，行业数据中心和网络安全体系基本建立，智能列车、自动驾驶汽车、智能船舶等逐步应用;科技创新支撑能力显著提升，前瞻性技术应用水平位居世界前列。

《交通运输部关于推动交通运输领域新型基础设施建设的指导意见》中提出，以建设智慧公路、智能铁路、智慧航道、智慧港口、智慧民航、智慧邮政、智慧枢纽为规划，利用高等级航道感知网络、自动化集装箱码头、全面物联，打造数据共享、协同高效、自动化分拣设施、机械化装卸设备、智能联程导航、自助行李直挂、票务服务、安检互认、标识引导、智能照明、供能和节能改造技术应用。

同时，5G、北斗卫星导航系统和遥感卫星行业应用结合 5G 商用部署，统筹利用物联网、车联网、自动驾驶等，推动交通基础设施与公共信息基础设施协调建设。

从这项政策中我们可以看出，我国交通运输基础设施建设的智能化，势必要求其养护管理技术与之配套。例如，利用新兴技术对基础设施进行监测，保证基础设施的安全与效率最大化，这些需要监控中心使用相关软件，建立自动化信息录入系统、图像监控系统及控制系统，还使用闭路电视和相关配套软件实时监控实况等。

智能化养护管理技术体系包括检测、监测、识别、评估、维修等技术在内的基础设施养护技术，包括 5G、人工智能、大数据、物联网、云计算在内的新一代信息技术，以及材料、传感器、装备、软件、信息基础设施在内的智能产业等。

也就是说，基础设施建设的智能化养护管理技术体系与基础设施建设智能化一样，都要应用云计算、物联网、5G、大数据、人工智能等技术，全方位保障基础设施建设智能化的高效运转。

第六节 车辆电动化快速发展

中国汽车工业协会数据显示，2022 年中国新能源汽车销量超过 680 万辆，同比增长93.4%。2021 年 3 月 30 日，小米集团对外公告，将成立一家全资子公司，负责智能电动车业务。公告同时宣布，业务首期投资 100 亿元，预计未来 10 年投资 100 亿美元。此外，蔚来、威马、小鹏等造车新势力以“颠覆者”的姿态全面进军汽车行业。同时，我国拥有百度、阿里巴巴、腾讯、华为、中兴通讯等世界领先的科技型企业，与汽车企业优势互补，产生良好的“化学反应”[1]。

2020 年以来，工业和信息化部加快组织编制《新能源汽车产业发展规划（2021—2035 年）》，是继《节能与新能源汽车产业发展规划（2012—2020 年）》之后，我国关于新能源汽车产业的又一个纲领性文件，实现了有序的政策接替。这对汽车电动化、智能化、网联化的发展起到了重要的指导作用。

2022 年 8 月，2022 世界新能源汽车大会在北京举办，这次大会以“碳中和愿景下的全面电动化与全球合作”为主题，全面展示了我国近年来新能源汽车的发展情况，具体发展成果主要表现在以下 3 个方面。

1. 新能源汽车创新成果显著

经过多年的技术创新，我国新能源汽车在多个技术领域取得突出成绩。其中最受用户关注的充电时间与续航问题获得了较快发展。例如，从事新能源汽车充电网建设和运营的特来电公司在 2022 世界新能源汽车大会上展示了“风光储充放检”一体的新能源“充电网 + 微电网 + 储能网”的沙盘，这套系统能够对新能源车辆进行能量存储，并根据车辆用电峰谷情况调节不同时段的充电时间。这项创新技术有效提升了新能源汽车的用电效能，降低了用能成本，有效改善了新能源车辆的充电时间和续航情况。

2. 新能源汽车产业链的融会贯通

在全球新能源汽车高速发展的时代背景下，我国新能源汽车企业采用开放合

1 刘阳，汪林．电动化：汽车发明百年来最深刻变革 [N/OL]. 新京报，2019-11-7.

作的生态模式。随着行业发展的整体变革，我国新能源汽车产业链的融合情况不断变好，产业链逐渐从链条状发展成网状，市场扁平化、协作化特点越发突出。同时，我国交通运输主管部门在打通产业链上下游过程中起到了主导作用，显著提升了新能源汽车行业的运行效率与管理效果。

3. 新能源汽车市场发展前景广阔

2022 年，我国新能源汽车的产销分别完成了 705.8 万辆和 688.7 万辆，新能源汽车的新车销量达到汽车新车总销量的 25.6%。并且，我国培育出最大的新能源汽车消费群体，为全球新能源汽车的发展带来了良好契机。

从这些数据中我们可以看出，我国新能源汽车市场的发展前景良好，行业正处于加速发展阶段，这对我国交通运输行业的绿色发展具有重要的推动作用。

第七节 车辆智能化、无人化发展

市场调研机构艾瑞咨询预计，2030 年 L1 ～ L5 的全球自动驾驶渗透率将增加至 70%。随着人工智能、大数据、云计算、5G 等技术的日趋成熟，自动驾驶迎来快速发展阶段。

百度无人驾驶汽车是我国汽车行业智能化、无人化发展的代表之一。百度无人驾驶汽车项目于 2013 年起步，由百度研究院主导研发，其技术核心是“百度汽车大脑”，包括高精度地图、定位、感知、智能决策与控制四大模块。其中，百度自主采集和制作的高精度地图记录完整的三维道路信息，能在厘米级精度实现车辆定位。同时，百度无人驾驶汽车依托国际领先的交通场景物体识别技术和环境感知技术，实现高精度车辆探测识别、跟踪、距离和速度估计、路面分割、车道线检测，为自动驾驶的智能决策提供依据。2017 年 4 月 17 日，百度宣布与博世正式签署基于高精度地图的自动驾驶战略合作，开发更加精准实时的自动驾驶定位系统。

2020 年 10 月 11 日，百度宣布旗下的自动驾驶出租车服务将在北京全面开放。抱着对科技的好奇心，百度无人汽车迎来体验热潮。

从百度无人驾驶汽车的发展中我们可以看出，车辆智能化、无人化发展是当代汽车发展的主要趋势，这一趋势不仅是交通科技发展的成果，更是迎合大众需求的交通发展方向。

未来，自动驾驶将分为单车智能和车路协同两种，都以解放驾驶员为目的。自动驾驶需要超高性能的人工智能芯片和算法支持，需要强大的感知设备，例如，摄像头、超声波雷达、毫米波雷达、激光雷达等设备负责观察、捕捉路况信息，以提供给后台进行数据分析和决策，还需要强大的数据分析中心，感知系统将数据通过 5G 网络迅速上传到数据中心，由数据中心庞大的计算能力去分析、决策，然后发出执行指令，进行智能化无人驾驶。

第八节 停车技术革新

1. 智能停车场

我国智能停车场管理系统兴起于 21 世纪初期。以停车场为载体，传统的人工收费方式不仅人工劳动强度大，而且效率低，尤其是上下班高峰期，在停车场出入口容易出现拥堵的现象。

智能停车场的出现解决了这一问题，它依托互联网的前端技术和智联方式，实现 IP 视频对讲、出入口扫码和识别、远程自动抬杆支付与放行等一系列智能化操作，并提供智能化和无人化解决方案，极大地提高了停车场的运转效率。

2. 无感支付

停车“无感支付”是针对车主出行场景（例如，停车、加油、洗车、高速公路等）推出的基于车牌号码的授权支付产品，车主通过手机绑定车牌等信息后，即可通过“无感支付”接口查询、扣款。2018 年 10 月 30 日，云南高速公路“ETC+ 无感支付”上线运行。“ETC+ 无感支付”以 ETC 技术为基础，运用移动支付等技术，通过“游云南”App 等平台，把 ETC 车辆信息与微信等第三方支付账户绑定，车辆在通行 ETC 车道缴费时，自动从绑定的微信等账户中扣除通行费[1]。这种支付方式不仅是交通支付方式的创新，更是交通运行方式的升级。在

1 丁怡全 . 云南高速公路“ETC+ 无感支付”上线运行 [EB/OL]. 新华社，2018-10-30.

“无感支付”技术的广泛应用下，我国交通运输系统的运行效率、安全性及驾驶体验得到全面提升。

3. 智能硬件

近年来，从个人计算机端、互联网、云计算再到大数据和移动终端，每一次信息技术变革浪潮，都给停车场行业带来革命性的影响，越来越多的人提出要拥有资源高度共享、随需随取、快速部署的服务，智能停车管理技术要在智能硬件的基础上运行。智能停车设备包括（不仅限于）车牌识别系统（包含监控摄像与采集、智慧道闸等单元）、车位引导系统、智能地锁、发光二极管（Light Emitting Diode，LED）显示屏、智慧反向寻车系统、安防监控系统等单元。

目前，随着新的智能停车管理技术的不断发展，停车场管理正在向更开放、更灵活的方向发展，越来越多的城市与乡村已经在推广智慧停车。例如，呼和浩特已建成 6 条道路路侧停车泊位高位视频智能服务管理试点。部分停车场已接入智慧停车平台，该智慧停车平台具备以下功能：一是已经接入平台的停车场可以为驾驶员提供准确的实时数据，即准确的空余泊位数等信息，可以提供精确的导航，有效缓解停车难的问题，也可以提高停车场的管理效率，进而为实现全市静态停车一张图和全市一个停车场的目标提供重要数据支撑；二是已实现 6 条试点道路 572 个停车泊位的实时高位视频监控，捕捉记录出入泊位车辆的详细数据，为下一步在呼和浩特推广道路停车服务管理提供数据支撑。

这一系列智能停车的技术创新都基于各种智能硬件的全面迭代。随着我国交通新基建的全面铺设，停车系统、导航系统将不断趋向智能化，同步提高人们出行的便捷度。

5G 网络的高速、高精度特性保证了对车辆信息收集的准确性和时效性。随着停车数据的有效存储和计算，智慧停车产生的数据将发挥更大的价值。

案例6-1　城市交通大脑

“城市交通大脑”通过人、车、路、环境等数据资源，以智能协同为目标，对交通网络进行实时智能化运算与模拟，提出精准化、个性化的系统解决方案。

2016 年 10 月，《人民日报》的一篇名为《智慧城市呼唤“交通大脑”》的文章引发热议。该文指出，在智慧城市的建设浪潮中，“互联网 + 交通”处于排头兵的位置。然而，交通领域的“互联网 +”建设面临着一个问题，即把“局域网 +”当作“互联网 +”，各自为战，没有数据之间的互相打通融合，形成了“局域网孤岛”。如果把“互联网 + 交通”比作一个人，停留在“局域网 +”就相当于缺乏神经中枢，缺少一个能进行集合信息、做出决策的“城市交通大脑”。

不到 10 年，我国各城市的“交通大脑”基本实现。互联网技术的普及和迅猛发展正是引领“城市交通大脑”在我国城市落地的直接因素。众多互联网企业利用大数据、云计算、人工智能、无人驾驶、即时通信等技术，积极研发“城市交通大脑”产品，协助政府推动“城市交通大脑”建设。2017 年，深圳交警与华为共同打造业界领先的智慧交通实验室，构建“城市交通大脑”。易华录也在 2017 年 8 月发布“易慧城市交通大脑”和“易策交通管理晴雨表”两款产品。滴滴出行在 2018 智慧交通峰会上正式发布了智慧交通战略产品——“滴滴交通大脑”，携手交通运输主管部门，运用 AI 的决策能力解决交通工具与承载系统之间的协调问题。百度携手大连交警，在交通台式监测、智慧信号系统、交通事件信息等开展全面合作。2018 年 6 月，阿里巴巴发布《城市大脑探索“数字孪生城市”白皮书》，在杭州、苏州等地开展建设试点。2020 年年底，成都市交通运行监测调度中心（Transportation Operations Coordination Center，TOCC）一期建成，成都以“城市交通大脑”建设为切入点，积极探索前沿技术与交通运输的创新融合。

成都 TOCC 一期建设具有代表性。截至 2020 年 10 月，成都 TOCC 基本实现成都交通运输行业已有数据全接入，涵盖航空、公路、货物运输、轨道交通、公交、出租车、网约车、共享单车、公安交管等 14 个大类，累计接入结构化数据 800 多亿条，视频监控图像近 10 万路，日均新增 GPS 数据超 2 亿条、订单数据 1200 万条、过车数据超 3000 万条，其接入交通数据的深度、广度、规模在国内同类平台中遥遥领先。

交通科技正改变着大众出行方式，解决了交通数字化发展过程中的“数据孤岛”与业务壁垒等问题，实现了交通方式之间的智能协同，为城市智慧交通全面升级做好了顶层规划。另外，在交通科技与新基建的有效融合下，我国自动驾驶、交通服务领域的发展更突出，快速提升大众出行的体验感，不断增强交通运输的绿色属性。

案例6-2 智能巴士“新一站”

在城市中，公共交通系统直接影响城市运行效率，也是影响城市绿色进程的重要组成部分。数据显示，深圳巴士集团股份有限公司（以下简称深巴集团）在2017年就率先实现了全面公交电动化，与传统燃油车相比，二氧化碳排放量每年减少约10%。公共交通能源供给切换后，虽然为“绿色鹏城”建设提供了巨大助力，但如何维护和提升城市公共交通系统的效率和利用率，成为新难题，而“好充电”和“充好电”正是解决难题的关键所在。

华为交通算法专家团队跟随深巴集团17个公交车队跑遍深圳，深入每个公交站点勘察，详细记载随行数据，利用天气、路况、公交车车型、乘客数、空调温度等多类数据，反复训练了充电预测模型和耗电预测模型，开发出智慧充电算法，创新实现充电提醒、站点选择、夜间充电排班等功能，充分发挥算法在充电需求“移峰填谷”方面的作用，在保证正常运行的情况下，实现车辆的精准补电，降低了用电成本。

华为交通算法专家认为，算法要做得更精细、更灵活，要多考虑使用者的感受。从“人”出发，用算法切实解决一线员工的工作痛点。他们设计算法时根据车辆剩余的电力预测出每辆车充电所需的时间，再根据充电时间把充电任务合理分配给各充电桩，将充电桩利用率最大化。华为交通算法专家团队开发的“夜间充电排队”算法，可以帮助挪车员制订夜间充电排队计划，大幅提升了效率。该算法应用后，可以帮助一线员工实现智能作业，大大减轻工作负担，还能最大限度地利用电费谷期时间，降低夜间充电的成本。

智慧充电算法通过“夜晚多充电，白天少补电”模式达到科学节电，通过“夜间充电排队”智能计划进一步提升了夜间充电效率。智慧充电算法预计每年可为深巴集团节省5%～10%的电费，公交电动化是深巴集团助力绿色发展走出的第一步，而智慧充电算法让绿色发展走得更远，让城市环境更舒心。

随着科技的创新发展，越来越多的交通场景需要卓越的算法来解决各种难题，只有读懂算法——这个数字经济时代的“新语言”，才能发掘出更大的潜力。

科技让生活更美好，算法让出行更智慧。算法不仅应用在公交场景，还在各个交通领域“发光发热”。在机场，华为利用算法优化航班机位分配，每年让260万名旅客免坐摆渡车；在港口，华为使用运筹学算法，让智能自动分配替代了原有的人工泊位分配，实现了秒级分配；在高速公路收费站，华为在云平台通过大数据分析，还原车辆路径，并将计费和稽核结果反馈到边端，实现精准计费、实时稽核。

助力交通行业数字化转型。打造智慧交通，华为将持续从全流程、全架构、全生命周期的全维度践行交通数字化，助力生产效率的提升、运营管理的改善、经营模式的创新及公共服务能力的提升，构建“人悦其行、物优其流”的综合大交通。

华为智慧交通建设取得的突出成果是我国智能巴士进入“新一站”的示范标杆，我国公交车辆的绿色化、智能化转型已成为必然趋势，且随着我国交通科技水平的提高不断加速。新技术在公交领域的应用不仅体现在公交基础设施与公交运行效率的提升上，更体现为大众出行方式、生活方式的改善，这正是交通科技改变时代发展的重要表现。

案例6-3 智慧高速公路——宁定高速公路

2018 年，江西省高速集团报送的“宁都至定南高速公路智慧运营与服务提升科技示范工程”项目通过交通运输部组织的专家评审，并与交通运输部签订了科技示范工程任务书。该项目被正式列入 2017 年度交通运输部科技示范工程。这条宁定高速公路为何能入选 2017 年度交通运输部科技示范工程？关键在于“智慧”二字。

2021 年 1 月，该项目通过交通运输部组织的验收。

宁定高速公路以自主研发的运营管理服务平台软件为依托，建立了一套实用的智慧交通系统平台——宁都至定南智慧高速综合运营管理服务平台，该平台从区域管理中心实际出发，满足了区域路网的运行监测、突发事件处置及出行服务的需要；整合原有各分散应用系统，实现了数据及业务的统一；驾驶员可以通过自助服务终端 App 查询江西全省高速公路的实时路况，通过手机报警自动定位、区域资源统一调度，实现了应急指挥救援过程的图形化、进度化，使调度救援进展一目了然；配套了手机 App、北斗卫星导航系统、无人机，可实现对事件点的无死角全覆盖等。

在宁定高速公路的高边坡、隧道、特长纵坡、枢纽互通及雾区等特殊路段，多个监测设备收集着高速公路运行的基础数据，在特长纵坡路段，监测系统能够实时监测货车的速度、胎压、胎温、车厢温度情况，当出现超温超压时，前方的情报板、闪光报警灯、定向广播系统会对经过车辆进行提醒，引导车辆进入避险区域。

宁定高速公路建立了快速应急救援与指挥调度系统，当车辆发生事故时，驾驶员拨打报警电话后，该系统能够准确定位事故车辆的位置，进行车辆拥堵预判，根据事故路段的拥堵情况启动车流分流预案，通过手机短信自动推送、情报板提示等方式，提醒后方车辆绕过拥堵路段，减轻事故区域的车流压力。

宁定高速公路的建成，不但彰显了智慧公路的实践，同时对于完善江西高速公路路网、提升区域交通运输效率、促进赣南苏区经济振兴具有十分重要的意义。

从宁定高速公路的智慧建设中我们可以看出，交通科技已成为我国高速公路路网发展的重要力量，科技力量从高速公路运行、高速路网管理、驾驶安全性等多个层面进行了全方位升级，这种科技升级趋势将带动我国综合立体交通网进行智慧化改革。

案例6-4　交通无感支付

随着科技创新步伐的加快，智慧生活已成为人们离不开的话题。只要手机在手，人们就能对城市的交通信息了如指掌，个性化选择出行方式、出行路线和出行时间，城市出行更加高效便捷。例如，支付行业以刷脸支付为代表的无感支付，手机绑定车辆后可进行无感支付，这是智慧交通的又一项创新。

无感支付是近几年发展起来的支付技术，它是识别与快捷支付双重技术高度整合的一项技术，目前主要应用在公路收费、智慧停车场景。

无感支付在高速公路上的应用是 ETC，ETC 虽然提高了通行效率，但也有功能单一等缺陷，这给无感支付的发展提供了新的市场机遇。目前，河南、陕西、山东等地区逐步开展了高速无感支付试点。

2020 年年底，《交通运输部办公厅关于开展 ETC 智慧停车城市建设试点工作的通知》印发，选定北京等 27 个城市作为试点城市、江苏省作为省级示范区，先期开展 ETC 智慧停车试点工作。未来，越来越多的车主会体验到便捷的无感支付，在市区进出停车场也能像走高速公路的 ETC 通道一样，不需要停车和额外操作即可完成各种缴费，便利又高效。

停车场无感支付的推行并没有那么多障碍，当车主驾车进入停车场时，不需要领卡，栏杆便会自动抬起，离开时不用降下车窗支付现金或扫码缴费，汽车进出比原来节省了 80% 的时间。这种更智能的无感支付模式，可以实现人、车、服务的无缝连接，能够为用户提供更加高效、便捷的通行服务。

佛山的季华加油站也开始试行免下车加油、付款、开票一条龙服务。车主可以通过微信小程序绑定车牌，智能摄像头自动识别车牌，加油站人员使用手持式防爆 POS 机可以扫描车牌进行识别，再在手持加油终端上点选加油记录，账单就被推送到车主的微信上，车主即可在手机上完成支付和开票，整个过程都不需要下车，实现无感支付，也减轻了工作人员的工作量，提升了加油效率。无感支付在加油站的好处之一，是可以减少用户使用手机的频率，提高加油站的安全性。

无感支付看似是大众支付方式的升级，但为我国交通运输系统的智能建设和智慧发展奠定了重要基础，尤其在提升城市交通运行效率与城市交通安全性方面，无感支付做出了突出贡献。

除了在停车领域的应用，无感支付在新零售行业也已经有较大规模的应用，天猫无人超市就是其中的代表。消费者通过智能闸门时就可快速完成无感支付。这不仅节省了结账时间，而且还提升了消费者的购物体验。

目前，无感支付技术已在全国主要城市的交通领域广泛应用，随着 5G 全面应用，万物互联的到来，从人工收费到无感支付，势必成为交通支付领域的未来。

第七章

新技术发展对轨道交通的影响

第一节
轨道交通新技术的发展现状

城市轨道交通是城市公共交通系统的骨干，具有节能、省地、运量大、全天候、无污染（或少污染）、安全等特点，属于绿色环保的交通体系，适用于大中城市。相关数据显示，截至 2022 年年底，我国 31 个省（自治区、直辖市）累计 53 个城市开通城市轨道运营线路 290 条，运营里程 9584 千米。

2020 年 4 月 20 日，国家发展和改革委员会首次明确了新基建的范围。城市轨道交通数字化、智慧化正是其中之一。这意味着，在未来城市轨道交通建设中，人工智能等新一代信息技术也将是实现城市智慧交通的主要动力之一。

与基础设施建设相比，新基建的核心是将新一代信息技术纳入基建领域，包括城市轨道交通。一般来说，基础设施建设具有公共属性、普惠属性、市场低效属性、统筹属性。未来，5G、人工智能、大数据中心、工业互联网等技术也将成为类似道路桥梁、机场轨道等的基础设施，因此新基建同样具有传统基建的特点。城市轨道交通的发展也将满足我国大力发展新一代信息技术的战略要求，加速 5G、大数据、物联网等新一代信息技术的建设、运营和管理服务将是主要趋势。同时，我国也将加速这些技术的普及和推广，使之与城市发展形成互动，从而推动其中的通用型产业获得更多的发展机遇和市场。

可以说，人工智能、云计算、大数据、物联网、5G、卫星通信、区块链等新一代信息技术的全面应用，构建了安全、便捷、高效、绿色、经济的新一代中国式智慧型城市轨道交通。

毋庸置疑，在未来城市轨道交通的投资建设中，无论是高速轨道的建设与发展、重载轨道的建设与发展、智能轨道升级与智能行车调度，还是轨道交通的安全网络建设，加大对大数据、人工智能、5G 等新一代信息技术的投资力度，是进一步实现智慧城市轨道交通建设的主要动力之一。

在交通科技的促进下，城市轨道交通的节能、省地、绿色、安全优势全方位凸显。随着新技术在轨道交通领域的深度应用，轨道交通逐渐发展成我国一线城市客运体系的主体网络，协调公交车、步行、自行车、私家车等多种城市出行方式的协同关系，同时提升我国城市的运输效能。

第二节
高速轨道的建设与发展：高速磁悬浮系统

2019 年 9 月 24 日，在《交通强国建设纲要》新闻发布会上，国家铁路局表示，到 2050 年，我国将最终形成运输保障能力强大、战略支撑有力、运输服务高效、资源环境友好的功能完善、服务一流、绿色环保的现代化铁路网。在基础设施布局方面，推进干线铁路、城际铁路、市域（郊）铁路、城市轨道交通融合发展，构建高质量发展的铁路网络和建设综合交通枢纽。

国家铁路局相关负责人在新闻发布会上表示，在铁路交通装备方面，3 万吨级重载列车和时速 250 千米级轮轨高速货运列车实现重大突破，合理统筹安排时速 400 千米的轮轨高速列车系统、时速 600 千米级高速磁悬浮系统等重大技术储备的研发。

轨道交通是我国未来交通发展的重点，且轨道交通的发展方向不再局限于城市间的铁路系统，城市内新型轨道交通也将成为轨道交通的升级重点。

城市轨道交通在众多交通工具中被视为最高效的交通方式，随着交通科技的进步，人们不再满足轨道交通现状。为了突破城市轨道交通的速度上限，磁悬浮系统被研发。磁悬浮系统是一种运用“同性相斥、异性相吸”的电磁原理，依靠电磁力使车厢悬浮并行走的轨道运输方式。磁悬浮交通有常导和超导两种类型：常导式磁悬浮线路能使车辆浮起 10 ～ 15 毫米，运行速度较慢，使用感应线性电机进行驱动；超导式磁悬浮线路能使车辆浮起 100 毫米以上，运行速度较快，使用同步线性电机进行驱动，技术难度较大。

2016 年 10 月，科学技术部组织召开“先进轨道交通”重点专项启动会，高速磁悬浮项目正式启动。据介绍，高速磁悬浮交通系统由磁悬浮车辆、地面牵引控制、运行控制、线路轨道系统等构成，涉及学科、专业众多，是一项技术难度极高的系统工程。该项目采用“产、学、研、用”相结合的创新模式，由中车青岛四方机车车辆股份有限公司牵头，联合国内 15 家企业、高等院校、科研院所共同攻关。2018 年 1 月 25 日，时速 600 千米高速磁悬浮交通系统技术方案在青岛通过专家评审。这标志着由中车青岛四方机车车辆股份有限公司牵头承担的国家重点研发专项“高速磁悬浮交通系统关键技术”课题取得重要阶段性成果。高速磁悬浮作为一种新型尖端轨道交通技术，已被众多国家应用，但此次研发的时速 600 千米高速磁悬浮交通系统及工程化应用在我国尚属空白。

2021 年 1 月 13 日，采用西南交通大学原创技术的世界首条高温超导高速磁悬浮工程化样车及试验线在成都正式启用，这标志着我国高温超导高速磁悬浮工程化研究实现了从无到有的突破，具备了工程化的试验示范条件。该车采用轨抱车安全结构技术、大载重高温超导磁悬浮技术、长定子永磁同步直线电机、全碳纤维轻量化车体、低阻力头型、电涡流制动与安全导向一体化等新技术。

高温超导高速磁悬浮工程化样车及试验线的建成，是推动高温超导高速磁悬浮列车技术走向工程化的重要实施步骤，可实现高温超导高速磁悬浮样车的悬浮、导向、牵引、制动等基本功能，以及整个系统工程的联调联试，满足后期的研究和试验。

目前，我国高铁的最高运营速度为每小时 350 千米，民航飞机速度为每小时 800 ～ 1000 千米，时速 600 千米高速磁悬浮交通系统可以填补高铁和航空运输之间的速度空白。高速磁悬浮交通系统既可用于长途运输，也可用于快捷通勤，尤其适用于 3 种交通运输模式，即经济规模大、同步性高、一体化强的“通勤化”交通，经济规模大、互补性强、协调性需求高的大型城市间的“同城化”交通和经济规模差异大、发展均衡性需求大的东西部中心城市间的“走廊化”交通。对于我国轨道交通体系的建设，现代化高速运输网占领了交通技术制高点，具有重要而深远的意义。

第三节 重载轨道的建设与发展

重载铁路是指行驶列车总重大、行驶大轴重货车或行车密度和运量特大的铁路，主要用于输送大型原材料货物。

重载运输条件下的轨道需要经常维修和大修，这样才能确保行车安全、平稳。此外，重载铁路需要谨慎考虑自然灾害对路基稳定性的影响。

我国重载铁路技术的全面升级标志着我国轨道交通的全面发展，尤其是我国移动闭塞技术体系重载列车的成功研发，填补了我国轨道交通重载运输技术领域的空白，全方位提升了我国轨道交通运输的自动化水平，这对我国轨道交通的改造与推广起到了关键示范引领作用。

现在，我国早已构建了涵盖不同轴重等级的重载铁路技术体系。例如被誉为“中国重载第一路”的大秦铁路普遍开行 2 万吨重载组合列车，并完成 3 万吨重载组合列车开行试验，年最高运量突破 4.5 亿吨，成为世界上年运量最大的重载线路。我国重载铁路技术进入系统提升阶段。

大秦铁路是我国第一条重载铁路，开通初期，我国的重载铁路技术、运输体系几乎是一片空白。在这样的背景下，大秦铁路坚持依靠科技创新和管理创新双轮驱动，始终站在世界重载研发应用的前沿，先后攻克了 1 万吨、1.5 万吨、2 万吨重载列车开行难关。大秦铁路广泛运用了分散自律调度集中系统、5T 车辆运行安全监控系统、机车远程监测与诊断系统、6A 机车车载安全防护系统、6C 高速铁路供电安全检测监测系统，形成一整套具有自主知识产权的重载运输体系。2014 年 4 月 2 日，在原中国铁路总公司和铁路科学研究院的支持下，大秦铁路成功进行了 3 万吨重载试验，创下了我国重载牵引的新纪录，使我国成为世界上仅有的几个掌握 3 万吨铁路重载技术的国家之一。大秦方案、大秦模式、大秦速度、大秦密度等重载经验，让大秦铁路成为世界重载的领跑者。

未来，重载轨道的发展将依托新技术，运用智能综合调度、智能牵引供电、基础设施智能运维、融合北斗卫星导航系统的公共基础设施监测、“智能大脑”平台、综合安全大数据、互联网等多项技术，大步迈向智能化。

第四节 智能轨道升级与智能行车调度

轨道交通调度系统由诸多子调度系统构成，例如电力调度、行车调度、环控调度和客运调度等，它能使各子系统协同工作，合理地分配客运资源。

轨道交通调度系统可实时监控轨道交通的站台、车辆、供电、信号、运营等数据，以及现场画面，随时防止突发事件的发生，调度指挥中心要做到对管辖区域的各项突发事件进行预防、处理、分析。

传统的轨道交通调度系统由调度人员将编制好的列车计划运行图预先发送到信号列车自动监控系统中，然后依托地面监控等设备和列车车载设备相互配合，使列车按照计划时刻表运行，从而控制、指挥列车的运行。一般情况下，列车运行不需要特别的人工干预也能正常运转，但在传统轨道交通调度系统中，行车调度与电力调度这两个子系统彼此独立，信息没有联通，如果一方故障，另一方不能及时反应，这就可能导致故障处理迟缓甚至引发特大事故。

进入万物互联的智能化时代后，“地铁大脑”需更智能升级。例如，轨道交通调度系统在进行轨道交通调度时，产生的数据量十分庞大，这就需要大数据算法，甚至云计算作为系统中的数据支撑。利用云计算等先进的共享基础构架技术，能够把规模庞大的计算数据和存储数据通过计算机网络分散到远程服务器进行分布计算，为调度决策提供所需要的精准数据，使大数据更实用、更有价值。

此外，5G 传输和 GPS 设备的结合，使智能交通调度的触角能够及时准确地深入每一辆列车，一方面能够实时掌握每一辆列车的数据与运载情况，将列车行驶路线进行跟踪记录并实时上报监控中心，当列车发生意外和警情时，第一时间能够反应，甚至超前反应以预防不安全事件的发生，提高安全系数和调度能力；另一方面列车准确定位、实时监控、高效调度，能够提高准点率，减少车辆空驶、油耗及等待时间，提升乘客的满意度，保证车辆的使用效率。

总之，依托云计算与大数据技术，在对轨道交通产生的大量数据进行有效分析的基础上，形成智能算法，协助轨道调度的精准决策，是未来轨道调度智慧化转型的必然趋势。

第五节 轨道交通的安全网络建设

作为城市中乘客运输的主要载体，城市轨道交通的安全管理是运营企业的核心任务，所有智能技术的实现都是在安全的前提下进行的。

城市轨道交通安全管理大致可以分为行车安全管理、运营安全管理、设备设施安全管理 3 种。

行车安全管理即对行驶车辆的运行安全进行管理。传统的行车安全管理主要依靠行车制度、安全规程与操作标准。一方面要求操作人员，即驾驶员按照安全规程进行操作；另一方面针对线路、供电、通信、信号、机电、土建等各专业特点制定完备的安全技术标准和管理规定，加强对各专业设备设施的日常养护和维修，保障行车安全顺畅。进入信息化、智能化时代后，行车安全管理发生了显著的变化。例如，对驾驶员的安全操作把控上不会像以前一样依赖人工监督，而是通过技术手段（例如，精准定位、实时联网、数据跟踪反馈等）进行监控，一旦发生安全隐患，迅速反应，切实保证行驶安全。

运营安全管理可以保障乘客乘车全程安全。相对于对驾驶员的监控，对海量乘客的安全更难把控，因此它也是轨道交通安全的重点。以往的运营安全管理主要是对乘客进行安全知识宣传，乘车时的安全检查也起到一定的效果，但往往显得被动。随着移动互联网的兴起，扫码技术能够识别乘客信息，对于运营安全显得越来越重要。例如，公交与铁路轨道实施的“扫码进站”技术，通过扫码能够识别乘客的身份信息，相对精确地保障了运营安全、乘客安全，也提高了乘车效率。

设备设施安全管理要求列车应配备必要的车辆设备备件、抢修和应急救援器材，并做好日常维修和定期检测，确保安全可靠。设备设施安全和运营安全在新技术的支持下，可以实现信息化、现代化管理。具体来说，就是进行多渠道、多样化的信息采集，并使用不同的采集技术、计算机软件平台和数据存储平台进行管理，然后不同轨道交通安全信息系统之间通过公共数据项实现数据的连接和对比，为轨道交通建设和运营决策者提供综合信息服务，使他们能在第一时间掌握来自不同轨道交通安全信息系统的各种轨道交通安全信息。

案例7-1　无人驾驶地铁

无人驾驶地铁，即全自动无人驾驶系统，是指没有驾驶员和乘务员参与，地铁在控制中心的统一控制下实现全自动运营的智能系统。

《中国城市轨道交通全自动运行系统技术指南》将轨道交通线路自动化运营程度定义了5个等级，从低至高依次为GoA0、GoA1、GoA2、GoA3、GoA4，具体介绍如下。

GoA0：TOS（目视下行车模式）。

GoA1：NTO（非自动列车运行），驾驶员控制列车的启动和停车、车门的操作，以及紧急情况或突然变更进路的处理。且在该模式下，列车配备了有自动列车防护（Automatic Train Protection，ATP）装置。

GoA2：STO（半自动列车运行）。列车启停与区间运营都是自动控制的，部分需要驾驶员确认列车启动，车门开关可人工或自动实现，紧急情况需要人工介入。

GoA3：DTO（有人值守下的自动化运行）。列车不需要驾驶员，但是需要乘务员干预车门开关，甚至处理紧急情况。

GoA4：UTO（无人值守下的自动化运行）。列车的所有运营场景和紧急处理场景全部实现自动化，不需要人工干预。

上述 5 个等级中，GoA3 和 GoA4 系统，即有人值守下的列车自动运行和无人值守下的列车自动化运行，GoA4 系统即通常所说的无人驾驶。

2016 年 12 月 19 日下午 2 时，中国香港南港岛线地铁正式开通。中国香港南港岛线地铁是中国第一条正式运营的 GoA4 等级的全自动无人驾驶地铁，是中车长春轨道客车股份有限公司在轨道交通设计制造领域的一大突破，完全拥有自主知识产权。

据悉，南港岛线全线共 10 列车（30 辆），每列车为 3 辆编组的不锈钢 A 型地铁车，运营最高时速为 80 千米，列车可实现真正意义上的自动控制，包括自动唤醒、自动运营、自动故障诊断及自动清洗功能。该列车最大的特点是无驾驶室，增加列车两端开放式空间，让乘客享受特别的乘坐体验。

2017 年 12 月，北京地铁燕房线正式运营。该线路采用无人驾驶技术。据央视新闻报道，采用无人驾驶技术以后，列车到站操作时间特别短，运行时间要比人工驾驶时每个站节省约 15 秒。

无人驾驶地铁有以下三大突出优势。

首先，准点率和工作效率极大提高，避免了人工因素的影响，更准确地控制列车的运行速度和到站及发车时间。

其次，无人驾驶地铁运行更安全，可精准控制列车的加 / 减速，运行更稳，乘客不会因急刹车造成不适。

最后，解放驾驶员，发挥劳动力的真正价值。无人驾驶不再需要考虑运营中驾驶员的排班计划，驾驶员可从繁忙的工作中解放出来，更灵活地调配列车，具有更多的监测职责。

据都市轨道交通网的不完全统计，截至 2021 年，我国规划和在建的无人驾驶地铁线路达 40 条。到 2023 年年底，我国将有 19 座城市拥有 40 条全自动运行线路，共计约 1200 千米。在未来，这个数字会不断增加。

案例7-2　储能技术与轨道交通

轨道交通装备制造业已经成为我国高端装备制造业的核心竞争优势之一，其中高速列车和城市轨道交通设备产业作为我国轨道交通设备领域的重要支柱产业，随着“一带一路”倡议的实施，将充分促进整个产业链的协调发展，提升其全球影响力。而城市轨道交通的储能技术制约着城市轨道交通的发展。

目前，城市轨道交通多以电网供电为动力，由电线“牵着鼻子跑”。新能源轨道交通储能系统能给轨道列车装上动力，让它更快、更安全运行。

当前，世界能源发展日益呈现多元化、低碳化、智能化和分布式等特征。专家们预测，未来全球能源消费结构中的化石能源将在2030年左右达到顶峰，而太阳能、风能、地热能、生物质能的占比将不断增加，在2100年能源消费总量中的占比或将超过60%。为此，世界各国纷纷调整能源战略，竞相占领能源科技这一新的战略制高点，以掌握在未来竞争中的主动权。在城市轨道交通中考验的是轨道交通储能系统。

从广义上讲，储能就是采用某种装置或方法存储能量，并实现能量在空间维度移动后释放或者在时间维度滞留后释放。储能技术可以大致分为4类：物理储能、电化学储能、化学储能和储热蓄冷。其中的锂离子电池无论是在环保性能、技术性能，还是在便捷性能上都极具优势。

锂离子电池在可再生能源并网、微网系统和改善电能质量方面有不少示范应用，例如2012年我国建立的20MW级张北风光储输项目。该项目用锂电池储能系统驱动城市轨道交通，不仅远比电网线路的修建划算，而且能在制动时将能量最大化回收，可将能源效率提高30%，减轻电网负担。此外，和镉镍电池相比，锂离子电池是更环保的选择。目前，装有锂离子电池储能系统的轨道列车已在长春、广州、沈阳三地运行。但是，大规模锂离子电池储能系统的高成本和高安全隐患仍是目前需要解决的问题。相对于电池储能，锂离子电池的超级电容器能量密度很低，工作温度范围宽、充放电速度快，反复充放电次数可达几万次。

相信随着技术的不断突破，城市轨道交通的储能技术会迎来蜕变。

第八章

新技术发展对水上交通的影响

第一节
水上交通新技术的发展现状

水上交通作为一种非常重要的运输方式，是国家交通网不可或缺的组成部分。随着交通运输领域 5G、智能感知与识别、大数据处理、高速泛在移动通信、区块链、物联网、高精度精准定位等技术的不断发展应用，水上交通也开始了智能化转型。

随着载运装备、船舶自主航行的发展，自主、远程控制船舶的发展，北斗卫星导航系统、5G 信息基础网络建设，水上安全与水上救援的发展，水上交通技术衍生出智能船舶一体化信息技术、船舶能源与动力系统智能管理技术、船舶智能监控系统技术、船联网与水路大数据技术、无人船自主航行技术、智能船舶数据安全与设备系统防范技术、自动化集装箱码头建设技术、基于区块链的航运物流资源整合与服务技术、基于大数据的航运物流供需能力匹配与规划、基于 AI 的船舶智能配载技术、船舶智能航行技术等现代化智能技术。

从水上交通基础设施升级的角度看，发达国家的水上交通已形成以信息技术为核心的局面，逐渐向信息化、自动化、智能化和集成化方面发展。在涉及港口建设方面，国外离岸深水港水工建筑物多采用全直桩的组合桁架结构、导管架结构及复合式结构。我国离岸深水港建设项目的创新技术分别应用在世界最大的矿石码头、卡塔尔多哈新港等 20 余个国内外重大工程中，并纳入 13 个国家标准和行业标准。该项目不仅通过一系列独创性的应用手段将离岸深水建港安全、经济地变成现实，更从自然规律的最高层面，填补了人类对于海洋工程自然环境认识的若干重要空白。

未来将会有更多的技术应用在水上交通领域，例如通过大数据运算及人工智能技术，提高船舶自动识别系统（Automatic Identification System，AIS）的信息化能力，实现航道要素、航行、能耗数据的采集，为数字航道、智能航道的建设打下坚实基础。随着北斗卫星导航系统、5G 信息基础网络建设的深入，水上交通领域自主、远程控制船舶的航行技术不断升级，水上交通将会迅速进入智慧化时代。

第二节
船舶自主航行的发展

自主航行主要是指实现船舶的自主离泊、出港、航线优化、锚泊、进港、靠泊的全部或部分过程。随着智能船舶技术的快速发展和应用，未来航运业的发展必然趋于船舶的自主化。

2006 年，国际海事组织提出了“电子航海”的概念，这是智能航行概念的雏形，其利用船舶内外部通信网络，实现船岸信息的采集、集成和显示，实现船与船、船与岸、岸与岸之间的信息交互，提升船舶的经济性、安全性和环保性。此后，部分国家和地区相继研发智能航行技术，并取得了积极进展[1]。在船舶智能化层面，从自动化、智能化的动力系统、甲板机械系统到全船能效管理系统、综合船桥系统，以及正在研究开发的无人驾驶船舶等均是智能化技术在船舶领域的深度应用。

2017 年，国际海事组织在第 98 次海安会上提出了海事自主水面船的概念，2018 年在第 99 次海安会上，正式开始了对自主水面船的法规梳理工作，并给出自主水面船的初步定义及自主水面船自主水平发展的几个阶段，“自主无人船舶”从此被纳入新增议题。

2019 年 5 月 16 日，“智腾”号在青岛智能航运技术创新与综合试验基地首次亮相。该船长 21 米，宽 5.4 米，包含自主驾驶系统、态势感知系统、通导系统、动力控制系统、全船数据平台、船岸通信系统，具备自动避碰、自主航行水下避碰、自主靠离泊、自主循迹和自主航行控制功能。据介绍，“智腾”号自主驾驶系统的核心在于融合水动力特性和控制技术，建立自主无人船舶的三自由度操纵模型和控制方法，在螺旋桨、舵和其他推进器之间完成最佳推力分配。在符合推进器硬件约束的条件下，自主无人船舶具有位置、艏向的保持和调整能力，实现高速状态下沿指定航线航行的能力和自主离 / 靠泊能力。

2020 年 3 月 1 日，中国船级社发布了《智能船舶规范（2020）》，相比于 2015 年版，2020 年版增加了远程控制操作和自主操作功能。

2020 年 5 月，我国首艘自主航行集装箱船“智飞”号在青岛造船厂有限公

1　李永杰，张瑞，魏慕恒，等. 以“智”取胜？船舶自主航行关键技术 [J]. 中国舰船研究，2021，16（1）：32-44.

司举行建造开工仪式。该船是我国首艘具有智能航行能力、面向商业运营的运输货船，2021 年下半年“智飞”号进入测试运营，2022 年 4 月在青岛正式交付运营。

自主航行技术可以有效地降低劳动强度、改善工作环境、减少人力投入。其三大核心技术为态势感知、智能决策和运动控制。

态势感知技术需要大数据运算的支持。自主航行船舶在驶离港口、航路避碰和离 / 靠泊的过程中，需要用环境感知传感器识别航行态势，识别后接收海量数据，同时处理和传输这些更大的数据量来重构船舶环境态势。在大数据运算、互联网技术及芯片技术的支持下，专业人员可以快速精细化地研究船端数据处理和传输的技术方案，以保证数据的有效性、实时性和可靠性。

智能决策技术是自主航行的通用技术，不同船型使用类同的人工智能决策方式，因为智能决策技术面向的对象主要是活动目标和障碍物，所以在不同船型上的应用基本相同。

运动控制是影响船舶自主航行的主要因素，因为船舶运动会产生巨大的惯性，同时海洋环境会对船舶产生随机干扰，在各种因素叠加下船舶运动控制成为一个难点。船舶型号不同会导致运动控制的效果不同，大型船舶的运动控制显然难于普通船舶。

随着智能船舶标准、测试与验证体系的逐步建立，以自主航行为核心的智能船舶技术与产业发展正式进入快车道。

第三节 自主、远程控制船舶的发展

从自主航行船舶的发展现状来看，远程控制结合部分自主控制功能成为自主航行船舶发展的主要方向。

2018 年 12 月，工业和信息化部、交通运输部、国家国防科技工业局联合印发《智能船舶发展行动计划（2019—2021 年）》，将建立智能船舶标准体系列为行动目标和重点任务，明确提出研究制定智能船舶规范和标准体系建设指南。

2019 年 5 月，交通运输部、国家互联网信息办公室、国家发展和改革委员会、教育部、科学技术部、工业和信息化部、财政部联合发布《智能航运发展指导意见》，指出以法规、标准、规范制定为重点，加快构建智能航运治理体系。围绕上述发展要求，工业和信息化部联合国家标准化管理委员会、交通运输部组织智能船舶相关标准化研究机构、设计院所、系统设备研制单位、建造企业、船检机构、航运企业、高等院校等编制《智能船舶标准体系建设指南》。

《智能航运发展指导意见》指出，到 2020 年年底，我国基本完成智能航运发展顶层设计，厘清发展思路与模式，组织开展基础共性技术攻关和公益性保障工程建设，建立智能船舶、智能航保、智能监管等智能航运试验、试点和示范环境。到 2025 年，我国将突破一批制约智能航运发展的关键技术，成为全球智能航运发展创新中心，具备国际领先的成套技术集成能力，智能航运法规框架与技术标准体系初步构建，智能航运发展的基础环境基本形成，构建以高度自动化和部分智能化为特征的航运新业态，航运服务、安全、环保水平与经济性得到明显改善。到 2035 年，我国将较为全面地掌握智能航运核心技术，智能航运技术标准体系比较完善，形成以充分智能化为特征的航运新业态，航运服务、安全、环保水平与经济性进一步提升。

国际电工委员会很早就关注了虚拟仿真、智能化、自动化、物联网、系统集成等技术标准的发展；国际电信联盟正积极开展物联网大数据、物联网网关、可持续发展智慧城市等国际标准化工作。

因此，大力发展智能船舶是促进我国船舶工业产业结构调整、加快新旧动能转换、提升国际竞争力的重要途径之一。虽然我国造船订单量已稳居世界第一，但是一直存在“大而不强”的问题，船舶智能化作为一种新趋势给了我国“弯道超车”的机会。

远程控制可以实现管理船队集群、监控船舶状态、合理配置资源、控制船舶维护维修、收集数据、优化运营效率等功能，同时结合大数据、物联网、云计算等技术可以极大地提高船舶的运营效率及降低能源消耗。在完全自主航行技术成熟之前，自主航行船舶在复杂水域、交通密集、恶劣天气、设备损坏等情况下，其自主航行系统无法满足船舶安全的需求，需要依靠将远程控制功能切换到人工操控模式来保障船舶的运营安全。因此，远程控制结合部分自主控制功能在未来很长一段时间内将是自主航行船舶商业化运营的主要形式。

远程控制技术也存在一些技术难点，例如，船舶的大部分工作区域需要通过卫星进行船岸通信，卫星通信的方式具有易受到天气状况干扰、通信带宽小和通信时延长等缺点。对此，有专家建议，未来卫星通信技术的研究重点应集中于卫星多频段通信技术、数据压缩技术、数据提取技术、网络安全技术等，这些技术可以有效地突破卫星通信的技术瓶颈，促进远程控制技术在自主航行船舶上的发展。

第四节 北斗卫星导航系统、5G信息基础网络建设

要想实现船舶的自主、远程控制，卫星通信技术的突破是关键。提到卫星通信技术，就不得不提到 5G 和北斗卫星导航系统。

5G 是第五代移动通信技术，在 5G 网络中，供应商覆盖的服务区域被划分为许多被称为蜂窝的小地理区域。5G 网络的主要优势在于，数据传输速率远远高于以前的蜂窝网络。由于数据传输更快，5G 网络将不仅为手机提供服务，还将成为一般性的家庭和办公网络提供商，与有线网络提供商形成竞争格局。

5G 是智能化时代的基础设施，具备大带宽、高速度、大容量、低功耗、低时延、万物互联、信息可感知、可调控等特性。5G 平均用户下载速率为 304.8Mbit/s，是 4G 的 10 倍以上，同时 5G 的时延低于 1 毫秒，4G 的时延为 30 ～ 70 毫秒。因此，5G 为满足未来虚拟现实、智能制造、自动驾驶等行业的应用需求提供了基础支撑。

北斗卫星导航系统是我国自行研制的全球卫星导航系统。北斗卫星导航系统由空间段、地面段和用户段 3 个部分组成，可在全球范围内全天候地为各类用户提供高精度、高可靠的定位、导航、授时服务，并且具备短报文通信能力，已经初步具备区域导航、定位和授时能力，定位精度为米、厘米级别。

随着北斗卫星导航系统建设和服务能力的发展，相关产品已广泛应用于交通运输、海洋渔业、水文监测、气象预报、测绘地理信息、森林防火、电力调度、救灾减灾、应急搜救等领域，逐步渗透到人类社会生产、生活的各个方面。

北斗卫星导航系统的授时精度优于 20 纳秒，通过地基增强和天基增强，可实现时间精度为 1 纳秒或者优于 1 纳秒，实时定位精度水平可精准到 2 厘米。

船舶的自主、远程控制非常需要 5G 的“快”和北斗卫星导航系统的“准”，而且二者缺一不可。对于北斗卫星导航系统来说，5G 的高速率、大容量可以稳定地传输北斗卫星导航系统的地基增强时空位置修正信号，使北斗卫星导航系统的时空精度更高；北斗卫星导航系统可赋能 5G，对 5G 来说，北斗卫星导航系统具备感知、认知时空位置的功能，使所有信息从生成就开始被时空定位，让人们能知道网络上的活动或者目标在网络上的驻留位置、驻留时间等信息。

“5G+ 北斗卫星导航系统”的融合，本质上是时间和空间位置基于通信的融合，能产生颠覆性技术，在不同场景下会催生不同的应用，促进万物智联与精准协同。“5G+ 北斗卫星导航系统”将成为新基建迈向数字化、智能化，实现升级改造不可或缺的重要支撑，在自动驾驶和智能无人驾驶等全新领域的应用已经取得突出效果。

我国长江宜昌通信管理局于 2020 年 9 月在宜昌海事局的支持下，联合宜昌移动、华为，实现长江宜昌段庙咀至云池 37.5 千米水域 5G 专网全覆盖，并整合智慧监管、移动执法、应急指挥三大创新应用，打造了长江航运首个“5G+ 北斗卫星导航系统”智慧海事样板点项目。

在传统模式下，船舶进入锚地要沿途寻找锚泊位，进出港秩序差，锚泊随意性强，不仅会增加碰撞风险，也会让船舶监管困难。

该样板点内水域实现了 5G 专网全覆盖，船员再也不用像汽车驾驶员那样，等进了停车场再找停车位。船员通过船载 5G 北斗智能终端或“慧泊” App，能提前、准确知道哪里有锚泊位，然后直接行驶到停泊区 [1]。

《国家综合立体交通网规划纲要》明确提出，到 2035 年，基本实现交通基础设施全要素、全周期数字化，数字化率达到 90%；基本完成泛在先进的交通信息基础设施，实现北斗卫星导航系统时空信息服务、交通运输感知全覆盖。

1　左晨. 船舶可提前找泊位，还可远程检修！有了“5G+ 北斗”长江航运领航智慧海事 [N/OL]. 湖北日报，2021-4-12.

第五节 水上安全与水上救援的发展

2021 年 4 月 20 日，推进全要素水上“大交管”建设现场会在浙江省宁波市召开。该会议强调，建设“陆海空天”一体化水上交通运输安全保障体系是实施交通强国战略的具体安排，构建全要素水上“大交管”是海事部门主动作为、主动担当、主动变革的重要举措，要创新体制机制、重构业务流程、提升智控平台开发和装备水平，全力构建“多维感知、高效协同、智能处置”的现代化、智能化水上交通动态管控新格局。

该会议要求，一是直面机遇挑战，摈除传统观念，切实认识建设一体化保障体系，以及全要素水上“大交管”的必要性，深刻领会全要素水上“大交管”的“全行业、广覆盖、大协同、强智能、优服务”的内涵要求。二是坚定目标愿景，分析现状差距，全面厘清水上“大交管”的工作脉络，提升保障国家权益能力、海事管理效能和服务经济发展能力。三是找准关键路径，明确具体任务，进一步统一思想、凝聚共识，建立与大交管相适应的工作机制，加强信息化平台建设、装备建设和人才建设，高质量推进全要素水上“大交管”建设。该会议上，与会单位交流了浙江海事局海上智控平台、宁波海事局“深蓝智享”“甬海 e 站”、江苏海事局沪苏船舶交通管理（Vessel Traffic Service，VTS）一体化等前期建设及研究成果，围绕水上“大交管”建设进行了讨论[1]。

这项会议的顺利召开对我国水上交通安全发展有着重要的指引作用，为我国水上安全、水上救援明确了具体的发展思路。

水上安全是实施交通强国战略的具体安排，需要创新体制机制、重构业务流程、提升智控平台开发和装备水平，实现现代化、智能化水上交通动态管控新格局。

AIS 属于船舶导航设备的一种，由甚高频（Very High Frequency，VHF）通信机、GPS 定位仪和与船载显示器及传感器等相连的通信控制器组成，可以实现船岸之间及船舶间船位、航速、航向、船名、呼号等重要信息的自动交换。AIS 获取的信息比雷达更加直观和丰富，有助于大幅减少船舶碰撞事故的发生。

1 宁波海事局. 推进全要素水上“大交管”建设现场会在甬召开 [J]. 中国海事，2021（5）：81.

AIS 相关动态数据的及时更新，能确保 AIS 设备的功能得到有效发挥，从而为船舶避免水上交通事故增加了安全保障。

水上救援作为国家突发事件应急体系的重要组成部分，包括快速出动、救护编队、水上救生、输送灾民、抢运物资等项目，对保障人民群众生命财产安全、保护海洋生态环境、服务国家发展战略、提升国际影响力具有重要作用。

水上救援水平的不断提高依赖于装备研发和技术应用，例如深远海救助打捞关键技术及装备研发应用。深远海救助和夜航搜救能力的提升依靠的是人工智能、卫星通信等技术的不断应用和转化。

随着水上救援与互联网、通信、计算机等信息化手段，以及现代管理思想和方法的融合，未来水上救援技术将全面提升和改进。针对目前水上救援的劣势，深圳的一家创业公司成功研制了一款便携智能水上救援设备（某水上救援飞翼）。这款水上救援设备融入无人机、水上机器人控制技术，通过 GPS 能够实现自主修正航向、失联自动返航、遥控等智能救援。另外，该救援设备因为是双面对称设计，可以抗击风浪，行驶速度达到每秒 6 米，大幅提高了救援效率，同时降低了救援风险。

案例8-1　水利工程数字化管理

近年来，依托区块链、5G、大数据等技术的不断发展，我国水利工程也开始向数据化转型。

在 2020 年政府数字化转型工作中，浙江省嘉兴市将嘉兴市水管理平台建设作为社会治理领域数字化应用之一进行申报，并研究如何将此项工作全面展开。2020 年 1 月，经市县联合申报，经浙江省水利厅批复，嘉兴市水管理平台被列入浙江省水管理平台建设试点之一。水管理平台主要是在充分调研水利现有业务和流程的基础上，以数字化转型为主轴，开展水利工程各条线、各区域的数字化管理平台建设，并按照“水利工程补短板、水利行业强监管”的总基调，加快水利数字化转型、补齐水利信息化短板。2020 年，根据浙江省水利厅总体方案和水管理平台试点工作的统一部署，嘉兴市水利局完成编制试点建设方案，成立市县协同推进工作专班，全面开展和推进嘉兴市水管理平台建设试点工作。

浙江省杭州市萧山区农业农村局按照全行业“一云一仓一平台”的总体布局，以智慧水利管理系统建设为突破口，积极探索水利工程运行管理数字化改革的新道路。一是利用泵闸自控系统实现“机器换人”。该系统的数据组态页面可实时显示并记录闸站各监测点的水位、电压、电流、温度、压力等变化，生成相应的图标，供运行人员决策。二是利用标准化运行管理平台实现管理“数字化”。该平台具有工程在线调度、巡查实时定位、运行台账数值化等功能，可实现数据入库、工程上图、资料可查、工作留痕、视频可控，借助该平台，管理人员可以直观、清晰、综合地了解管辖区域的水位信息、泵闸站运行情况等，有助于提升专业化、精细化和标准化管理水平。三是利用智能大屏控制系统可实现监管“智能化”。三维倾斜摄影、物联网、智能语音等技术接入视频系统和自动化系统，可实现对堤防、河道及水利工程的智慧巡查[1]。

浙江省丽水市为进一步推进水利工程运行管理数字化，对达到一定规模或等级的水库、海塘、堤防（含护岸）、水闸、泵站、泵闸等水利工程的工程名称、行政区划、管理层级、规模或等级、关键特征数据及工程定位等要素进行核对和标绘。完成上述工作后，所有的水利工程名录还将进行统一赋码，以后所有的水利工程都将有唯一的编码，为后续的水利工程运行管理数字化奠定基础。截至 2021 年，结合水域调查成果和初步梳理，丽水市纳入水管理平台系统的水利工程名录有 719 个[2]。

重庆市垫江县正逐步形成一个三维数字化基础模型库、一张全域智慧物联感知网、一个水安全指挥调度中心、一张水利大数据信息服务门户图、一套信息安全运维保障体系、N 个涉水综合业务应用菜单的 5N 主体建设成果，实现对水利工程的集约化管理、集束化执行、集成化运营。垫江县水文管理站的工作人员负责收集整理每日雨量水位数据，上传到重庆市水文监测总站。然后通过测得的流量关系及上流的水文流量和水文数据，再结合气象预报资料，预估后期洪水可能到达的水位，为周围人民群众提供一个转移的决策依据，把灾害损失降到最低。垫江县水利局积极探索智慧水利发展方向，先后引进了建筑信息模型、人工智能、物联网、云计算等技术，初步完成县域 3 座水库的三维实景数字模型建设，将水库管理过程中的重要数据集成在数字模型中，创建起一个动态的、可视的、实时传输的、三维立体的、不同地域和层次都可以使用的智能水库管理系统。

可以肯定的是，经过数十年的积累和发展，水利水电保护工程的数字化建设不断引进新技术，初步实现了跨越式发展，促进了行业的整合、转型与更新，为水利水电保护工程的发展提供了无限可能。

1　萧山区农业农村局. 萧山：智慧水利助推水利工程运行管理数字化 [EB/OL].2021-3-26.

2　丽水市水利局. 我市为水利工程上户口，推进水利工程运行管理数字化 [EB/OL].2021-2-20.

第九章

新技术发展对交通物流的影响

第一节
交通物流新技术的发展现状

“双十一”是网络购物平台推出的节日营销活动。据综合数据统计，截至2022年11月11日8时，2022年“双十一”全网销售额达到5571亿元。其中，天猫平台销售额占全网销售额的62.6%，京东、拼多多分别以27.1%、6.7%的占比位居其后，巨额交易的背后是海量的物流订单。

这一切行为的强大支撑是物流行业的高速发展。科学技术的迅速发展、基础设施的不断扩建和信息技术的普及应用，特别是云计算、物联网技术的成熟及应用，极大地推动了以大数据应用为标志的智慧物流产业的兴起。《2021年交通运输行业发展统计公报》显示，截至2021年年底，全国铁路营业里程达到15万千米，其中，高铁营业里程达4万千米以上；公路总里程达528.07万千米，其中，高速公路里程达16.91万千米；内河航道通航里程达12.76万千米，港口生产用码头泊位20867个；颁证民用航空机场达248个。以上这些都是物流行业发展转型的先决条件。与此同时，我国出现了一批适应市场经济发展需要的物流企业，尤其是在1999年11月，原国家经济贸易委员会会同世界银行在杭州召开“现代物流发展国际研讨会”后，我国的现代物流有了迅速发展，如今我国物流市场规模为全球第一。

与传统行业相比，目前我国物流行业是以数据化、信息化、集成化、自动化等为标志的智慧物流为发展方向。现在国内的绝大多数物流企业已经配备并应用了手持终端、车辆卫星定位、电子条码、无线靶枪等技术与系统，加快应用了车联网、物联网、大数据、云计算等技术。例如，车辆安装GPS，GPS运营商可以获得大量的运力客户，如此庞大的客户群体可以形成一个社会运力组织。这个运力组织包含大量功能型号、用途各异的车辆，车辆的自身行驶数据都在运力组织中。通过大数据进行拆分整合、分析，可以得知车辆的优点、缺点、线路时效等。

未来，随着交通物流技术向智能化发展，特别是信息网络领域的技术突破，大型高速船舶、新能源汽车、无人驾驶、物联网等将在物流领域得到广泛应用，大数据、云计算、人工智能等技术将与物流行业深度融合，物流行业将朝着无人配送、智能运输的方向发展，实现自动化、信息化、网络化的全面升级。

第二节
交通物流技术向智能化发展

智能化是提高我国物流行业利润和降低物流成本的重要举措。为了推动物流行业的健康发展，我国大力支持智能物流的发展，并出台了一系列利好政策。2017 年，我国出台了《国务院办公厅关于进一步推进物流降本增效促进实体经济发展的意见》，特别指出：要加强重点领域和薄弱环节建设，提升物流综合服务能力；加强对物流发展的规划和用地支持；结合编制国家级物流枢纽布局和建设规划，布局和完善一批具有多式联运动能、支撑保障区域和产业经济发展的综合物流枢纽；提升铁路物流服务水平，着力推进铁路货运市场化改革；推动多式联运、甩挂运输发展；支持地方建设城市共同配送中心、智能快件箱、智能信包箱等，逐步完善县、乡、村三级物流节点基础设施网络；支持符合条件的国有企业、金融机构、大型物流企业等设立现代物流产业发展投资基金，鼓励金融机构开发支持物流业发展的供应链金融产品和融资服务方案。

实现智能物流，要加快推进物流仓储信息化、标准化、智能化建设，提高运行效率，推广应用高效便捷的物流新模式；加强物流装载单元化建设，推进物流车辆标准化；加强物流核心技术和装备研发，打通信息互联渠道，发挥信息共享效用；推动物流活动信息化、数据化。

智能物流主要是指利用集成智能化技术，使物流系统具备智能化发现、分析、解决问题的能力。为适应当下消费、产业需求，迎合未来的产业变革，物流企业必须完成自身的智能化升级，及时建立企业数据系统，才能更好地应对未来物流产业的发展形势。

随着信息通信传输系统的快速发展，更多的数据实现智能化，融入物流运作的各个环节，整合相应的作业单元形成服务模块，构建复合式神经网络，推动“信息数据链”向“AI 数据链”的转变，推动智慧物流的发展。

GIS 技术是构建物流一张图，管理订单信息、网点信息、送货信息、车辆信息、客户信息等数据，实现快速智能分单、合理布局网点、合理规划送货路线、监控与管理包裹。GIS 技术将物流企业的数据信息在地图上进行可视化直观显示，通过科学的业务模型、GIS 专业算法和空间挖掘分析，洞察发展趋势和内在关系，从而为企业的各种商业行为（例如，制订市场营销策略、规划物流路线、合理选址分析、预测发展趋势等）提供良好的基础，使商业决策系统更加智能和精准，从而帮助物流企业获取更大的市场契机。

5G 基于低时延的特点，使各“端”对于过程数据的获取更直观、及时、准确，即物流运作相关信息可以更加迅速地触达设备端、作业端、管理端，让端到端无缝连接。5G 的广连接、大带宽等特点，使万物互联实现大跨越，使人们可以更加全面地获取环境信息，使原本碎片化的物流信息形成更具有应用价值的“数据链”，同时，5G 实现海量信息的收集，结合数据更多、更广、更实时的特点，使人工智能技术在物流领域有更多的切入点，真正让技术赋能物流产业。

第三节
无人配送、智能运输的发展

从 2016 年开始，美团开始研发无人配送技术，有效解决了骑手在配送过程中存在的问题。2018 年，苏宁在上海、济南等城市启用“无人仓库”，通过移动机器人搬运货架实现“由货到人”的拣选，打破了传统的“由人到货”的拣选模式，货物出仓后，被送到一辆无人驾驶的重型卡车上，前往分拨中心，完成物流的干线运输。

传统物流配送人力成本高、工作效率低，如何完成物流企业智能化升级，成为大部分物流企业思考的关键问题。一些企业积极探索无人配送在不同应用场景下的多种解决方案。

一是快递场景。在无人配送的赛道上，阿里巴巴、京东自带应用场景，自行研发自动驾驶技术。例如，阿里巴巴有菜鸟驿站这个入口和场景，自研发的“小蛮驴”通过菜鸟驿站物流配送进行市场布局。其他快递公司也不同限度地研发或者试用无人配送，无人配送不仅与电商有千丝万缕的联系，而且也具备丰富的应用场景。

二是外卖场景。外卖无人配送车上路，需要面对比室内环境复杂的驾驶环境，需要考虑人行道、机动车道、红绿灯，在技术上比很多无人驾驶汽车更加复杂。因此，定位技术及信息传输技术的支撑是必不可少的。智能化的无人配送针对每个模式提供对应的技术能力支撑，智能调度中心将参与配送过程的人与无人设备通过多维度数据综合运算，在最短时间内给出最优的配送方案，让人与无人设备协同作业，让配送更准确、更智能、更高效。

三是商超零售场景。在药品线上零售平台，商品不仅客单价高，附加值也高，增速甚至高于外卖。正在向线上转型的传统商超选择纯经营无人配送的新型单一公司。例如，白犀牛联合永辉超市推出零售无人配送等，通过投放无人小车为当地的门店提供配送服务。

目前，我国物流产业的发展仍处于相对传统的状态，信息化、智能化系统在行业中的应用占比相对较低，为适应当下不断升级的需求，迎合未来的产业变革，物流企业必须完成自身的智能化升级。无人驾驶与信息通信技术实现优势互补，一方面，为无人配送全方位信息采集提供丰富的数据来源，另一方面，为其智能决策提供算力支持，更为物流运输智能化、网联化的能力提供保障。

第四节 物联网与智能化交通物流网络发展

物联网（Internet of Things，IoT）是指物物相联，万物万联，主要是通过各种信息传感器、射频识别（Radio Frequency Identification，RFID）技术、GPS、红外感应器、激光扫描器等各种装置与技术，实时采集任何需要监控、连接、互动的物体或过程，采集声、光、热、电、力学、化学、生物、位置等各种信息，通过各类网络的接入，实现物与物、物与人的泛在连接，实现对物品和过程的智能化感知、识别和管理。

智能物流正是在物联网的广泛应用基础上，利用先进的信息管理技术，完成包括运输、仓储、配送、包装、装卸等多项基本活动的货物从供应者向需求者转移的整个过程。智能物流的智能性（例如，全程监控、主动获取信息、数据传递的智能化、决策的智能化）是在大量基础数据和智能分析的基础上实现的。

智能物流的实时查询与追溯，正是借助数据库形成的“物联网”实现对物流的自动化识别、判断和监管，从而提高监管效率。物流过程的可视化基于 GPS 技术、RFID 技术、传感器技术等多种技术。例如，某物流公司推出了包裹跟踪装置和网络服务，它可以显示包裹的温度、地点和其他重要信息，例如包裹是否被打开过或被不规范地处理过等。

智能化的物流配送中心拥有智能控制、自动化操作网络，可实现物流与制造的联动，实现商流、物流、信息流、资金流的全面协同，也是物联网的初级应用。

目前，物流业应用较多的感知技术主要是 RFID 和 GPS，随着物联网技术的发展，物流领域的物联网创新应用模式将不断涌现，例如，传感器技术、蓝牙技术、RFID 技术、M2M[1] 技术等多种技术将逐步集成应用于现代物流领域。物联网是聚合、集成的创新理念，物联网带来的智慧物流革命将是未来智慧物流发展的主方向。

目前，全球物联网相关的技术标准、应用和服务还处于起步阶段，在智能电网、智能安防等方面的应用还不够成熟，应用前景更为广阔。未来，物联网必将带来物流配送网络的智能化，带来敏捷智能的供应链变革，实现重要物品的物流实时追踪管理。相信随着物联网的发展，一个智慧物流的美好前景很快会在物流产业中实现。

案例9-1　无人配送

2020 年 10 月 22 日，在“第五届全球智能物流峰会”上，京东物流主管人员透露，京东物流与江苏省常熟市合作，建设全球首座“无人配送城”，目前，城市级无人配送项目已经在常熟市正式落地运营。

“您好，您的京东快递已到楼下，请扫码取件……”常熟市东湖某小区的刘女士收到取件提醒，她熟练地扫码开箱，从科技感十足的红色无人配送车里取走了自己的包裹。

2020 年，京东物流与常熟市在自动驾驶技术应用方面开展了深入合作，并已在常熟市正式启动了城市级无人配送项目落地运营。首批 30 多台无人配送车已经在常熟市区内繁忙穿梭，成为京东快递员的亲密伙伴。据悉，京东物流在常熟市投入运营的无人配送车共有 5 种车型，可满足不同场景的配送需求。其中，最大的一款车厢的载货空间达 2 立方米，单次出发可以配送 500 单以上，这些无人配送车能够帮助快递员大幅提升配送效率。

2021 年 4 月，美团正式发布新一代自研 L4 级别自动驾驶无人配送车——“魔

1　M2M（Machine to Machine，机器与机器）。

袋 20”。随后美团发布公告，称拟募集约 100 亿美元用于大力发展科技创新，包括用于无人配送车、无人机配送等前沿技术领域的研发。重磅资金投入意味着更多的无人配送车等设备将被投入实际应用。据美团无人配送车生产合作方毫末智行透露，毫末智行与美团合作研发了第一批共计 30 余辆无人配送车，而接下来美团将会大规模量产这款车型。

新一代无人配送车的生产制造流程部分使用了汽车行业标准，基本实现车辆的线控化、数字化、一致性等要求。新款车型的装载量达 150kg，容积近 540L，配送速度最高为 45km/h，为了保障安全，该配送车的速度基本控制在 20km/h。在过去的研发基础上，新款车型进行了改进，比上一代更加智能、安全、稳定，续航时间更长、载重更大。未来，美团将在北京、上海及深圳等多个城市落地该项目，实现外卖、买菜、闪送等业务场景的无人配送服务。

除了自带应用场景的阿里巴巴、京东、美团、苏宁等电商巨头积极推动无人配送市场发展，还有新石器、白犀牛、行深智能等一批初创公司也在积极研究无人配送技术，为下游终端物流客户提供解决方案。

有从业者认为，机器人主要解决的是人员短缺和可替代工作的部分，因此在特定行业中会出现对“无接触”配送的新刚需，例如，在夜间经营的酒店、KTV 和餐厅，以及政府政务改革的“一站式办理”场景等。

也有人认为，无人配送可以解决传统的物流运输方式人力成本高、效率低及智能化和信息化程度低等问题。无人配送车用于区域快递的收集与派送，效率能够提高两倍，成本可降低 80%。因此，使用无人运力来替代传统运力，能够使运输效率得到大幅提升，并能够实现全流程的监控，减少重复劳动，使企业管理更加高效，助力运输流程的信息化，并提高现有员工的幸福感。

以上观点说明了无人配送确实让非接触经济更加“务实”，这恰恰打通了物流配送的“最后 100 米”，降低了企业人工配送成本。

我国物流业务需求巨大，市场潜力不容小觑。此外，我国人口密集，配送距离相对较短，更加契合当前技术能力。而随着我国基础设施建设的逐渐完善及移动互联网技术的带动，无人配送的可实施落地场景也大为丰富。但是，我们也应该看到无人配送的普及还尚需时日。5G 时代带来了前所未有的带宽及高速稳定的传输质量，让无人机、自动驾驶的升级及精准的点对点服务得以实现。而在新基建的引领下，城市基础设施建设、智能化的升级，让无人配送得以实现，相当于新一轮的工业革命和一个新的智能工业时代的到来。

案例9-2 智慧快递柜

目前，收发快递成为人们日常生活的一部分。许多大型小区设置了智慧快递柜，遇到收件人不方便取件时，经过对方电话同意后，快递员可以把快递放到智慧快递柜里，节省了送货时间，提高了送货效率，收件人可以在方便的时候随时取件。

山西省太原市政府印发《关于成立太原市智能快件箱项目建设工作领导小组的通知》，将全力推进太原市重大行政决策事项智能快件箱项目建设工作。太原市邮政管理局负责人表示，该项目是提高快递末端投递水平的重要一环，对完善绿色配送体系、提高配送效率、降低物流成本、推进邮政快递业高质量发展具有重要意义，下一步，太原市邮政管理局将联合相关部门印发关于推进太原市智能快件箱项目建设的实施方案，加快推进项目建设。

2015年7月，《国务院关于积极推进“互联网+”行动的指导意见》（以下简称《意见》）发布，提出“互联网+”高效物流。随着物流行业的快速发展，智慧邮政建设成为产业升级的必然趋势。快递末端在我国快递物流发展中的重要地位更加凸显，而有效解决“最后一公里”的智慧快递柜将成为互联网的下一个入口。

《意见》明确指出：“互联网+”是把互联网的创新成果与经济社会各领域深度融合，推动技术进步、效率提升和组织变革，提升实体经济创新力和生产力，形成更广泛的以互联网为基础设施和创新要素的经济社会发展新形态。在全球新一轮科技革命和产业变革中，互联网与各领域的融合发展具有广阔前景和无限潜力，正对各国经济社会发展产生着战略性和全局性的影响。

在推进“互联网+”高效物流方面，《意见》鼓励大数据、云计算在物流领域的应用，建设智能仓储体系，优化物流运作流程，提升物流仓储的自动化、智能化水平和运转效率，降低物流成本。例如，在各级仓储单元积极推广应用二维码、RFID技术等物联网感知技术和大数据技术，实现仓储设施与货物的实时跟踪、网络化管理，以及仓储信息的高度共享，提高货物调度效率。鼓励应用智能化物流装备提升仓储、运输、分拣、包装等作业效率，提高各类复杂订单的出货处理能力，缓解货物囤积停滞的瓶颈制约，提升仓储运管水平和效率。加快推进货运车联网与物流园区、仓储设施、配送网点等信息互联，促进人员、货源、车源等信息高效匹配，有效降低货车空驶率，提高配送效率。鼓励发展社区自提柜、冷链储藏柜、代收服务点等新型社区配送模式，结合构建物流信息互联网络，加快推进县到村的物流配送网络和村级配送网点建设，解决物流配送“最后一公里”问题。

快递柜作为社区生态圈的接入口，一旦在小区内形成闭环生态圈，连接各种增值服务后，用户黏性就会得到增强。

智慧快递柜是可以暂时存放快递的密码柜，快递员把快递投放到快递柜的同时，收件人收到物流信息系统发出的随机密码，选择时间自取。有了智慧快递柜，在无法当面签收快递的情况下，快递员可将快递暂时寄放在这里，收件人可以通过扫描二维码或输入验证码打开对应的快递柜柜门收取快递。

智慧快递柜能提高快递员派送效率、降低派送成本。与以便利店为主的其他末端配送模式相比，智慧快递柜以低成本、高服务、稳定性及处理快递量优势占据物流末端的主流地位。

智慧快递柜至少有以下 4 个方面无可比拟的优势。

1. 高效

收件人按照收到的随机密码在智慧快递柜进行操作，就能拿到自己的快递，这是十分高效的行为。

2. 便捷

收件人出门时再也不用担心无人签收快递，不用在家等快递，解决了派件时无人收件的窘境。

3. 安全

快递员在智慧快递柜装入快递的动作完成后，收件人的手机上会收到取件密码，智慧快递柜 24 小时有监控录像，不容易出现丢件的情况，非常安全。

4. 智能

智慧快递柜可以与网络连接，随着物联网技术的发展，将具备更多的功能。同时，根据智慧快递柜反馈的数据进行大数据分析、运算，可以更精准地为用户提供更多的个性化服务。

在智慧社区基础硬件、物业管理与安全服务、智能家居、便民服务这 4 个层面中，智慧快递柜聚焦的智慧物流只是其中的一个切入点。相信随着技术的不断创新、智能设施的不断应用投入，尤其是随着 AI 等技术的发展，作为社区生活主要入口的智慧快递柜还将改变社区的生活现状，让社区服务变被动为主动，有助于社区管理、社区人文建设等工作的推进，为用户营造更好的智慧社区环境。同时，对于连接智慧快递柜的整个产业链上下游而言，智慧快递柜积累的丰富数据将影响整个供应链的构成模式，从而撬动整个智慧社区生态。

第十章

新技术发展对网上交通的影响

第一节 网上交通新技术的发展现状

《中华人民共和国国民经济和社会发展第十四个五年规划和2035年远景目标纲要》指出，迎接数字时代，激活数据要素潜能，推进网络强国建设，加快建设数字经济、数字社会、数字政府，以数字化转型整体驱动生产方式、生活方式和治理方式变革。这包括加强关键数字技术创新应用、推动数字产业化建设。例如，聚焦高端芯片、操作系统、人工智能算法、传感器等关键领域，加快推进基础理论、基础算法、装备材料等的研究突破与迭代应用。加强通用处理器、云计算系统和软件核心技术一体化研发。加快布局量子计算、量子通信、神经芯片等前沿技术，加强信息科学与生命科学、材料等基础学科的交叉创新，支持数字技术开源社区等创新联合体发展，完善开源知识产权和法律体系，鼓励企业开放软件源代码、硬件设计和应用服务。培育壮大人工智能、大数据、区块链、云计算、网络安全等新兴数字产业，提升通信设备、核心电子元器件、关键软件等产业水平。构建基于5G的应用场景和产业生态，在智能交通、智慧物流、智慧能源、智慧医疗等重点领域开展试点示范。鼓励企业开放搜索、电商、社交等数据，发展第三方大数据服务产业，促进共享经济、平台经济健康发展。

人工智能、大数据、区块链、云计算、网络安全等技术与产业的发展，不但聚焦教育、医疗、养老、妇幼、就业、文体、助残等领域的智慧场景，而且在交通发展中起到了非常重要的作用，这些新技术的应用几乎重塑了网上交通产业。各种线上打车平台、无人驾驶汽车、无人配送物流、快递、外卖等全新的“互联网＋交通”的商业模式在最近几年竞相出现，“互联网＋交通”是引领智能交通发展的重要技术。

换个角度说，移动互联网、云计算和大数据等技术的突破，消除了很多行业原因的限制，创造了很多新应用，例如消除了信息不对称问题，使社会经济发生革命性的变化。对于网上交通来说，新一代信息技术很好地契合了交通运输技术点多、线路长、涉及面广、移动性强的突出特点，近年来，“互联网＋交通”开始引领智能交通的发展，并有了很好的应用案例。例如，自动驾驶技术正是在人工智能与云计算等技术的辅助下走向成熟，车路协同采用先进的无线通信技术和新一代互联网技术等，全方位实施车车、车路动态实时信息交互，并在全时空动态交通信息采集与融合的基础上开展车辆主动安全控制和道路协同管理，充分实现人、车、路的有效协同，保证交通安全，提高通行效率，从而形成安全、高效和环保的道路交通系统。

智能网上交通推动了地面交通的精细化、精准化升级，下一步将随着信息技术的应用与发展，成为促进交通运输现代化的强大动力，将智能交通带向更加广阔的空间。

基于物联网的智慧交通打破“安全边界接入平台”壁垒，做到多组大数据分析共享。例如，公交专网、轨道交通网等不同网段的数据需要在保证信息安全、保护个人隐私的基础上，进行数据交换，以便数据汇聚后进行集中分析研判，再提供共享支持；后期再综合利用数据，结合云存储、云计算项目基础硬件环境的搭建，对其他数据进行深度和广度的开发和利用。

第二节 网上交通科技企业

网上交通最典型的应用是网约车平台。2015 年，滴滴出行为 3 亿出行用户提供了优质的服务，将 App、微信公众号、QQ、网页版的在线客服后台统一接入 IMCC 系统[1]，该系统高效地帮助滴滴出行完成跨渠道、跨平台的在线客服管理。

2017 年 1 月 23 日，滴滴出行宣布在全国范围内阶段性取消出租车“建议调度费”机制，以减少春运期间出租车供不应求和价格因素带来的体验问题。2017 年 5 月 5 日，滴滴出行宣布与斯坦福大学 AI 实验室达成合作，双方围绕人工智能热点课题进行科学研究、课程创新、人才培养等。

2018 年 8 月 20 日，滴滴出行与济南市公交总公司联合宣布滴滴出行在济南市的首批定制公交线路开通，联合济南公交推出的定制公交“爱巴士”首批 39 条线路正式上线运营，打造济南“智慧公交”出行服务模式。

2019 年 6 月，继 2018 年 4 月滴滴出行与广汽集团签署战略合作协议之后，

1 IMCC 系统是指基于即时通信工具的企业级在线客服营销平台。

双方再次携手，在车辆推广及定制化、汽车运营、网约车、无人驾驶等领域形成更深入的全方位战略合作。2019 年 10 月 15 日，清华大学与滴滴出行签署合作协议，共同成立清华大学-滴滴未来出行联合研究中心。

2020 年 9 月，滴滴出行上线了“无障碍出行服务”，首期面向携带导盲犬的乘客提供服务，帮助携带认证导盲犬的乘客找车、不被拒载并顺利出行。

2021 年 4 月，滴滴出行与中国盲人协会签订战略框架协议，以进一步推动视障人群的“无障碍出行服务”，并持续优化 App 信息无障碍功能，视障人群可以通过语音读屏，顺利约车，这项服务已经覆盖全国 74 个城市。

滴滴出行的发展得益于科技的驱动，特别是互联网相关技术的发展，例如大数据计算、人工智能、通信技术等。

例如，滴滴出行智慧交通团队自主研发的“基于大数据的互联网 + 信号精细化交通管理平台”，是一个基于真实交通数据的信号控制分析及优化系统平台，旨在为城市交警、优化工程师等提供简单实用的智能化工具，为城市“缓堵”贡献力量。该平台以海量真实的滴滴出行浮动车数据为基础，集成了滴滴出行具有自主知识产权的交通模型和优化算法，贴合一线交通管理者的工作流程。该平台的核心理念是实现对交通信号“问题发现—信号优化—评估报告”的闭环工作，通过对城市交通的宏观及微观运行态势感知、路口问题预警、信号控制优化，改善路口排队溢出、过饱和、通行效率低等问题，通过数据驱动及分析工具赋能，使信号优化工作更高效、便捷，帮助城市交通管理者实现信号控制的精细化设计及管理，助力信号控制智能化升级。

与网约车出行相比，智能汽车、无人驾驶也是大众讨论较多的话题。腾讯、华为、百度、小米等互联网科技企业纷纷入局，未来的网上交通将呈现科技企业“白热化竞争”的局面。

第三节 网上交通科技服务

2016 年 8 月 5 日，国家发展和改革委员会、交通运输部印发《推进“互联网 +”便捷交通 促进智能交通发展的实施方案》，指出要构建“三系统、两支撑”的智能交通体系，着力推进实现先进技术装备自主开发和规模化应用，通过持续推进重点示范项目建设，创新打造我国智能交通发展的新业态、新模式。

随着城市化的不断发展，我国交通运输面临巨大的压力，例如，解决交通拥堵、交通事故救援速度慢等难题迫在眉睫。随着互联网革命时代的到来，“互联网 +”交通可以创造更多的可能，形成“线上资源合理分配，线下高效优质运行”的新格局。移动互联网、云计算、大数据、物联网等技术可以充分提高信息采集强度、采集量及信息处理水平，利用数据决策辅助交通管理，为更多的用户提供精准服务。

网约车、互联网停车、互联网租车、互联网汽车、互联网维修等新业态，以及网络购票、交通一卡通、出行导航等多元化、个性化、精准化的优质服务就是交通科技发展最好的例证。

随着移动互联网、云计算、大数据、物联网等技术的快速发展和推广应用，以及自动化等技术逐步成熟，信息技术、通信技术、传感器技术、卫星导航与定位技术，以及电子控制技术等在交通系统中全面应用，网上交通科技助力服务质量提升、效率提升。

京投交通科技以云计算和大数据技术为基础的“城轨大脑”服务中台引入大数据、云计算、人工智能等技术，搭建了一套监视手段丰富、数据集约共享、流程贯通联动、信息精准匹配、融合一体化发布、资源统一调度、覆盖乘客安全出行链的智慧服务平台，实现平台上层应用系统快速、准确、高效数据赋能。

“城轨大脑”服务中台通过深入分析出行链各场景乘客的出行需求，结合不同发布渠道的适应特点，打造满足乘客各个环节出行需求的信息发布引擎，实现在不同的出行场景，面向不同的乘客群体，通过整合乘客信息系统、广播系统、电子导向等信息发布能力，实现“千屏千面”的差异化、联动化、精准化的信息发布目标。基于智能视频识别技术的实时客流感知，以云边协同的部署机制为基础，突破技术壁垒，实现自动化感知监控轨道交通大客流实时态势。

“城轨大脑”服务中台引入智能图像识别技术，通过将场景中的背景和目标分离，进而分析并追踪在监视场景内出现的目标，还搭建基于云计算、边缘计算的云边协同处理平台，赋能视频监视分析系统能力，解决轨道交通实时乘客态势感知的实际问题。“城轨大脑”服务中台拓展了以短距离激光投影、微透镜全息显示为代表的新型信息呈现方式，实现对信息的沉浸式、场景化推送，还引入微透镜阵列透明显示等信息技术应用产品，丰富信息推送效果和形式，提升乘客的沉浸式、场景化体验。

随着互联网等技术的赋能，更多线上交通服务科技企业会产生更多实用性、持续性、实战化的解决方案，共同为交通运输事业贡献科技力量。

第四节
网上交通科技监管

随着互联网等技术的发展应用，网上交通迎来了蓬勃发展。特别是网上交通相关牌照申请逐步放开之后，网上交通运输平台已不再是稀缺资源，各路资本蜂拥而至，很多企业自身研发实力有限，导致平台数据混乱，存在合规风险，此时就需要国家的强力监管。

为了发挥互联网的技术优势，营造网约车新业态发展的良好营商环境，满足行业监管的基本需要，2016 年 12 月 28 日，交通运输部办公厅印发《网络预约出租汽车监管信息交互平台总体技术要求（暂行）》（以下简称《技术要求》），组织开发了网络预约出租汽车监管信息交互平台（以下简称网约车监管信息交互平台），并编制了《网络预约出租汽车监管信息交互平台运行管理办法》。

2020 年 9 月 22 日，交通运输部印发《关于进一步做好网络平台道路货物运输信息化监测工作的通知》（以下简称《通知》），对各省（自治区、直辖市）交通运输主管部门推进省级监测系统建设、强化行业运行监管、加强监测评估等方面提出了明确要求。《通知》要求，各省（自治区、直辖市）交通运输主管部门要加快推进省级网络货运监测系统建设，完善监测系统功能，通过网络货运大数据分析，加强多维度闭环监测，提高行业管理能力和治理水平。《通知》指出，各省（自治区、直辖市）交通运输主管部门要督促企业及时上传运输单据，对于网络货运企业出现的异常监测情况，要指导辖区内的交通运输主管部门，按照有关法规规章要求，依法予以查处。

2021 年 2 月，北京市交通运输综合执法总队成立了全国首支网络监管专业队伍，负责交通运输行业的网络执法工作。目前，网约车、旅游车和共享单车方面的网络执法较为成熟，其他行业的网络执法工作正在努力推进中。

网络执法是利用备案数据信息与实际运营数据信息进行综合比对，大规模批量发现违法线索、进行调查后进而对行政相对人实施行政处罚的一种执法模式。北京市交通运输综合执法总队介绍，以前查处网约车绕路行为只能靠乘客举报投诉，而互联网执法可以查看乘客的订单起始地点，计算行驶路线，再比对网约车的实际轨迹信息，如果偏差较大，那么发生绕路等违法违章行为的可能性就很大。

2021 年 2 月，慈溪市交通运输主管部门利用网约车监管系统，对后台车辆运营数据、人员信息、订单数据进行比对，并通过 GPS 位置跟踪，成功查处经前期研判涉嫌违规经营的网约车。近些年，随着慈溪市交通运输主管部门对网约车“打非治违”的力度不断加大，市域网约车合规化进程不断加快，慈溪市域内运营的网约车合规率不断上升。为了进一步保障乘客及合法经营者的权益，切实维护辖区网约车市场的经营秩序，慈溪市交通运输主管部门科学使用宁波网约车监管平台数据，通过位置监控、轨迹查询、车辆人员信息、订单分析等功能，大幅提高执法人员对非法网约车的打击精准度，保障合规网约车驾驶员在“跑得放心”的同时，有效遏制无证网约车及人员开展非法运营的行为，切实维护乘客出行安全。

相对传统的交通监督审核完全依赖人工，伴随着新技术的不断出现，例如，智能感知端设备的应用、AI 技术的迅猛发展，可以实现线上智能识别闯红灯、违反导向、压实线、未系安全带等多种交通违法行为，大大减轻执法部门审核人员的监管压力。城市智能交通管控平台实际上是依托大数据、AI 技术，以情报研判为基础、以指挥调度为核心、以勤务运行为支撑、以监督考核为手段，实现交通情报科学分析、突发警情快速处置、交通拥堵科学治理、交通违法精准打击等业务。可以预想，在新技术不断应用的今天，网上交通的监管将紧紧地与新技术捆绑在一起，不断推动着网上交通的智能化发展。

案例10-1 贵州省“智慧交通”云平台

“十三五”以来，在国家高度重视、大力支持和贵州省委省政府的正确领导下，贵州省交通运输厅认真贯彻《国家创新驱动发展战略纲要》《贵州省“十三五”科技创新发展规划》，深入实施“大扶贫、大数据、大生态”三大战略，坚持科技引领，以交通运输大数据为核心，以行业监管和公众服务为重点，加快推进智慧交通建设，全面推进“互联网 + 交通运输”，加快云计算、大数据等信息技术在交通领域的集成创新与应用，在数据资源的开放、共享和应用上先行先试。大数据为贵州交通运输品质工程创建、服务综合交通、平安交通、绿色交通建设提供了科技支撑，有效提升了行业治理和公众服务水平。

2015 年，贵州省交通运输厅相关负责人就贵州省交通运输厅通过“智能交通云”建设的相关问题与网友进行交流时提到，贵州交通运输行业信息化建设曾经是一种分散、粗放、封闭的发展模式。在这种模式下，各单位、各部门在实现信息化发展目标的同时，也暴露出一些问题。一是基础设施资源不能有效整合，为行业提供通用服务，处于低效运行和重复投资建设状态。二是各业务应用系统之间存在数据交互障碍，不能支撑业务应用协同，信息资源整合困难。三是有限的信息化人才和资金不能充分发挥能效。这种情况在全国也普遍存在，而云计算作为一种信息化建设、管理、运行和服务的技术，为解决上述问题提供了技术支撑。

“智能交通云”的建设规划以解决行业管理和服务重大问题、推动行业转型升级为目标，重点思考和解决“数据从哪里来、数据放哪里、数据谁来用”3个方面的问题。信息化建设的目的是服务于业务应用，而数据在应用中产生，这些数据积累沉淀后又会发挥新的效用。

对大量沉淀数据进行分析，可以更准确地找出历史业务的发展规律及存在的问题，更有效地指导今后业务的发展规划。同时，交通运输行业是关系社会民生的重要基础行业，人民群众每日大量的出行数据会产生庞大的信息需求，在确保行业信息安全的前提下，有针对性地向社会开放数据可以更快地培育公众出行服务产业，产业的发展又会产生大量的新数据，这些数据会反映公众动态的出行需求，更好地指导行业管理工作，这样一来就会逐步形成良性循环的数据生态链，也打通了行业管理部门与公众出行需求的对接渠道。

“智能交通云”的建设坚持“数据是资源、应用是核心、产业是目的、安全是保障”4个理念，以应用带动数据，以数据带动产业，努力建成全国领先的交通行业云计算服务平台、大数据资源聚集地和大数据应用示范基地，借助大数据提高科学决策水平、监管效能和服务水平。

正是基于这样的思路，贵州省先后推出“黔通途”、贵州省汽车票务网、ETC黔通卡等产品，受到人民群众的欢迎。在出行方面，贵州完成联网售票、黔通途、智行公交、通村村农村出行、黔出行出租车预约等应用建设，初步形成覆盖公路出行的全方位服务体系，支撑公众便捷出行。

交通消费方面，贵州省以ETC卡为核心，打造交通一卡通支付体系，与货车帮等物流企业合作，创新ETC卡发卡方式，推进ETC卡、旅游卡和社保卡业务融合工作，实现贵州全省公共交通一卡通互联互通。贵州省成为西部第一个全域交通一卡通互联互通的省份。

物流方面，贵州省利用大数据、互联网创新物流服务体系，完成国家物流公共信息平台贵州区域节点建设，接入货车帮、传化物流等各地物流企业数据，开发了城配智慧物流平台，支撑道坦坦公司深耕城市智慧物流配送，为京东等大型电商提供了物流配送服务。

贵州省继续以构建“大平台、大数据、大应用”为战略，打造贵州省交通运输行业“聚通用”升级版，建设交通建设质监平台、交通建设工程投资和建设预警监督平台、新农村交通综合服务开放生态平台、综合交通出行平台。

案例10-2　高速公路智能监管技术

支撑高速公路运营管理的通信、收费、监控等系统是交通智能信息化的重要组成部分。随着互联网、大数据、人工智能的技术水平不断提高及广泛应用，高速公路智能全程监控系统的实施条件早已具备。在《交通强国建设纲要》和新基建政策的指引下，已蓬勃发展30多年的高速公路建设进入追求高质量发展阶段，而高速公路智能监管技术革新已经成为必然趋势。

高速公路智能监管可能涉及车牌识别、车速监测、费用计算等内容，涉及智能视觉系统、大数据技术、人工智能等。高速公路智能监测中心通过实时采集路网精准感知数据，并融合交通相关互联网、内部监管数据，实现对高速运营的全时段、全量、全域的关键数字化“一张图”展示，例如运行态势（交通运行指数、拥堵指数、路段天气）、实时路况（交通流量、车速、堵点）、交通事件展示（事故、行人闯入、逆行、非法占用应急车道等），为应急调度指挥、运营管理等决策提供全局精准数据依据，极大地提升决策效率。

随着IP化高清视频监控系统的出现，视频监控系统不仅用于日常实时监控，而且为高速公路其余监控系统提供基础数据，并且逐步成为收费监控系统、车牌及卡号查询系统、数据分发系统、数据查询系统、报警管理系统、图像稽查系统不可或缺的重要基础。

高速公路的各个功能系统会产生大量、多样、实时的数据，高性能的高速公路视频监控系统需要从数据中快速获得有价值的信息，需要依靠高效的数据查询、分析处理功能，并应用大数据运算技术。大数据分析相较于传统的数据库应用，具有数据量大、查询分析复杂等特点，能提高监控效率，增强服务能力，提升管理的前瞻性，保障高速公路的通畅性，同时降低能源消耗，减轻环境污染。

湖南省高速公路监控中心“高速公路智能交通管控系统 V1.0”实现了路网信息可测，能够实时反映监控路段的视频图像、车流量、区间车速、分时流量变化，以及周边相邻国省干线的拥堵指数和交通饱和度，并按照流量正常时“大间距”、拥堵时“小间距”的方式，将路段监控视频实时推送到监控大屏上，为路网管理调度和实施交通流精细管控提供了准确且可靠的依据。在路网数据方面，该系统可将当前流量与历史流量进行分析，生成对比数据，反映区域路网的实时拥堵态势。湖南省交通运输主管部门可根据该系统交通流研判结果，有针对性地制定交通流管控方案，在速度建议、分流诱导、匝道控制、借道通行等措施上实现多部门协调一致，充分发挥路网运行整体效能，有效预防和减少交通拥堵。此外，该系统共享于交通和高速公路（含高速交警）省、市（含路段）监控指挥中心及 FM90.5 中国交通广播（湖南），保证了路网分流、管控信息发布的跨部门同步，较好地支撑了“一路多方”联动机制，满足了大众对不同交通状态、不同时段、不同位置的动态交通诱导需求。

2020 年 1 月，云南省交通投资建设集团有限公司所属昆安、安楚、昆石、元磨高速公路的视频事件智能分析系统正式上线，这也是高速公路智能监管技术发展应用的一个鲜明案例。该智能分析系统具备算法修正和深度学习的人工智能特征，通过对高速公路摄像机预置一定的场景，使用海量公路、车辆、行人目标素材对算法神经网络进行训练，由神经网络自动总结目标特征，经过反复训练和校核，使其识别准确率逐步提升到更高的水平，真正做到与画面背景无关，仅识别车辆、行人目标及行为。该智能分析系统已部署在云南省交通投资建设集团有限公司的应急指挥中心和高峣、小喜村、高仓、墨江等地的监控中心，通过对接入的高速公路道路、隧道监控视频进行实时分析，可以快速发现车辆拥堵、停车、逆行、行人等异常交通事件并自动报警，同时还能自动保存异常事件发生前后的录像用于查证。

总之，实现高速公路智能监管技术意义重大，特别是在以“互联网 +”为代表的万物互联时代已经到来的背景下，需要积极结合技术优势，拥抱技术，从信息化水平等方面切入，切实做好高速公路的信息化和智能化建设，提升智能监管技术水平。

第十一章

欧美交通科技的观察及研究

第一节
欧美各国交通科技的发展状况

交通运输是欧美国家经济运转的生命力。数字技术不断发展，使能源、物流、出行等领域更加智能化。欧美国家的政府和学术界也逐步转向将资源和激励方案运用于交通科技的研发过程，投入更多的精力和财力在智能交通项目中。

二十世纪六七十年代开始，欧美国家努力研发交通科技，致力于解决交通流量增长带来的各项问题。交通科技手段成为欧美国家改善交通运行状况、减少交通拥堵的重要工具。不少欧美国家在城市规划与项目建设方案中将交通运输的创新列为首要任务，运用科技为现代城市制定高效、经济且环保的交通战略。

在欧美国家，智能交通是交通科技体系过往的总发展趋势。欧美国家在物联网技术的发展基础上，通过充分获取和共享道路交通信息，进一步提升日常交通运行的可靠性和效率。目前，欧美国家已广泛应用成熟的交通科技，主要涉及道路交通监测协调、电子收费和停车管理、辅助驾驶和货运追踪等方面。这些技术着重利用大数据平台，收集海量数据，提供科学化、人性化的交通管理服务。

以道路交通监测协调领域为例，欧美国家已广泛使用的技术项目如下。

① 在道路上铺设传感器、双向通信 GPS、监控摄像头等工具，对交通车流进行实时监控，迅速判断各条道路的交通状况，自动计算出当前最畅通的行驶路线。

② 通过自动交通信号灯的应用，结合对不同方向车道的车流情况的探测，自动调整交通信号灯的运行规律，实现道路运行的协调互动，促进交通畅通。

③ 欧美国家的很多城市已广泛运用可变限速标志牌。这种标志牌能自动监测交通拥堵情况，并设置车辆的最佳限速范围，减少交通拥堵的可能。

④ 自动亮灯斑马线道能在行人、自行车等踏上斑马线时自动亮灯，既能提供照明，也能为过往机动车提供警示，有利于保障交通安全。

⑤ 可变车道，即利用可移动的栅栏分道技术，根据实际交通流量或天气状况，随时增加车道数目。这一技术可应用在可变向的单行道上，显著提升了交通效率。

尽管当今世界形势复杂多变，但是全球各国在交通科技研发上的投资仍在不断增加。

2010 年《ITS[1] 发展行动计划》发布，成为欧盟协调部署智能交通的基础法律

1 ITS（Intelligent Transportation System，智能交通系统）。

文件。此后，欧盟着力在智能交通系统、道路安全等领域提出战略实施方案，加强交通科技研发的合作。欧盟委员会、交通运输部和欧洲工业领导成员共同倡议，成立 ERTICO-ITS 机构。该机构属于多行业、公私合作性质，可提供智能交通服务。ERITCO-ITS 将政府、基础设施运营企业、其他服务企业相连，共同研发和推广智能交通科技，为实现智能交通而努力。

2020 年 12 月，欧盟委员会发布《可持续与智能交通战略》及包含 82 个项目的《行动计划》，为未来 4 年的智能交通工作提供指导。其中，该文件提到推动创新、促进数据和人工智能技术的使用，积极开发与交通科技相关的科研项目，包括打造自动互联多式联运的交通运输，实施多式联运票务系统，推动无缝多式货运发展，提高交通运输系统的智能性，全面支持无人机和无人飞行器的应用部署，建设欧洲通用出行数据空间等。

美国政府于 2020 年发布了《智能交通系统（ITS）战略规划 2020—2025》，明确提出“加速应用 ITS，转变社会运行方式”的愿景，描述了美国未来五年智能交通发展的重点任务和保障措施。美国各州成立了智能交通系统协会分会，这些分支机构组织各州交通部门、企业参加年度会议，展示智能交通科技的成果和理念，促进交通科技的发展。

人工智能、5G 的发展，为欧美国家智慧交通的科技发展提供了空间。从智能交通转向智慧交通，意味着交通科技重大变革所带来的机遇。欧美国家的研发实践进一步集中于智慧路灯、车辆终端、违法识别等技术的创新，以优化城市交通管理系统、保障交通安全。

在智慧交通的整体规划和实践中，欧盟和美国策略不同。强大的技术基础和人才培养体系使美国智慧交通科技研发具备了国家统一规划的力量，因此发展迅速。相比之下，欧盟更注重各国合作，更重视综合交通运输系统的智能化和标准化。

第二节 欧美各国空中交通科技发展观察

近年来，在国际民航组织提出的“新型全球空管运行概念”的指导下，欧美各国开始根据实际情况和发展需要，规划和建立空中交通科技发展体系。目前，其主要发展方向是建立网络式、交互式、共享式的分布系统平台，在确保参与各方安全的前提下，提高空中交通系统总体的运行效率。

1. 空中载运装备科技

在基础发展的优势上，欧美各国的空中载运装备科技发展水平较高。无论是在技术水准、产品种类上，还是在供应水平上，欧美各国的现有体系都相当齐全完备。欧美各国在空气动力学、材料学、航空电子和发动机技术等领域有着丰富的技术储备，因此其在民用飞机制造、机载设备制造方面，技术更加成熟。

以国际民航组织为例，欧美国家使用“基于性能的导航（PBN[1]）”的新型导航运行概念，将其与原有的航空器机载设备能力、卫星导航技术结合，覆盖了完整的飞行阶段（主要包括航路、终端区、近着陆等环节），以此提升空中飞行的精确性、安全性，形成更高效的空中运输管理模式。

2. 空中交通基础设施技术

欧美各国普遍认为，全球空中交通格局将发生重大调整，空中运输将不仅以发达国家为主，还要向以新兴经济体为主转变。为此，欧美国家已开始行动，着力于在技术上提升本国航空基础设施的建设和管理能力。

例如，美国纽约与新泽西港口事务管理局制订了机场基础设施建设更新计划，总投资 237 亿美元。

巴黎戴高乐机场主要针对航班运行、行李托运和安全检查等流程，进行技术创新和基础设施升级。该机场在原机场协同决策系统的基础上，升级为智能 4.0 机场，将机器人、生物识别等技术应用于机场的自动化管理。

芬兰赫尔辛基机场开始测试新技术，使旅客不需要将液体和笔记本电脑从行李箱中取出。

罗马菲乌米奇诺机场推行生物识别技术，旅客不需要使用登机牌、身份证件，只需要通过面部识别系统，即可完成登记手续。

整体来看，欧美空中交通基础设施的技术升级，更强调应用效果的人性化、场景化。根据 SITA《2022 航空运输业 IT 趋势洞察报告》，报告显示，96% 的航空公司认为其将维持或增加现有 IT 预算，其中网络安全、面向旅客的移动应用和云服务占据主要投资位置。

---

1 PBN（Performance Based Navigation），是指航空器在相应的导航基础设施条件下，在指定空域或沿航路、仪表程序飞行时，对系统在精确性、完好性、可用性、连续性等方面的性能要求。

3. 空中交通服务与管理技术

目前，欧美各国的空中交通科技发展基于大数据、人工智能等空中管理仿真平台技术。欧美各国对下一代空管系统的规划运用了许多新的运行概念和技术。例如，美国联邦航空局开发的 NIEC 平台[1]，空中客车公司和 Sopra Steria 联合搭建的 SVS 仿真平台[2]。

第三节 欧美各国地面交通科技发展观察

地面交通科技发展的主要目的是为城市提供更积极、更人性化的公共服务，协调行人、车辆和道路之间的交通矛盾，建立平衡点，促进系统整体良性运作。

1. 轨道交通技术

欧美各国在轨道交通研发领域的载运装备技术取得了较为丰富的成果。智能列车设计与制造的轮轨动力学、空气动力学等方面的关键技术取得了一定的进步。载运装备更加多元化、无人化、绿色化、清洁化。

欧美各国在轨道交通系统的研发主要集中于大运量的公共交通系统，其运行过程中的噪声、震动、电磁辐射、能耗等都受到法规政策的限制。尤其是城市轨道交通系统，其运行场景为城市内部，居民生活环境决定其噪声、震动、辐射必须要小。同时，车辆本身既是交通工具，也是城市工业产品，其制造和报废过程也需要实现低污染和高回收的效果。目前，欧美各国在轨道交通技术研究工作的主要方向体现在降低车辆重量水平、降低噪声水平、提高电磁兼容性能、减少车辆有害气体排放、提高能量再生率和报废回收比例等内容。

为提升轨道交通系统的经济性能，欧美各国的主要研究方向包括牵引传动系统效率提升技术、灵活编组及高低速车辆混跑技术、装备轻量化技术、列车全生命周期设计与管理技术等。

轨道交通基础设施设计建造方面，欧美各国的线网运营、基础设施施工建造、

1　NIEC 平台是美国联邦航空局在新泽西州大学城建设的用于 Next Gen 新技术仿真验证评估的实验室。

2　SVS 仿真平台是具有传感器外形的小型图像处理系统，具有高速图像采集功能。

基础设施运营维护等技术也发展得较为成熟。

运营管理和服务方面，欧美各国主要运用全自动化运行技术、列车运行控制技术等网络化运营管理和服务技术。

2. 道路交通技术

欧美各国从 20 世纪 60 年代开始投入研究道路交通技术。

载运装备方面，智能辅助驾驶技术在欧美各国道路载运装备领域迅速发展，部分企业已研发出成熟的辅助驾驶技术和产品。新能源汽车的成组技术体系也在不断发展。目前，最新的技术发展方向集中在多维车路协同、网联化特点的道路交通体系上。

基础设施设计建造方面，欧美各国在相关基础设施的设计、建造和维护技术水平上取得了稳定发展，其中包括特大桥梁、特长隧道等大型工程建设等技术。但在道路交通基础设施建造、运行维护的智能化上，欧美各国的技术应用水平相对较低。针对道路环境、道路交通基础设施运行状态、道路交通运营状况的系统监测感知网络还没有建立。尤其在道路交通基础设施建造、养护过程中，欧美各国对大数据、物联网等智能化、信息化技术的利用能力不足。

道路交通运营管理服务方面，欧美各国对道路智能化监管、高效安全交通管控、道路交通治理与信息化技术、信息化执法和车辆监控技术进行了深入研究，并实现了大规模应用。但在道路交通应急处置领域的智能化、标准化、体系化方面，欧美各国的技术水平还有待提高。

第四节 欧美各国水上交通科技发展观察

欧美各国水上交通科技不断发展，主要表现如下。

载运装备方面，绿色环保船舶越来越受到重视。由于国际新型公约、规则和规范的使用，《压载水公约》、船舶能效设计指数标准、《拆船公约》、SO_x 和 NO_x 排放新标准的陆续推出与生效，船舶的使用朝环保、绿色化方向发展。在船舶的设计、建造、营运和拆解过程中，欧美各国更强调对资源的消耗减少，促进海洋经济的可持续发展。

船舶智能化方面，欧美各国重点对自动化、智能化的动力系统和甲板机械系统进行审计，实现全船化的能效管理系统、综合船桥系统。此外，无人驾驶船舶等智能化技术也开始在船舶领域深化应用。

配套系统集成技术方面，欧美各国的知名企业围绕海洋载运装备系统集成技术进行研究。这些企业结合自身技术优势，将相关设备打包供应，生成整体的集成解决方案。目前，欧美各国正在研究的系统集成技术主要包括动力系统集成技术、甲板机械系统集成技术、通信导航系统集成技术、电气和自动化系统集成技术等。瓦锡兰、利勃海尔、康士伯等企业均具备了相应的系统集成供货能力。

欧盟“工业 4.0 计划”发布的同时，德国企业研发推出了客渡轮集成航海控制系统和自动化系统，其中，航海控制系统主要用于雷达的指挥操作、航向自动控制和航线规划等。自动化系统主要控制船上的所有机械，以增强船舶对电力管理和经济切断的能力。例如，ABB 集团推出节约型邮轮电力推进系统，能朝任何方向自由推进，不需要船舵、船尾压进器等。在欧美各国的邮轮、冰级船舶的设计建造中，该套电力推进系统集成技术已获得广泛应用。

基础设施设计建造方面，欧美各国的水上交通技术发展已将信息技术作为核心，利用运输技术、自动化仓储技术、库存控制技术、包装技术等专业技术的升级，形成现代化的货物管理技术体系。在该体系中，货物配置管理技术的发展表现出信息化、自动化、集成化和智能化等特点。

港口建设方面，对于港口货物智能配置、海岛深水港口建设关键技术、港口效能提升、新能源利用关键技术等，欧美各国已有初步研究。例如，在海岛深水港口建设上，部分欧洲国家采用了离岸深水港水工建筑物的全直桩组合桁架结构、导管架结构、复合式结构等。

港口的安全性能提升和应急关键技术方面，美国、挪威、荷兰等国家对高等级灾害应急码头技术已有了初步研究，但尚未形成系统性的研究成果。此外，在航道和通航设施技术领域，欧美各国研发和使用了航道信息化技术、航道整治和养护、航道法规标准和管理决策、船闸和升船机技术等，并结合 GPS、航测遥感和计算机辅助设计集成技术，极大地提高了交通规划与勘测设计的水平。

服务与管理方面，欧美各国水上交通技术的发展主要体现在物流技术水平的升级上。传统航运和物流企业选择智能化，努力升级为智慧物流。例如，在水路物流的智能决策领域，欧美各国企业利用机器学习等技术，对人、物、设备、船舶的状态进行自动识别，对管理人员和操作人员的指挥调度经验与决策加以学习，相关研究工作也已提上日程。

在欧美各国的水上交通中，人工智能、无人驾驶技术在稳步推进。2021年5月，一艘名为“五月花400”号的轮船，在英国普利茅斯港口下水。这艘船上没有乘客和船员，是全世界第一艘全部由人工智能自主控制的自动驾驶船只。

“五月花400”号轮船的建造者是计算机巨头IBM和一家非营利性海洋研究组织，采用太阳能电池和柴油作为混合动力。该轮船上配备了自动舵系统、“智能船长”系统。“智能船长”系统可以在航行中自我学习和纠正，并由6个摄像头、雷达、声呐和GPS组成自己的“眼睛”和“耳朵”，对海洋状况进行航行判断。“五月花400”号轮船能主动观察、分析和确定各种航行情况，包括海浪、礁石及其他船只，甚至包括100多种常见的海洋动物。

试航过程中，“五月花400”号轮船自动驾驶到普利茅斯湾，并自主启动了水下监听器，用于监听鲸鱼的水下活动。它同样也可以对海洋污染进行研究分析。

从世界范围来看，欧洲国家在船舶自动驾驶航行技术上居于领先位置。例如，挪威肥料公司已经采用了以无人电力推进船取代卡车的运输计划。

第五节
欧美各国网上交通科技发展观察

近年来，以共享交通为代表的网上交通科技在全球范围内迅速发展。在众多网上交通科技应用中，共享出行最引人注目。以共享汽车、共享单车为代表的共享交通模式在全球范围内迅速推广，为传统交通运输体系提供了新型替代服务。

共享交通科技应用起源于欧美。欧美国家的科技应用实践证明，使用共享汽车能有效减少私家车数量，通过出售和出租已有车辆也能明显提升车辆的使用效率，有效降低交通拥堵，减少污染物排放。共享交通成为欧美各国交通运输效率提升的科技工具，因此备受关注。

共享交通在欧美各国形成与演变的历史并不长，可分为两大阶段。

1. 探索阶段

20 世纪 20 年代，汽车只是私人使用的代步工具。为了提高使用效率，从 20 世纪 40 年代开始，瑞士苏黎世率先尝试共享汽车计划。20 世纪 70 年代，英国、法国、德国、荷兰和加拿大进行了不同类型的共享汽车试验。二十世纪八九十年代，北欧和北美等地开始对共享汽车进行实践探索。在同一时期，世界各国在共享单车领域的尝试也随之开始。

2. 实际应用阶段

共享交通的真正繁荣出现在 21 世纪的美国。2000 年，Zipcar、Flexcar 等企业成立，这些汽车租赁公司在欧美各国迅速占有规模可观的市场。随着移动互联网、人工智能等技术的普遍应用，欧美各国开始使用新型技术提升自己的服务能力。

2020 年，Zipcar 宣布，该公司已使用新型技术帮助用户注册。注册过程中，用户只需要上传自拍照，和自己提供的驾照相互匹配，就能确认身份，随后用户等待几分钟，就能通过该公司的应用 App 的审核，进入汽车。这种方式缩短了注册流程，提升了用户租车体验。

在欧美各国，更为先进的是移动互联网点对点汽车共享系统，即网约车模式，将共享出行推向世界。共享单车也凭借先进的科技，解决了自行车失窃问题，提升了用户搜寻、取车、还车及位置跟踪等环节的使用体验。因此，共享单车也迅速从欧美各国推广到其他国家和地区。

目前，欧美各国在共享交通领域，最引人关注的还是 MaaS[1] 模式。这种模式提供本地共享出行“一站式”服务，将公共运力资源规模化，替代私家车出行的传统模式。

以芬兰的 Whim 平台为例，其展现了 MaaS 的商业应用模式。Whim 平台实现了城市交通一体化的套票服务。该平台分别接入出租车公司、公交公司、共享单车服务商、共享汽车服务商等，将城市交通资源进行整合。随后，以套票形式向不同出行习惯的用户提供服务。用户订购套票后，即可无限次使用服务范围内的出行服务。例如，用户选择以公共交通为主的套票，即可在单月内无限次乘坐市内公共交通和使用共享单车，以折扣价的形式乘坐出租车。这种平台技术虽不复杂，但搭建的商业模型对提升整个城市的交通运行效率有很大的意义。

1　MaaS（Mobility as a Service，出行即服务）。

案例11-1 法国、意大利机场联手开发城市空中交通

针对机场普遍离市区较远的现状，同时为解决机场周边交通拥堵的问题，法国尼斯蔚蓝海岸机场、意大利罗马机场、威尼斯机场和博洛尼亚机场的运营商联合成立了一家名为Urban Blue的公司，专门开发城市空中交通适用的基础设施，致力于发展可持续交通。该公司研究、设计、建造和管理所辖机场区域内可供电动垂直起降飞机使用的起降场，促进城市空中交通的应用。其初期目标是开通机场至市区的摆渡航线。

Urban Blue预测到2030年，欧洲城市空中交通行业的市值有望达到40亿欧元。目前，该公司已经与德国Volocopter公司建立了合作伙伴关系，并将进一步深化合作，预计其双座电动垂直起降飞机于2024年取得欧洲航空安全局颁发的适航证。

电动垂直起降飞机在城市/郊区环境中的可操作性强，环境友好，噪声小。多个欧洲机场已开展了城市空中交通调研或规划，建设了电动垂直起降飞机专用起降场。例如，法国巴黎机场集团与巴黎市政府共同发起了城市空中交通试运营项目，目标是为2024年巴黎奥运会提供城市空中交通服务。

案例11-2 英国零排放公交车

近年来，全球汽车工业的绿色发展，正不断加速朝向“零排放目标”过渡。英国对新能源汽车产业的支持力度不断增加。英国政府也积极致力于构建交通领域的零排放政策体系，加快推动相关科技和产业发展。

战略规划方向上，英国政府先后于2013年、2015年发布了《超低排放汽车发展战略》《2015年至2020年英国超低排放汽车投资计划》，提出要在2050年左右实现全面电动化。2018年，英国交通部发布《零排放之路》，提出要在2040年停止销售传统燃油车。2019年3月，《未来出行：城市战略》发布，提出2030年超低排放汽车应至少占当年新车销量的50%，力争达到70%。

在上述政策的引导下，英国政府和企业共同出资10亿英镑，成立研发机构，对动力电池、充电等技术进行研发。英国政府还向家用充电设备安装、电动乘用车购置等提供资金支持，并对低排放量车辆免收拥堵费等。

在英国的“零排放之路”上，最吸引公众的技术成果当数“零排放公交车”。2020年7月13日，英国国家快运公司从英国公交制造商亚历山大丹尼斯公司（ADL）手中接过了首批“纯电动零排放公交车”。该型号公交车使用了中国企

业比亚迪提供的零排放技术，首批共19辆公交车投入英国第二大城市伯明翰运营。之后，10辆同款公交车也投入考文垂市使用。

这款公交车全长10.9米，内设65个座位，车内配有USB充电口、免费的无线网络和其他人性化设备，为乘客提供良好的乘坐体验。从2019年开始，比亚迪和ADL公司针对英国市场推出了这款纯电动公交车。到2020年年底，该款公交车在英国的销量已突破250辆，其中三分之二的车辆投入城市运营。

为确保这批公交车的良好使用，英国国家快运公司在其公交场站内，全部增设了充电桩。这些公交车使用的电能全部来自可再生能源，其能源储备系统也能用来平衡电网的用电负荷。英国国家快运公司表示，到2030年之前，其所有公交车都会全面实行“零排放”。

2021年3月，比亚迪和ADL公司再次联手，赢得了46台纯电动公交车订单。这批公交车提供给苏格兰本地的公交运营商，用于苏格兰的阿伯丁、琼斯等城市。

这批公交车由比亚迪提供底盘、动力系统，采用了世界领先水平的电池、电机和电控等技术。车身由ADL公司下属的苏格兰工厂完成。这批公交车的采购资金来自苏格兰政府的“超低排放公交计划”，该计划将帮助苏格兰本土公交运营商积极投资纯电动公交车和相应的基础设施建设。

截至2021年5月20日，英国ADL公司和比亚迪联手研发的纯电动公交车已在英国累计销售突破1000台。仅在伦敦，比亚迪纯电动公交车的占比已达到80%以上，成为伦敦的“绿色名片”。在世界范围内，纯电动客车的发展也成为趋势，全球从比亚迪购买的纯电动客车目前已经超过6.5万辆。

案例11-3　西班牙推出智能人行横道

西班牙曼福再保险公司道路安全研究所的数据显示，西班牙交通领域出现的致命事故有大约15%发生在人行横道上，这主要与驾驶员超速驾驶和分心驾驶有关。

为此，西班牙推出了一项提升道路安全水平的新举措——安装使用智能人行横道。它与传统人行横道的区别在于配置了LED照明系统（该系统连接传感器）。当传感器感应到行人接近路口时，人行横道两端的LED灯条将会自动亮起，以提示驾驶员及时减速。这种智能化措施十分适用于公共照明不足、有树木遮挡、斑马线磨损严重及环境光线昏暗的区域，以有效避免驾驶员因视线不清而误撞行人的道路安全事故。

目前，西班牙交通总局已批准在马德里 Ciudad Lineal 区、巴达霍斯市和萨拉曼卡市等数十个市区安装使用智能人行横道，其技术标准已符合相关要求。

案例11-4　亚马逊的电动汽车尝试

在电动汽车技术的推广使用过程中，美国电商企业亚马逊发挥了重要的助推力量。

2019 年 9 月，亚马逊宣布将从美国电动汽车创业公司 Rivian 购买 10 万辆电动物流车，组成新能源送货车队。

Rivian 是一家电动汽车创业公司，成立于 2009 年，总部设在美国密歇根州普利茅斯。这家公司主要生产电动物流车。从 2018 年开始，该公司累计获得 19 亿美元的融资，包括亚马逊领投的 7 亿美元和福特汽车的 5 亿美元。

2018 年 11 月，Rivian 推出了电动皮卡和 SUV 车型电动汽车。其中，最强大的核心技术是可变模块化平台。这一平台被称为“滑板”。该平台能一次性整合电池组、驱动组件、悬架、冷却和刹车系统。其设计可降低车辆中心、提升行驶稳定性，还可以腾出更大的乘坐和储物空间。

2019 年，基于“滑板”平台，Rivian 又开发了第三款量产新车，该新车为纯电动货车，主要服务于亚马逊的新能源车队。这款纯电动货车使用安全性更高的电池，其他功能部件每次充电后能行驶 150 英里（1 英里 =1.61 千米）。

2020 年 2 月，这款纯电动货车正式命名为 Amazon Delivery，并开始在洛杉矶运送亚马逊包裹。随后，亚马逊开始拓展电动物流车计划。2020 年 3 月，这款纯电动货车开始在加利福尼亚州旧金山使用。截至 2021 年年底，亚马逊电动物流车的送货范围进一步扩大到 16 个城市。

亚马逊的首批电动物流车订单高达 40 亿美元，形成亚马逊低碳物流运输工具。亚马逊公司计划从 2030 年开始，每年减少约 400 万吨碳排放。到 2040 年，全面实行碳中和计划。

为实现该计划，亚马逊并没有只将目光集中在电动物流车上。2021 年 5 月，从纽约曼哈顿西区传来消息，亚马逊租赁了一栋两层楼的建筑，将之作为市区末端配送中心。同年，亚马逊开始使用电动货运自行车，在纽约配送货物。

实际上，早在 2020 年之前，亚马逊就在纽约布置了大约 200 辆电动货运自行车，为曼哈顿、布鲁克林的 3 家超市送货。其中，每辆电动货运自行车最多载运 45 件包裹。

2020 年 6 月，亚马逊并购了创业公司 Zoox。这家公司研制出全新的电动自驾出租车 Robotaxi，该车搭载 4 名乘客，并不需要驾驶员，而是以全自动驾驶方式运行。该出租车配备 133kW · h 的容量电池、4 轮转向系统、双发动机驱动，其最高行驶速度能达到 75 英里（约 120 千米），每次充满电后，最高能连续运作 16 小时。

从外形上看，Robotaxi 的外形如同一个小盒子，它没有传统的车头和车尾，而是采用双向行驶模式。其 4 个轮子都是转向轮，车辆的 4 个角各设置了 1 个传感器。车室内能容纳 4 位乘客，彼此面对面乘坐。每位乘客均配备了专用的触控显示板，辅助乘客了解旅程信息、抵达时间，以及控制空调温度等。同时，Robotaxi 内还配备了无线充电装置，可为乘客的移动智能装置充电。

Robotaxi 的车门布局采用类似电车的对开形式。Robotaxi 内拥有充足的空间，便于乘客乘坐和上下车。每位乘客都有自己的安全带和辅助气囊，能确保一定程度的行车安全。从 2020 年开始，Robotaxi 已获准在加利伯尼亚州和内华达州等特定区域进行测试。

第十二章

日韩交通科技的观察及研究

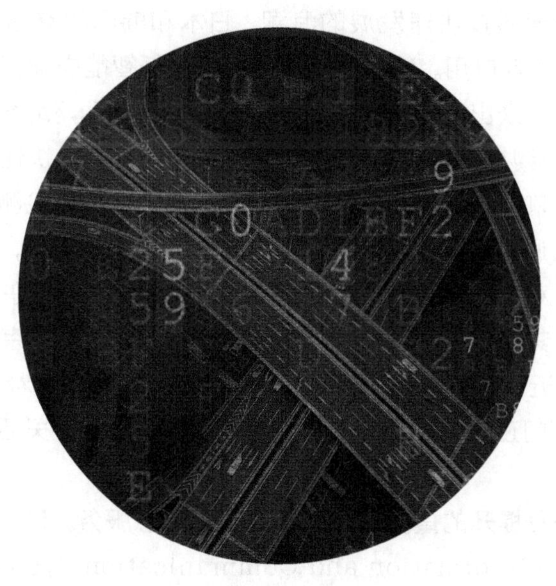

第一节 日本和韩国交通科技的发展状况

从国情背景来看，日本和韩国有很多相似之处。从人口分布上，日本人口1.26亿人，相当于英国、意大利两国人口总和。从地形上，日本的山地和丘陵居多，全国90%的人口集中在仅占10%国土面积的沿海平原。日本80%的人口居住在城市或大城镇，有26%以上的人口居住在首都圈。东京的人口密度已经达到每平方千米6000多人。韩国也具有上述类似特点。

在经济上，日本和韩国都是发达国家。伴随着社会经济的发展，日本和韩国面临着严峻挑战，两国人口规模均在2008年前后达到峰值，但又开始逐年减少。有专家预测，到2050年，日本将有接近33%的城镇会由于无人居住而消失，这一趋势已无法逆转。因此，日本和韩国研究交通科技的核心围绕城镇消失、大城市集中化和“少子高龄化”的社会特点，对交通基础设施进行整合、完善和优化。日本和韩国也正在通过交通科技的应用，打造专业务实的智能交通管理系统。

面对全球交通科技快速发展的浪潮，日本和韩国的交通科技研发更为专业、务实，注重实效应用。例如，日本和韩国依托智能交通管理系统、信息技术，构建强大的公众出行信息服务体系，民众利用移动网络终端、公交车站信息情报板、多功能观光导游智慧电子标牌等，能够便捷、快速地了解城市交通信息。例如，东京通过超声波检测器、激光检测器、视频检测器、微波检测器等，进行道路交通信息采集。其中，超声波检测器安装方便，不会对道路路面产生破坏，使用寿命较长，是交通工程中常用的检测方式。东京还有近16000台交通信号机，其中，近半数是自适应信号控制，并联入东京警视厅交通管理中心。大阪也有近三分之一的交通信号灯为自适应控制。随着5G技术的发展，日本政府相关部门正计划将交通信号灯等作为5G基站，灵活应用于自动驾驶等工作。

交通科技研发提升的重要环节离不开交通信息服务。日本的车辆信息和通信系统（Vehicle Information and Communication System，VICS）是世界上最为成功的出行信息系统之一，该系统能够免费提供交通信息。同样，日本“ITS 站点”，也是新型的智能交通应用。全日本高速公路上已部署了 1600 个“ITS 站点”，确保汽车在行驶中也能实现动态导航，避免交通拥堵和提升安全性能。

此外，日本和韩国还积极应用 ETC2.0 系统。该系统包含不停车收费、道路实时状况分析和预警，还能不断向交通管理中心传输车辆运行状况。在日本和韩国，ETC2.0 系统目前主要应用于收集实时车辆运行状况数据，也可搭载于车内，收集驾驶员的行驶习惯和行驶路线等，预测可能发生交通问题的时间段和地点，从而辅助交通管理决策。

面对未来，日本和韩国都各自制定了密切结合大数据、人工智能、物联网等产业技术的未来交通科技发展规划。

2019 年 10 月，韩国国土交通部发布《2021—2030 道路技术开发战略案》。2020 年 6 月，日本国土交通省发布《日本 2020 年国土交通白皮书》。日本和韩国对未来交通技术发展的规划见表 12-1。

表12-1　日本和韩国对未来交通技术发展的规划

项目	规划内容
《日本2020年国土交通白皮书》	1.公交IC卡在全国范围内互认互通 2.MaaS模式在全国范围内普及 3.ETC技术的普及应用和升级研究 4.先进型安全车辆的研发和量产推广 5.自动驾驶技术的试点和深度研究
韩国《2021—2030道路技术开发战略案》	1.利用太阳能开发自行发热和发光型车道 2.在道路铺设材料中应用污染物质吸附和自体分解技术 3.开发无线充电道路

除了积极推动交通科技创新，日本和韩国还携手中国加强相关领域的合作。2018 年 10 月 24 日，第 17 次中日韩信息通信标准信息交流会在日本召开。日本无线工业及商贸联合会、日本电信技术委员会、韩国电信技术委员会等共派出了 20 余名代表参加。会上，各机构代表介绍了交通科技研发在标准制定、主要研究领域、面临的重要问题和挑战等方面的情况，共同围绕智慧城市和交通科技的热点议题进行深入交流。该会议一致认为，智能交通、车联网会是 5G 应用的重要领域，日本和韩国都希望和中国加强在智能交通方面的交流与合作。

第二节 日本和韩国空中交通科技发展观察

1. 日本空中交通科技发展观察

日本的空中交通行业十分发达，其主要航空公司有日本航空和全日空航空两家，分别以成田国际机场和东京国际机场为基地，联通全球数百个城市。从传统角度看，日本的机场和航空公司利用各种科技手段，确保其享誉全球的高准点率。

近年来，日本机场广泛引入新型交通科技，进一步提高航空交通效率。2019 年 4 月，成田国际机场投入使用电子申报门系统。之前，乘客需要在申报单上填写行李信息，然后交给机场海关人员审查。使用这一系统后，乘客只需要在专用 App 上事先输入行李信息，再通过面部识别技术，即可快速通关。

电子申报门系统的具体流程如下，乘客抵达机场，来到海关检查口的终端前，展示专用 App 的二维码或个人护照，终端确认为本人后，乘客方可带着行李通过安检。在面部识别和数据库比对没有异常之后，即可直接通关。2019 年，电子申报门系统已应用于北海道新千岁机场、福冈机场等地，随后又进一步应用于大阪关西机场、名古屋中部国际机场等地。2021 年，电子申报门系统还应用于东京奥运会的运动员、服务人员、安全服务人员和记者的空中交通出行。

相较于机场服务技术的更新换代，日本在飞机研发制造的道路上始终面对阻碍。事实上，数十年来，日本航空工业由于美国波音公司产业链的作用，在飞机零部件制造生产上有不错的基础。三菱重工业承担了波音 787 飞机的主翼箱，以及除动翼外所有主翼部分的研发和生产。日本东丽公司研发的碳素材料强度至少是铁的 9 倍，但重量却只是铁的百分之一。日本普利司通是全球少数为大客机生产轮胎的供应商，而波音客机软件基本是由日本全日空航空公司承担设计。正是在这些代表性技术的基础上，日本航空工业建立起技术水平高、研发生产能力完整的体系。据统计，日本已有 24 家航空工业企业具有完整研发生产能力，相关配套企业数量达到近百家。

早在 2000 年，日本就启动了三菱支线飞机（Mitsubishi Regional Jet,

MRJ）项目研制计划，想尽快生产出本国大飞机。相关项目由三菱重工业负责，参与企业还包括川崎重工、富士重工、石川岛播磨重工等，甚至还包括丰田汽车。MRJ 项目因此获得领先的研发理念，设计出 70~80 座客运飞机和 86~96 座客运飞机。这两大型号的飞机均采用了普惠公司研发生产的高端发动机、低阻力机身、高效率机翼，其内部空间设计也足以媲美世界先进的大客机。但是，直到 2019 年下半年，三菱重工业已连续 5 次宣布 MRJ 的延期交货，并降低了公司的注册资本。2023 年 3 月，第一架三菱 MRJ90 进入报废拆解程序。这说明，日本大飞机的研发之路依然很漫长。

2. 韩国空中交通科技发展观察

韩国属于亚太地区经济发展较为迅速的国家，同时也是东北亚重要的航空枢纽。在亚太地区的空中交通体系中，韩国扮演着重要角色，无论是航班数量、乘客人数还是货物流量，都呈现增加趋势。近年来，韩国的机场、航空路线越发密集，打造高度可靠的交通系统，确保航行更为安全高效的需求，也越来越明显。在机场安检和服务方面，韩国的交通科技研发和应用有所进步。

2018 年 6 月，仁川国际机场在 2 号航站楼使用了国际航空电讯集团提供的自助行李托运技术。该技术能有效简化行李托运流程，提升用户体验，加快托运速度，帮助仁川国际机场充分利用航站楼的面积，确保行李处理得高效和准确。这项自助行李托运技术被命名为 DropFly，仁川国际机场为其配备了安全可靠的自助行李托运区，并配置滑动门和超级传感器，避免未经系统授权和检验的物品进入。乘客通过手机 App 选择自助服务，利用支付设备、行李摄像头等，轻松完成托运行李流程，并可从手机 App 上获得托运行李的实时动态和通知。DropFly 还通过数据监控能力，对整个机场的行李托运情况进行实时统计汇总，后期进行趋势分析并生成报告，提供给有需要的乘客或机构。

2019 年 5 月，韩国政府在多家机场应用人工智能技术，打造无障碍安检系统。新的安检系统通过人脸识别对用户身份加以确认。原有的护照、指纹、人脸识别等阶段由此形成“一站式”步骤。韩国政府从 2022 年开始对该技术进行全面推广。

机场服务方面，韩国机场正逐步普及“智能手推车”服务，通过乘客登机信息的共享，将其购买的免税品直接送到登机口，以提升机场托运速度，优化乘客出行体验。

早在 2018 年，韩国 LG 电子就已将 14 台机器人布置在仁川国际机场的出入境大厅。这些机器人结合 LG 电子开发的多语种自主移动技术，使用 LG 电子基于无线通信系统的机器人控制技术。机器人取代了原有客服人员的工作，负责在出入境大厅统计实时人流量，为乘客引导登机口、宣传禁止携带物品的政策，也向乘客提供行李提取编号、语音提示服务等。例如，当机器人统计出人员实时密集程度后，就会主动向乘客发送提示，引导乘客前往人少的出入境大厅等候。

在机场接送乘客流程上，韩国也有了技术突破。从 2019 年开始，韩国电信运营商 KT 开始在仁川国际机场部署自动驾驶公交车。这些公交车能以每小时 30 千米的速度在机场内部道路上运行，它们也具备了在交通信号灯面前检索、改变车道等功能。

韩国机场还致力于氢能产业建设。2020 年 5 月，仁川国际机场同现代汽车公司、液化空气公司和氢能网络公司就低碳环保机场项目签署备忘录。在该项目中，仁川国际机场提供场地，现代汽车公司提供电动公交车，及服务和维护，并支持加氢站的建设成本。液化空气公司提供两个大容量氢气充电器、氢气。氢能网络公司负责加氢站的整体建设和运营。该项目实施后的 2021 年 3 月，仁川国际机场 2 号航站楼为电动公交车建立了加氢站。2021 年下半年，首批 7 辆电动公交车投入仁川国际机场使用。随后，氢动力客车将进一步取代仁川国际机场目前剩下的内燃机客车队。

从 2024 年开始，韩国在往返仁川国际机场的主要通道上，将会开放城市空中交通（Urban Air Mobility，UAM）服务。UAM 概念最初起源于欧美国家。2020 年 1 月，美国贝尔直升机公司展示了未来的智慧城市空中交通形态，即将城市内飞行器和社区融合，为用户提供随时随地的约飞服务。2020 年 2 月，日本住友商事株式会社与美国贝尔直升机公司签署协议，共同开发日本的城市空中交通市场。

在此影响下，2020 年 6 月，韩国政府公布了 UAM 技术发展路线图，计划从 2024 年开始，先在机场要道和重要城市区域试行，到 2025 年全面推行商业化的空中出租车。按此计划，预计到 2035 年，空中出租车将应用自动驾驶系统，使交通拥堵所造成的出行时间和社会成本浪费大为减少。空中出租车和成本也将因此变得比普通出租车的成本更低。

除了上述服务领域的新技术运用，韩国还积极推行新一代航空管制雷达技术。2020 年 10 月，在首尔金浦国际机场内，NEC 研发的航空管制雷达正式使用。其雷达系统由机场监控雷达和二次监控雷达两部分构成。机场监控雷达具备最新半导体技术、型号技术，可避免地面和气象因素带来的干扰，高精度探测飞机在空中的位置。即便面对密集空域，二次监控雷达也能了解详细的飞机飞行信息。该雷达技术的应用，是对 NEC 之前部署在首尔金浦国际机场雷达系统的加强，以满足机场航空需求，确保飞行安全和服务效率。

第三节 日本和韩国地面交通科技发展观察

地面交通科技是日本和韩国目前相当重视的交通科技发展方向。其表现出的主要特点如下。

1. 轨道交通

目前，日本和韩国的轨道交通装备正加速向模块化、标准化、绿色化和智能化方向发展。其中，运营管理和运输组织服务朝向一体化、网络化、集成化方向发展，轨道交通清洁化、绿色化、智能化技术等受到空前重视。轨道交通一体化的安全保障技术成为安全领域科技创新的重点。

在日本，轨道交通运行速度不断提高，日本低温超导磁悬浮列车已实现时速 603 千米的载人试验，从东京到大阪的一部分运行线路已开工建设。

近年来，为实现以技术创新推进铁路发展和社会进步的愿景，日本铁道综合技术研究所制定了《2020—2025 年度科研发展规划》。该规划指出，日本将通过科技创新，进一步增强铁路的安全性，并推进数字技术在不同专业领域的广泛应用，以提升日本铁路技术的国际影响力。

未来一段时间内，日本企业将主要从 3 个方面着重发展铁路技术。一是面向当前铁路运营的实际需要，进行实用性技术创新。二是针对社会变化趋势和未来铁路发展需求，进行前瞻性技术研究。三是着重推进铁路技术的基础性研究，开展气象灾害应对、车辆运行安全、老化损伤机理和检查方法、摩擦损耗和长寿命等方面的研究。其中，气象灾害应对技术主要依据实时气象数据开展灾害风险评价，为列车运行提供辅助支撑，提高铁路运输效率。日本铁道综合技术研究所将研发暴雨灾害后，符合边坡、路堤残余承载力的加速抢修施工方案。

列车运行自动化方面，日本将研发基于卫星定位的列车实时位置监测技术，以深化铁路沿线异常监测技术的创新，确保有效推进设备无线控制技术和车辆运行控制技术的研究。

养护维修省力化方面，日本实施数字化养护维修。根据车辆测试方式，日本研发了线路、桥梁、隧道状态的自动诊断技术，构建设备数据的综合分析平台。基于电网监视技术水平，日本研发了高阻抗接地故障等异常监测技术。

能源消耗低碳化方面，日本构建了铁路用蓄电系统，开展高性能整流器等节能研发，推进列车节能驾驶模式研究，实现铁路电网低碳化。

高速线路降噪化方面，日本企业将利用低噪声列车模型走行试验台、高速弓网关系试验台，开展走行部气动力噪声、隧道微气压波研究。日本相关研发还将推进研发适应更高速度、具备更高受流性能和低噪声性能的受电弓。

仿真集成化方面，日本企业将利用虚拟铁路试验线路，开展车辆运动、弓网关系、轮轨滚动接触等耦合动力学仿真研究。此外，日本企业还将研发受电弓离线拉弧，用于受流材料损耗状态评价的仿真软件，以及用于走行车辆安全性评价的仿真软件。日本企业将开展新材料显微结构仿真技术的研究，构建模拟大型低噪声风洞试验的数字化风洞系统。

在韩国，轨道交通技术水平的提升同样备受重视。韩国是世界上第五个建成并使用高速铁路的国家，一度面对高铁晚点、故障等问题。韩国政府对铁路交通格外重视，在 2019 年 12 月 24 日举行的中日韩商务峰会上，韩国相关领导人就提出应建立东亚铁路共同体，其中包括中国、日本、韩国、朝鲜、俄罗斯、蒙古国等国，共同建设铁路网络。为此，韩国也积极推动高速铁路、高速列车的研发。

2021 年 1 月，韩国正式推出低碳环保高速列车 KTX-EMU。该列车同时还配备了第四代铁路无线通信网。KTX 列车是韩国政府和相关机构打造的超级高铁计划。早在 2017 年年初，韩国就和美国 HTT 公司签署合同，获得了超级高铁相关技术的授权。此后，HTT 公司还授权韩国获得管道研发基础架构与安全平台，韩国也由此获得更全面的测试轨道，并得以充分使用该公司的磁悬浮、推进力、电池和乘客体验设计等技术。

地铁轨道交通方面，韩国侧重于以技术力量来提高服务能力，进一步提升乘客体验。2020 年 7 月 23 日，韩国的主要电信运营商宣布，该国 9 条地铁线路已完成 5G 网络建设，其中包括首都地区的地铁 9 号线、2 号线，以及釜山、大邱、大田和光州等地的多条铁路。

此外，韩国政府和相关机构还别出心裁地通过比赛方式，向国际科研力量“招贤纳士”，寻求更好的技术解决方案。

2019 年 8 月，第一届“首尔国际挑战赛”举行，比赛主题是如何减少首尔地铁细颗粒物。这场比赛共吸引了 8 个国家的 106 个小组，最终选出 10 个优胜小组。这些优胜者主要提供了磨损颗粒减排、去除性能改善、测定技术改善、地铁站空气质量综合管理等技术，共获得 2 亿韩元的奖金。

2020 年 10 月，“2021 年首尔国际挑战赛”开始。这场比赛为期 11 个月，允许来自全球的企业、高等院校、研究机构参与，解决首尔的城市发展技术问题，提供创新方案。本届比赛主题为“地铁设施空气质量改善创新”，设置了技术竞赛和学术竞赛两个领域，包括外部大气和地铁设施空气质量关系、地铁设施室内细颗粒物浓度减少和地铁设施内病毒减少等主题。为获得最先进的技术，首尔政府强调该比赛只接收从未发表过的论文或技术，并为优胜者发放了 6.9 亿韩元的奖金。

2. 道路交通

日本政府从 2013 年开始促进各交通服务企业之间公共交通 IC 卡的互认互通。这一技术提高了公众出行的便利性，推动了公共交通 IC 卡的普及度。以 2019 年 12 月的数据为例，日本主要的 9 家交通服务企业的公共交通 IC 卡，月活跃量超过 2.5 亿次。2020 年开始，日本更大力度地在全国推进公共交通 IC 卡的互认互通，以进一步提高公共交通的便利性。

道路交通方面，日本所有的高速公路和大部分收费道路已支持 ETC 出行。为鼓励公众能更多地使用 ETC 进行交通支付，日本政府和相关机构不断丰富 ETC 使用场景。目前，ETC 智能卡不仅能在收费道路上使用，也可在停车、乘船等场合使用。截至 2020 年 3 月，日本的 ETC2.0 车载终端累计安装了 493 万台。这些车载终端能与日本所有的 ETC2.0 路侧装置进行高效率的双向信息交互。驾驶员可利用 ETC 智能卡接收路面拥堵情况，规划车辆出行路径。在行驶过程中，ETC2.0 车载终端智能卡会不断向路侧端上传车辆行驶数据，包括速度、路径、急刹车地点和次数等。这些数据通过网络汇聚和分析，形成实时共享的道路交通数据库。

自动驾驶方面，日本和韩国都表现得较为积极。由于少子化、老龄化社会发展带来的社会发展瓶颈，日本政府从 2020 年开始在自动驾驶技术上发力，并提出了 3 个方面的自动驾驶技术发展目标。一是在全国高速公路上，对 L3 自动驾驶技术[1]进行普及。二是在限定地区范围内普及无人驾驶出行技术。三是在高速

1　即能应对极端场景外的自动驾驶技术。

公路场景下，确保无人驾驶车队完成卡车后方的跟随驾驶测试。

为实现上述目标，日本政府从 2019 年 6 月开始，进行了自动驾驶车辆的服务试点试验。这项试验在指定地区范围内，利用自动驾驶车辆提供接驳服务，并进行了有效完整的记录。2020 年，这一试验升级，多个试点地区同时投放了自动驾驶的中型驾驶巴士、观光型小巴进行交通运营服务。此外，日本也开展了高速公路场景中无人驾驶车队在卡车后方的跟随测试。在试验过程中，日本政府意识别自动刹车辅助系统的重要作用，并通过科研机构研究配备自动刹车辅助系统的自动驾驶车辆。

作为汽车产业的传统国家，韩国将道路交通技术与汽车产业发展紧密联系。近年来，韩国正在大力推进电动汽车与自动驾驶汽车技术的发展，包括以下 5 点。

① 以5G 为基础的自动驾驶通信技术，包括服务于自动驾驶的 K-CITY、5G 设施、气象环境模拟设施等自动驾驶试验环境。

② 2020 年，韩国开发出充一次电可行驶 500 千米以上的电池技术，2021 年开发出中型 SUV 电动汽车。

③ 2018 年下半年，韩国建成无人驾驶示范基地。2020 年，韩国实现无人驾驶平台商用化。2030 年，韩国的目标为无人驾驶商用化。

④ 在大田、世宗、首尔、济州等地区，韩国构筑智能道路，示范运行自动驾驶系统。

⑤ 到 2030 年，韩国将实现全国道路自动驾驶的精密道路地图，设立无人驾驶交通管理中心。

在道路交通预测分析技术上，韩国也做出了积极探索。2019 年 8 月，韩国蔚山科学技术院向外界展示了一款新的人工智能交通预测分析系统。这种全新的预测分析系统主要从车辆监测器获得数据，并上传至系统平台。该系统平台包括两大模块，一个模块是对交通数据进行分析和预测，另一个模块负责对分析和预测结果进行可视化处理。传统类似系统平台主要依靠概率和统计方法进行分析，而新预测分析系统则添加了可实时预测分析交通情况的深度学习算法，提供更准确的预测结果。该预测分析系统能和交通广播服务、导航服务、平台信息推送服务相结合，为道路交通驾驶员规划出最佳行驶路线。

该新预测分析系统发布之后被蔚山市交通广播网使用。2020 年，该预测分析系统被进一步推广到光州、釜山、大田和仁川等城市。

第四节
日本和韩国水上交通科技发展观察

作为岛国和半岛国家，日本和韩国的对外贸易主要依靠海运。两国均有多个主要港口，其国内科研机构和企业具备发达的水上交通科技研发能力。近年来，日本和韩国的水上交通科技也在迅猛发展中。

1. 人工智能和区块链应用

在水上交通领域，日本积极应用人工智能技术，分析和预测海运的物流和市场情况。

2019 年，日本航运公司川崎汽船与广岛大学、日本国家海洋局、日本港口和航空技术研究所，联合研究如何利用人工智能技术对水上交通运输市场进行评估，并进一步探索开发高精度的预测模型。该项目主要针对 300 吨以上的船舶，利用船舶位置、速度、航向、停靠港、吃水深度等动态和静态数据，进行多方向的应用。

韩国利用区块链技术在其国内海运领域加快开发应用。2019 年年初，韩国科技信息通信部启动了一项航运区块链试点项目。该项目主要在釜山南部港口试运行，提高海运过程中参与方之间传递信息的效率，增强透明度，实现信息充分共享，改善进出口交通情况。

2. 新型水上运输交通工具开发

在水上运输交通工具的开发上，日本和韩国也有各自独特的表现。2018 年，日本富士急行株式会社推出水陆两栖公交，并在东京台场地区运行，成为该地区的主要观光交通工具。

这款水陆两栖公交名为 Tokyo Nokaba，全长约 12 米，重量为 13 吨，最多能容纳 38 名乘客。该公交的尾部装有喷水式助推器，驾驶员可操控微型舵，控制该公交在水中的前进方向。该公交的车身结合了船舱和普通公交车的特点，其上半部分是普通公交车外形，车内格局也和普通公交车相同。但水陆两栖公交的车身窗户运用了拉链式聚氯乙烯软质水晶板技术，具有耐热、耐寒、耐老化、耐重压、耐酸碱等特点，透光性能良好，使用寿命较长。下半部分则与船舱形态相同，其顶部为三角形，能有效减小水流阻力。水陆两栖公交的车尾也类似于船体，有平面底座，可在水中漂浮。

这款公交可在陆地上经过繁华商业区，让乘客领略各大标志性建筑，随后经海滨公园进入东京湾，在水中行驶后上岸返回。其在水中行驶的平均速度为每小时 6 海里，与普通轮船相比较慢，但完全适用于观光需求。

韩国水上交通工具技术发展集中体现于其自主研发生产的液化天然气动力超大型集装箱船。

2020 年 9 月，韩国现代重工集团向新加坡东太平洋航运公司交付了一艘新船。该船是全球首艘 LNG 动力超大型集装箱船，长度 366 米，宽度 51 米，搭载 12000 立方米的液化天然气燃料箱。其燃料箱采用 9% 的镍钢制造，即便在极低温度的环境，也能保持韧性。燃料箱加满一次燃料，就可在欧亚地区之间往返。

到 2022 年第三季度，韩国现代重工集团将向新加坡东太平洋航运公司提供 5 艘同一级别的 LNG 动力超大型集装箱船。韩国现代重工集团还有散货船、油船等与此类似的 LNG 动力船，总订单数量达到 44 艘，位居全世界第一。

目前，在全世界具备 LNG 船舶研发和建造能力的国家中，韩国的配套能力最为完善，已成为全世界 LNG 船舶配套研发和生产中心。除了再液化装置、气化设备，韩国还具备配套的电机设备和特种材料配套生产能力。例如，过去在 LNG 船舶货舱内壁，采用铝合金薄板打造内壁波纹板材，韩国浦项钢铁公司则研发出不锈钢板和锰合金薄板对其进行替代，充分降低了建造成本。

3. 自动和远程控制技术

在水上运输领域，远程控制技术和自动驾驶航行是日本政府和相关机构近年来推进的重点。

2019 年 10 月，日本邮船公司在全球航运史上第一次完成大型货船自动驾驶航行。该货船安装了由日本邮船公司、日本海洋科学等企业共同研发的船舶导航程序系统。这一系统利用现有导航设备，收集船舶所处的环境信息，并根据这些信息，计算出最经济、最科学的航线、航速。

这次技术试验分为两段进行。第一段是从中国新沙港驶往日本名古屋，第二段从日本名古屋驶向日本横滨。在试验过程中，船员正常监视货船行驶状态，船体驾驶由导航程序系统自动进行。试验结束后，日本邮船公司随即分析数据，继续研发和升级该系统，使之成为更先进的船舶载人自动驾驶导航支持系统。

2020 年 5 月，日本邮船公司等机构完成对船舶远程控制的实船试验。该试验是在日本兵库县西宫市的陆上支援中心，对 400 千米外的东京湾上的拖船进行操控。拖船上安装了“有人远距离船舶控制系统”。

试验过程中，操控人员在兵库县操作该拖船，从东京湾内的本牧冲，驶向横须贺港冲，整段航行距离为 12 千米。

在本次试验的基础上，日本邮船公司等企业进一步致力于解决其过程中出现的问题，对船岸通信系统水平加以改进。2021 年，日本邮船公司等企业在日本沿海进行远程船舶导航试验，并继续开发大型船舶技术。该技术未来成熟后，将大大降低船舶上的劳动负荷，同时提高水上交通安全。多余的管理和从业人员将负责陆地上的操控支援，以此催生新的就业需求。

在船舶自动驾驶方面，2020 年 6 月，韩国政府宣布投入 1600 亿韩元，开发可完全远程控制的自动驾驶船舶，目前已取得了一定的成果。

第五节
日本和韩国网上交通科技发展观察

鉴于智能手机、ICT、人工智能等技术革新的背景，日本和韩国都在积极推动 MaaS 模式网上交通平台的发展，改变共享交通领域的现状。

在日本，互联网共享交通受到法律的严格限制，导致交通科技进步并不明显。但从 2019 年开始，日本国土交通省、经济产业省共同试点开展智慧化出行推广项目，该项目被命名为“智能出行挑战”。日本政府通过该项目积极向社会推广新型出行服务模式，提高网上交通效率，解决交通从业者不断减少的问题。

2019 年 6 月，日本国土交通省在日本全国范围内选择了 19 个试点区域推行 MaaS 模式，其中既有城市，也有近郊地区、郊外地区和观光景点地区。在试验过程中，日本政府既注重不同出行方式的共享连接，也重视通过移动互联网平台和大数据技术，对交通运营数据进行整合与利用。通过这些工作，日本在 MaaS 模式中推出了相对灵活的出行费用浮动机制，以促进交通和零售、教育、文旅、医疗等行业的融合，调动社会资源充分参与。

2019 年 11 月，日本静冈市开展了 MaaS 系统的试验。这项试验由静冈市政府、静冈铁路等机构共同组成项目开发团队。该试验的主要内容是在当地部分出租车上引入人工智能拼车系统，通过数据分析对交通服务方法加以改善。

日本国土交通省为 MaaS 系统的开发项目提供扶持资金。日本共有 51 项科研项目参与其中。目前，日本的《道路运输法》仍然禁止出租车提供拼车服务，但静冈市的本次试验作为特例获得了运输局许可，并组织了当地 9 家出租车公司参与该试验项目。

在本次试验项目中，用户可以通过专用网站申请乘车，MaaS 系统将按照用户的需求派出出租车。出租车在接客、载客的行驶过程中，一旦收到来自其他用户的乘车申请，MaaS 系统将会根据不同客户的上下车位置、行驶距离，判断是否能够拼车，并制定最佳路线。

日本除了推进 MaaS 模式，还引入了基于 AI 技术的响应式出行、绿色出行等新兴共享交通方式。在不断构筑 MaaS 模型的同时，日本将无现金出行、交通信息利用等技术运用作为提升重点。

韩国对互联网共享交通的限制较为宽松，同时也在积极打造 MaaS 平台，以挖掘相关技术领域不断增长的巨大潜力。2019 年 4 月，韩国电信运营商 KT 和互联网巨头 KaKao 联手，创建 MaaS 平台，用以在互联网平台上连接汽车、企业对用户提供的交通服务。

案例12-1　日本的智能交通系统发展

日本是全世界最早开展智能交通研究的国家之一。在几十年的发展中，日本经历系统整合、广泛应用、重点攻关等环节，如今已拥有一套较为成熟的应用体系。

早在 20 世纪 50 年代开始，日本就利用汽车工业基础，探索对汽车控制和通信技术的智能化应用，开始了智能交通的技术发展。

1996 年之前，日本的智能交通技术发展主要集中在车载系统智能化上。从 1996 年开始，日本形成智能交通发展的系统性方向，同时日本政府将智能交通发展设定为 3 个阶段。日本智能交通发展的 3 个阶段见表 12-2。

表12-2　日本智能交通发展的3个阶段

阶段名称	时间段	内容
推动实用化	1996—2003年	日本确定智能交通发展战略路线，促进不同技术和系统间的整合，推进技术实用化应用，主要实现了汽车导航、VICS、ETC、先进安全车辆等技术的研发和整合

续表

阶段名称	时间段	内容
基础设施建设和技术推广	2004—2012年	2007年，日本整合各项智能交通技术与基础设施，推出SmartWay系统，并在全国范围内开展安全驾驶系统试验，同时大力开展路边基础设施建设
解决实际交通课题	2013年至今	日本重点开展车联网、自动驾驶等技术研发，对交通管控和服务进行再升级，着重解决交通与社会、交通与行业、交通安全与拥堵等问题。2016年至今，日本开展车路协同道路测试工作，对道路交通管控和服务能力进行有效提升

在已有基础上，从 2019 年开始，日本着重推进以下智能交通前沿技术研发和应用。

1. 车路协同

从 2018 年开始，日本政府以公私合作的方式，推动车路协同系统，并进行研发和示范试验等工作，其中技术部分如下。

① 推动基于车路协同的物流运输体系示范。日本围绕无人驾驶车辆编队继续展开研究，以及高速公路无人驾驶车辆编队系统的商业化应用研究。

② 推动弱势车辆车路协同服务。车路协同系统上的车辆自动化操作能保障弱势群体（老年人、残障人士）的交通安全，并满足相关的物流运输需求。例如，日本政府和企业在老龄化人群密集居住的丘陵地区进行试验，运用路侧基站等方式，以光学技术识别路面平整度，从而提升丘陵地区道路的安全性。

2. 智能交通技术应用

2019 年开始，智能交通技术应用进一步集中在交通诱导系统、辅助安全驾驶系统、高速公路对逆向行驶技术等方面，通过技术优化，实现路网运行效率最高和安全辅助驾驶。

① 交通诱导系统。该系统力求将交通拥堵和管制等实时信息，采用文字、简易图形、地图等方式进行动态发布和推送，确保驾驶员及时准确接收到道路交通信息。为此，传统的无线电信标 2.4GHz 频段已于 2022 年 3 月在日本停止使用，改为使用已经被集成到 ETC2.0 中的 5.8GHz 频段。

② 辅助安全驾驶系统。该系统能为驾驶员提供更多的驾驶信息，实现安全辅助驾驶。日本驾驶安全辅助系统功能见表 12-3。

表12-3　日本驾驶安全辅助系统功能

系统名称	驾驶信息	适合车辆	作用
右转防撞系统	周围车辆位置、速度	右转车辆	避免与周围车辆相撞
左转防撞系统	后方车辆的位置和速度	左转车辆	避免与后方车辆相撞
行人识别增强系统	过路行人	车辆	避免与行人相撞
信号识别增强系统	车辆所在道路的交通信号灯状态	接近交通信号灯的车辆	避免错判交通信号灯
路口防撞系统	过路车辆的位置和速度	接近路口的车辆	避免在无交通信号灯路口发生碰撞
过路自行车防撞系统	过路自行车的位置和速度	接近路口的车辆	避免在无交通信号灯路口发生碰撞
停车标志识别增强系统	停车标志位置和内容	上路车辆	避免错判或忽视停车标志
防追尾系统	拥堵车流尾部信息	尾随车辆	避免由于交通拥堵而造成追尾

新一代辅助安全驾驶系统已被广泛运用于日本道路交通，为智能交通系统奠定坚实基础。

③ 高速公路对逆向行驶技术。从2018年开始，日本企业开始研发高速公路对逆向行驶技术，分别从道路运营管理措施、驾驶员操作和车辆配备3个角度，从硬件和软件上实施技术升级。其中主要包括路侧监测逆行并收集相关信息、路侧设备警告、车侧设备警告等技术应用方式。

案例12-2　日本研发出空中飞行摩托

2021年10月26日，日本A.L.I.技术公司在静冈县富士国际赛车场公布“XTURISMO限量版”空中飞行摩托，并进行了载人驾驶演示。

A.L.I.技术公司推出的空中飞行摩托被定位为创新型空中移动载具。“XTURISMO限量版”空中飞行摩托的价格为7770万日元（约430万元），限量200台。截至2022年10月，“XTURISMO限量版”空中飞行摩托虽然已经完成生产，但由于相关法规问题依然无法上路。

“XTURISMO限量版”空中飞行摩托提供了前所未有的空中驾驶体验。其尺寸为3.7m×2.4m×1.5m，重量约300千克，由一台内燃机和一台电动机驱动，时速可达100千米，巡航时长30～40分钟。“XTURISMO限量版”空中飞行摩托作为空中移动载具的新秀，有望在广泛的领域中应用。当下开展限量版设计模型展示，是该产品发展的第一步。

A.L.I. 技术公司负责人在发布会上说："该产品可以在灾难发生时作为应急工具派上用场；而在平时可以用于娱乐。为了向社会推广这项技术，我们认为首先要有政府监管，然后提高社会接受度。我们致力于使空中移动业成为对社会有益的行业"。

该空中飞行摩托动力机制沿用无人机飞行机理。2017 年，迪拜就已研发、演示了警用飞行摩托，但至今也未真正推广使用，更没有明确的商业化想法。而日本网民也并不看好日本飞行摩托的发展。究其原因，除了单价高昂，还因为政府对空中移动的法制体系建设不够完善。

案例12-3　韩国的自动驾驶实验室K-City

2017 年，由于智能汽车、自动驾驶技术的崛起，韩国意识到应不断升级智能交通系统，将公路网络等基础设施和自动驾驶技术相匹配，才能实现车辆和周围车辆，驾驶硬件和路侧装置之间的网状连接。

2017 年，为确保类似连接技术的安全性和效率，基于从已有智能交通系统中收集到的信息，韩国开始建立亚洲首个、全世界第二个自动驾驶实验室 K-City，专门用于自动驾驶汽车的安全性测试和证明。

2018 年，自动驾驶实验室 K-City 基本建成，位于韩国京畿道华城汽车安全研究院附近。K-City 模仿了美国交通运输部和福特、通用、本田、日产、密歇根大学联合建造的 M-City。而 K-City 的面积是 M-City 的 3 倍，是目前世界上规模较大的自动驾驶实验室之一。K-City 能完全模拟城市路况，为自动驾驶汽车提供各种试验场地。

建造者可以完全按照韩国道路规划在 K-City 中还原，其中包括巴士专用车道、高速公路、自动停车场，以及加油站、学校等虚拟场景。在道路方面，K-City 既有公交专用车道，也有单向四车道和反向一车道组成的 1 千米汽车专用道路，还有林荫路、转弯轿车路等模拟郊外路况的道路。这些环境元素都能为自动驾驶汽车测试创设尽可能真实的场景。

此外，K-City 采用了公钥基础设施技术、车用无线通信安全系统。在 K-City 进行的活动，能最大限度地保护车辆之间、车辆与基础设施之间的通信正确及加密。

拥有 K-City 后，韩国汽车厂商已能跳过复杂的审批手续，直接开始测试自动驾驶技术。任何人都能通过预约并缴纳测试费用，进入 K-City 进行自动驾驶测试，三星电子、LG 电子、SK 电讯、现代 Mobis 等韩国企业和研究开发团队都先后进入 K-City 进行过试验。

第十三章

国内外交通科技发展对比

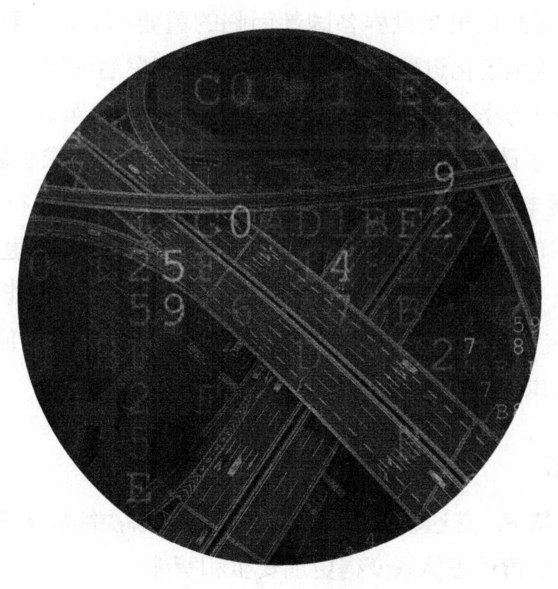

第一节 国内外交通科技发展对比

改革开放后，我国的交通科技发展经历了4 个阶段。20 世纪 80 年代，我国开始引进国外先进交通科技。20 世纪 90 年代，以城市交通科技系统为核心，我国的交通科技发展进入快速发展阶段。2000 年后，我国以创新应用为目的，开放城市交通科技系统。2010 年后，我国进入以智能交通为目标的智能化技术发展阶段。

与国外交通科技的创新过程相比，我国交通科技获得了从国家到地方政府层面的重视，以新基建政策为代表的一系列振兴措施，对交通科技影响深远，不断加速当前交通模式向未来交通的演变进程，也促使我国交通科技呈现电动化、智能化、共享化的发展趋势。这些交通科技发展趋势将着重改变我国以汽车使用为导向的城市交通形态。

1. 电动化

空气污染、能源危机是世界各国都面临的重要挑战。世界主要国家都在争相研发技术，加快电动化进程，以减少空气污染和燃油消耗。

我国也在技术研发领域大力推进交通的电动化改革。交通运输主管部门联合制定并下发了改革意见，指明了技术应用方向，要求在城市公交、物流、环卫等领域开展电动化改革。同时，我国电动技术在汽车行业的应用速度加快，新能源汽车的生产规模、产品性能和销售量都有大幅提高。以纯电动汽车为主，以插电式混合动力汽车、燃料电池汽车为辅的新能源车辆，逐步代替公共领域的传统燃油车。充电桩、特高压等配套基础设施得到积极应用，形成优质的电力供应运营网络。

2. 智能化

在电动化改革下，交通领域的发展目标不仅要解决能源和环保问题，还需要让交通工具、交通管理等体系变得更加安全和智能。

以公共交通领域的智能化技术应用为例。近年来，在我国公共交通信息服务、费用支付等方面，智能化技术得到了较大程度的应用。许多城市建立了综合交通公众出行信息服务平台，将相关行业（例如，公交车、出租车、长途客运车等）的交通数据资源加以整合，提供更为深入的精细化服务。北京等大城市研发应用了实时公交信息服务的自适应发布技术，实现了实时公交信息服务和一体化出行服务。广州建成了定制化的公交移动互联网平台，该平台重构了新一代智能公交的行业监管、客流分析、能耗监测、道路管理、运行监测、监控调度、信息服务等功能，实现一体化智能服务。

在支付方面，除了进一步推广全国交通一卡通互联互通，我国还利用手机移动支付便利的条件，推广了车载便携手机扫码支付系统。

从整体上看，我国在公交领域具有良好的产业技术积累，因此，在智能化过程中走得更快、更稳，涌现出不少提升产品现有功能和体验的新应用，形成持续迭代的智能系统，刺激了我国公交行业产品的更新换代。

在其他方向上，我国的智能交通还需要开发更多领域，拥有更广阔的应用前景，并在较长时间内呈现高增长态势。总体趋势包括以下 4 个方面。

① 交通运行信息的智能化预测、感知、发布和调控。

② 交通工具的智能化协同控制。

③ 智能化的综合交通移动互联服务。

④ 智能化、主动式的交通安全应急保障。

3. 共享化

世界各国的生活方式正在改变，与此相关的交通方式也在改变。私家车正在被共享交通、公共交通等形式取代。

MaaS 等模式不断发展，交通使用者将有可能在交互界面和支持体系内，获得所有交通方式的服务。以共享化为目标的交通科技，让交通服务区域内的所有人都可以充分享受交通资源。

我国共享交通技术应用主要体现在共享汽车和共享单车两个方面，其中，共享汽车包括快车、拼车、专车、出租车和顺风车等移动互联网平台上的服务，共享单车则是在公共地区投放公共自行车，用户可通过相应的手机软件扫码使用。目前，我国共享交通技术应用蓬勃发展，但也存在着定位不明确、战略不明晰、网络规模待发展等问题。

第二节
国内外空中交通科技发展对比

在空中交通科技发展领域，世界许多国家正规划和建立新一代航空运输管理系统。未来，国际空中交通科技发展将更加安全、灵活和密集，航空载运装备和航空运输管理系统也将变得更加精细、智慧和协同。

1. 国外空中交通科技发展情况

近年来，世界各发达国家正加大对空中交通科技的发展规划和研究，包括积极推动空中交通装备的研发和制造、提升机场基础设施运行能力、改善空中交通管理与服务水平等。

在载运装备方面，欧美国家的航空工业技术最为先进，尤其在空气动力学、材料学、航空电子和发动机技术等方面，有着稳固的技术基础。PBN 技术概念为载运装备提供更为高效的管理模式和技术发展目标。

在基础设施设计建造方面，世界范围内的机场系统建设、管理等技术已取得一系列应用成果。

在航空服务与管理方面，世界许多国家建立了基于大数据和人工智能的空管仿真平台。多个欧美国家已搭建了相应的空管平台，并运用了多项新型运行技术。

2. 我国空中交通科技发展情况

我国空中交通科技发展情况整体保持稳中有进，已形成全球领先的航空公司体系、发达的通用航空体系，具有辐射面广的国际航空枢纽、完备的安全保障体系、一流的航空服务体系。空中交通科技有力地支撑了航空体系的进步。

目前，随着新一代信息技术、新材料和新能源的发展，我国空中交通领域将朝向数字化、智能化、精准化方向发展，对相关技术也提出了要求，其中应重视的问题如下。

① 在载运装备方面，我国大型民用飞机产业还处于建设阶段，对未来大型飞机的研究较为分散。同时，我国还需要进一步创新基础材料、生产制造工艺、新结

构加工、数字化制造等技术。

② 在基础设施方面，我国机场建设取得了长足进步，但目前在机场建设、运行、管养、维护等方面的核心技术还依赖进口，基础设施的保障水平不足，降低机场对能源、环境负面影响的技术发展缓慢。此外，机场工程设计技术发展滞后，缺乏符合国情且先进的设计理念和计算方法，尤其机场数字化、智慧化等方面还处于发展初期阶段。

③ 在航空服务与管理方面，我国部分技术，例如飞行校验技术与国外水平相当，空管运行服务技术、飞行流量协同管理技术发展欠缺。

第三节 国内外地面交通科技发展对比

在发达国家和地区，地面交通科技日益发展，地面载运装备的智能化水平不断提高，地面交通基础设施规模不断扩大，相关的运营服务水平不断提升。我国从 20 世纪 90 年代开始投入研究相关交通科技，并于 21 世纪得到了迅速发展。

1. 轨道交通

从国际角度来看，载运装备方面的智能列车设计与制造技术，得到长足发展，载运装备朝无人化、清洁化等方向发展。我国铁路在对应技术体系上也已达到世界先进水平。未来，我国将围绕轨道载运装备的关键零部件和材料等核心问题，推动技术进一步发展。

在基础设施方面，我国已基本建成“四横四纵”的高速铁路网，“八横八纵”高速铁路网正在布局。其中，技术体系、基础设施建设和运营规模等处于世界领先水平。而如何在其中正确利用智能化、一体化技术，如何确保研发进程和轨道交通基础设施相匹配，值得我们去探索。

在运营和管理方面，我国在运输组织、运营管理和客货运服务等方面具备了体系化能力。城市轨道交通运营也进入新的技术转折点，尤其以北京燕房线为代表的城轨自运行系统，已达到世界级技术水平。

2. 道路交通

在道路交通运输领域，国内外都呈现快速发展的态势，表现为以下不同的技术研发和应用重点。

① 载运装备。从国际层面看，智能辅助驾驶技术是发展重点，新能源汽车也有长足进步，但相应的道路交通体系还有待开发。从国内层面看，在运转装备的动力系统、电子电控系统、整车生产制造系统上，我国的整体行业技术与美国、日本等汽车强国存在差距。在新能源车辆技术上，我国实现了突破式发展，并在多个领域成为国际“领跑者”。

② 基础设施。从国际层面看，道路交通基础设施的设计、建造和维护技术有所发展，但其建造运维中的智能化水平不足，尤其在大数据、立体监测、物联网等技术的应用不足。从国内层面看，道路基础建造和养护的技术性不足，其环保性也更多让位于实际成本。尤其是绿色道路交通的理念不够普及，设计、管理、运营的体系也不够健全。

③ 运营管理。在国际层面，道路智能化监管、安全交通管控、道路交通现代化治理、信息化法律监管等技术得到了大规模应用，并取得了良好成果。但道路应急管理的智能化、体系化、标准化水平仍需提高。

从国内看，我国在道路交通运营管理领域内，已充分利用线上线下、内外网覆盖等技术，实现了交通监控设备联网。但在道路交通安全理论、道路交通控制算法、道路场景感知芯片等核心技术的应用上，我国与国际先进水平相比还存在一定差距。此外，我国也欠缺针对车流引导的智能技术，在应急救援一体化管理领域上，智能技术的整合应用也尚未完善，对道路交通运输领域资源加以整合与集约利用的程度不足，具体表现为标准化不够、利用率不高等。

第四节 国内外水上交通科技发展对比

与其他交通运输方式相比，水上运输是目前和未来交通运输的主力，其运输能力强、运输效益高，但也存在着安全、环保等问题。通过交通科技发展提升我国水上运输质量，已势在必行。

1. 国外水上交通科技发展

目前，国外水上交通科技的发展方向，主要包括载运装备、基础设施设计建造、服务与管理等。

（1）载运装备

欧美国家、日本、韩国对水上交通的载运装备设计和应用，有其传统基础上的重视程度和技术底蕴。国外水上交通载运装备技术应用见表 13-1。

表13-1　国外水上交通载运装备技术应用

具体应用领域	国家或地区	应用内容
新能源	欧美国家、日本	环保、绿色船舶
智能化	欧美国家、日本、韩国	收集发动机、泵和温度传感器等事实数据，为传播提供设备优化维修参考
配套系统集成	欧美国家	动力系统、甲板机械、通信导航、航海控制、电气及自动化系统的集成技术

上述技术的研发和应用，均是近年来国外科研技术在水上载运装备领域的重要应用。其中，船舶的智能化、环保化，既能提升水上交通运输的安全性，也能提升水上交通运输效率。这些技术的发展，将大幅减少水上交通的安全隐患，降低运营成本。

（2）基础设施设计建造

欧美国家、日本、韩国等发达国家或地区的基础设施设计建造趋于信息化、智能化、自动化。尤其是为提升港口安全性，欧美国家、日本、韩国等对关键应急技术等方面进行了初步研究，具体着重点如下。

① 大型化、深水化。船舶大型化能有效降低水上交通运输的成本，但也提出了对港口水深、水域和硬件设施的布局要求。

② 多样化。港口功能在水上交通运输领域的作用越来越关键。重要港口应朝向多功能一体化的交通枢纽和物流供应链方向发展。

③ 生态化。世界环境意识越来越强，水上交通对生态环境的影响也将受到法律、文化、舆论的约束，生态化将成为水上交通运输的发展趋势。

（3）服务与管理

水上交通运输的服务与管理主要体现为信息化和智能化两大趋势。在信息化方向上，世界各国加强信息技术在港口和航道工程上的应用，致力于合理规则港口、航道。在智能化方向上，水上交通运输正在大数据、人工智能等技术融合的影响下，成为现代交通运输业态。

2. 国内水上交通科技发展

目前，我国等级航道里程位居世界内河第一，其中港口万吨级泊位数量、货物吞吐量也均居于世界首位。但在交通科技创新层面，我国依然需要加速追赶，实现超越。

① 载运装备技术。目前，我国大型船舶的研制已取得重大突破。部分主流船舶的环保、动力等指标，与日本、韩国的先进水平存在差距。尤其是高端、智能化船舶的配套设备和系统，更多是通过引入国外专利技术进行生产。

② 基础设施。目前我国已拥有全球规模最大、自动化程度最高的码头，其中，集装箱拆卸、水平运输、堆场装卸环节的智能化水平较高。

③ 服务管理。在航道信息化上，我国的内河航道信息化水平不断提升，船舶识别系统、水文监测系统等技术体系构建出内河航道信息化工程，能更准确地采集航道航行的重要数据。同时，该信息化工程结合物流数据、物流云、物流设备等技术，推动了水上交通运输的智慧化发展。目前，利用人工智能，对船舶智能配载的管理服务已在有效试验中。

第五节 国内外网上交通科技发展对比

2015 年以来，全新的网上交通商业模式在我国不断涌现，推动着互联网科技在交通领域的蓬勃发展，带来了交通运输效率的快速提升。互联网与交通出行、货物运输的融合，让整个交通运输生态圈得以重建，引领智慧交通的发展。

在我国，网上交通既得到社会和市场的认可，也得到政府的高度认可。通过互联网，信息技术与交通运输技术相互契合，引领了我国智能交通的发展，并产生了优秀应用案例。例如，移动互联网和智能终端的发展，使交通信息服务能具体服务每个用户的个性化需求。电子支付和网上交通的技术融合，又使出行服务和消费体验完美结合。在该技术平台上，交通出行网络和信息网络相互融合。

目前，我国网上交通科技的应用处于国际领先水平。梳理这一领域的科技进步带来的变革，主要集中表现在以下两个方面。

1. 共享出行模式的建立

当今，人们出门前经常会拿起手机了解交通情况，并选择最符合自身需求和场景特征的共享出行方式。例如，智能导航系统能够结合实时路况，选择最佳行驶路线，这是对交通数据的共享；用打车软件呼叫共享汽车，这是对交通工具的共享。人们也可以通过手机专用软件查询、订票，购买铁路、航空等出行服务资源，这是对交通服务资源的共享。

在共享出行模式中，供需双方所处的交流、交易环境更加透明。移动互联网技术能实现用户和交通工具的实时定位，为双方带来实时信息。互联网平台也会对交通工具、交通服务提供者的相关信息进行严格审核和监控，包括车况、驾驶员背景、车辆状态等，并共享这些信息，使交通服务的消费者获得充分的参考信息，对双方的行为进行有效约束。

变革过程中，尽管曾出现一些争议，但互联网和交通出行的结合让全社会的交通效率得到提高，同时也促进了互联网共享经济的发展。这种共享出行模式有效减少了污染物排放，对环境更加友好。

2. 推动交通智能化管理水平

我国网上交通科技的发展水平，还体现在广泛应用交通智能终端软件上。手机 App 能对用户的出行时间、车辆状况、地点、路线等信息进行高效采集和分析，并将实时收集的信息提交给交通运输主管部门。通过对这些数据的分析，交通运输主管部门能更好地管控交通，改善交通状况。同时，这些移动互联网服务平台也可以实时提供交通路况信息，有效预测路况，计算用车需求，帮助交通运输主管部门对交通进行全方位、多层次的监管，提高交通监管的智能化、信息化水平。

我国的网上交通实现了交通服务模式的创新，打通了业务流程。未来，网上交通还将从安全性和精细化角度进行综合提升，完善基础设施和网络安全的智能化、稳定性水平。互联网技术的不断渗透和扩展，将更大程度地激活我国交通现代化的强大动力，为我国的智能交通建设开辟更大的空间，为国内外交通产业升级提供更好的环境。

1. 共享出行模式的建立

第十四章

我国交通科技如何与国际对接

第一节 我国交通科技与国际对接的主要思路

我国交通科技与国际对接的主要思路包括以下 4 个方面。

1. 顶层机构层面统筹布局

我国应在现有顶层统筹机制的基础上，聚集中央政府、地方政府、标准机构、高等院校、企业、非营利组织的力量，实现政府、企业和社会组织共同建设的交通科技发展平台。通过打造政府、企业、社会组织的合作模式，共建、共治、共享交通科技发展，实现积极创新，培育更开放的交通科技研发生态圈，推进交通产业发展。

2. 坚持以人为本理念，打造交通科技体验

一切交通科技最本质的服务对象，是切实的“人”，是全社会的每个成员。无论是构建发展新的交通科技体系，还是对外学习、交流、比较，都应追本溯源，准确把握交通科技的本质。

交通科技的发展应具备人文精神和科学理念，既要按科学规律探索，也要有以人为本的价值取向。面对新技术的开发、试验，交通领域相关管理者和从业者要始终聚焦“要不要用、为谁用、怎么用”的关键问题。

3. 科技创新与产业发展结合

我国应更重视科技创新对产业发展的赋能作用，不断加速交通科技的研究应用；继续挖掘产业基础技术的有效应用，用好现有的技术工具和数据，探索新的技术和方法。在此基础上，我国应充分研发可靠高效的交通科技，将有效性、实用性作为研发原则。在交通科技研发过程中，我国应充分考虑实际成本和适用条件，对技术规范的制定进行科学判断，不能一味崇拜先进技术，而浪费经济成本。

4. 促进融合

面向国际化的交通科技发展理念，我国应促进融合发展，包括跨领域信息

融合和交通服务融合两个方面。

跨领域信息融合需交通科技研发部门转变观念，将原本以支撑管理为主的技术体系，转向监管与服务并重的技术体系。在此过程中，基本交通规律应和先进技术理念相融合，传统交通技术应和前沿技术相融合，交通工程技术理念应和大数据、算法融合，实现多类型资源的融合与协同使用。

在跨领域信息融合的基础上，随着各行业大数据、云计算和人工智能等技术的发展，智能化系统和信息化系统的进一步优化，衍生出更多交通科技与其他行业的融合。

第二节 加强科技交流与创新

交通运输在我国经济发展、社会生活中始终扮演极为重要的角色。党的十九大把建设交通强国提升为国家战略。

通过科技交流和创新，我国应抓住建设综合立体交通网的关键时间段，使科技创新为交通发展提供关键动力。科研机构和企业将网联设施、智慧管理、绿色交通、共享交通作为突破口，积极自主创新。由政府牵头，发挥跨领域、跨部门、跨行业的综合优势，加大交通领域内不同主体的联合力度，充分共享和利用创新资源，将交通技术事业推向高质量、高水平、高标准。

科技交流和创新，可促进我国交通载运工具的发展，同时也可以改变我国交通的运营、管理和服务模式等业态，其主要目标包括以下要点。

1. 改变交通载运工具

交通载运工具改变的重点是快捷性和经济性。快捷性的衡量标准是在安全前提下的速度，经济性的衡量标准主要是指载运工具开发和使用的成本。

我国交通科技的创新交流，主要针对轨道载运工具快捷性的提升。提升轨道运输速度，能进一步优化综合立体交通网的运营速度。目前，我国通过高铁、民航、高速公路的智能化，已构建出快速运输网络的干线。在出行两端和支线上，我国应进一步提升科技的创新和交流效率，以更先进的交通载运工具性能，提升交通系统运营速度，降低交通出行的总体成本。

科技交流和创新还应服务于交通载运工具能源结构的变化趋势。我国新能源汽车发展较为迅速，其市场占有率不断提升。电动船、电动飞机也正在研发过程中。关于燃料电池、替代燃料、整车共性节能技术的研发创新也将不断深入。

2. 改变交通系统业态

科技交流和创新不仅应致力于交通载运工具，还应致力于改变交通运营、管理和服务模式，确保未来的交通系统更加安全、高效，推动交通资源的最大化利用。

（1）充分利用既有资源

未来，我国交通科技的创新应将交通大数据作为基础，深度分析物流和人流的出行需求，发现其中的规律，并为交通运营、管理、决策、服务等岗位提供技术支持。

（2）推动交通方式运营协同

我国应利用基础设施、载运装备、装卸设备等技术的创新发展，让车联网、船联网、基础设施网、各类通信网更加完善，实现数据和信息的高度共享。

（3）推动共享出行发展

我国发展自动驾驶技术、服务供需匹配、生产组织平台，建设微型智慧枢纽，提供高时效性、高频次性、多样性的出行方式，满足出行需求，为共享交通提供多样化服务。

第三节 加强规划实施统筹

为了更好地与国外交通科技发展接轨，我国必须加强规划、实施统筹，打造融合高效的智慧交通基础设施，推动交通信息基础设施建设，完善交通科技创新平台。

交通科技规划和统筹主要包括以下内容。

1. 智慧交通基础设施

我国政府应进行科学布局，设定轨道交通枢纽，高效利用资源，强化综合交通枢纽的规划建设，推进轨道交通运输管理模式的协同，打造运输、安全和设备维护等多方面技术力量的统一管理。

2. 部署信息基础设施

我国应在经济发达地区提前进行通信网络基础设施建设，以5G、千兆光网、智慧专网、卫星网、物联网等为突破口，统筹打造通信网络基础设施体系。同时，我国还应前瞻性地部署算力基础设施，获得人工智能、自动驾驶等方面的计算应用高地。

3. 升级融合基础设施

从国家层面看，我国应围绕电子信息、汽车、智能装备等重点领域，打造国家级工业互联网平台，建立智能制造基础设施，培育积极、活跃、创新的企业。

从行业发展看，我国应加快对智能交通基础设施的布局，构建智能化、网络化的现代交通体系，对城市内的关键道路进行智能化改造，其中包括5G-V2X示范应用网络建设，目标为建成领先的综合性智能交通创新示范基地。

从技术要素看，我国应对信息基础设施的建设进行精准谋划，对产业基础设施进行集中性部署，对关键要素资源加以高效配置，对资本要素进行多元化供应。其中，我国需积极强化5G、人工智能、数据中心、工业互联网、车联网等技术，还应集中攻关核心电子元器件、高端芯片、基础软件、半导体材料和设备等核心技术。

4. 创新和完善制度体系

为了加强交通科技基础和应用研究，我国应积极推进制度体系、政策法规的创新和完善，其中包括建立健全交通科技标准体系，建设先进交通城市，推动不同区域之间建立交通大数据共享机制。

从国家层面看，我国应建立强大的交通科技国家重点研发平台和载体，发展国际领先的交通企业，并以良好的激励政策建设具有国际影响力的交通科技人才队伍。

第四节 加强资金统筹与创新研发投入

为了推动交通科技的发展，我国不断加强资金统筹，并投入创新研发项目。从2021年开始，在交通投资领域，我国针对交通科技创新研发的投资增速不断提升。

但是，个别地区、行业对交通科技发展不够重视，在资金投入上也不够积极，甚至没有将交通科技建设和应用的费用，归纳到相关交通运输主管部门的年度预算中，这导致交通科技投资方面缺乏规范性，无法全面满足智慧交通的发展需求。

究其深层原因，不少地区的交通运输主管部门资金较为紧张，缺乏上级部门的专项资金支持，导致交通科技项目建设和应用的资金来源不够稳定，融资渠道也较为狭窄。交通科技项目资金来源和使用缺乏整体的规范性，导致部分地区对交通科技建设的积极性不高，最终影响了智慧交通的发展。

针对上述问题，我国政府应进一步改善对交通科技发展的投资体系，确保发展基础，主要从以下方面着手进行。

1. 资金投入

交通科技发展需要大量资金支持，应由国家与社会共同投资，激发企业和科研机构的积极性。

① 各级政府、交通运输主管部门应构建完善的交通科技发展补助制度，对交通科技发展主体给予一定的补助，对重大交通科技工程及与社会群众利益直接相关的重点科技项目，给予资金支持。

② 科研机构管理部门应提高资金利用率，制定月度、季度和年度预算，充分发挥资金效应，避免出现资金浪费的情况。

③ 对金融体制进行改革，构建多层次、多元化的科研融资体系。我国政府应积极制定政策，引导金融市场向交通科技研发方面倾斜，确保资金供给的稳定性和多元化。

④ 交通运输主管部门需从全局角度展开思考，提高对交通科技研发的重视程度，认识到交通科技研发对交通产业发展的重要性，展开有针对性的投资。

2. 资源统筹

交通科技发展的资源统筹共享很重要，确保信息资源能在市场中有效流通。

① 交通运输主管部门应从全局角度出发，强化不同部门、机构、企业之间的密切合作。

② 以地市为单位，构建统一的交通科技研发数据库。该数据库可为交通运输主管部门、研发机构、企业提供相应的技术和数据支持。

③ 以省级为单位，构建交通科技信息化规范体系，确保各地区对交通科技研发展开统一管理，共同编制科技研发管理的规章制度。

④ 加强信息共享安全建设，对整个科技研发的信息共享系统进行安全防护，设置先进的安全防护体系，确保信息共享的安全性。

第五节
构建国际协同创新生态

近年来，我国积极构建国际协同创新生态，推动全球交通科技体系升级，大力推动交通基础设施的互联互通，推进国际交通运输便利化，有效促进跨区域交通资源要素的有序流动、优化配置。

未来，在对外交流方面，我国应进一步加强国内技术与国外技术的合作交流，包括推动高铁、公路、港口等领域技术标准的国际合作，开展交通国际产能合作，探索国外基础设施投资、建设、经营一体化建设。

在积极构建国际协同创新生态的过程中，我国已诞生出走在前列的优秀企业。滴滴出行就是典型例子。目前，滴滴出行已经投资了全球七大移动出行服务平台，其合作网络触达北美、东南亚、南亚、南美等地区的上千个城市。除了资金，滴滴出行还为这些国外企业带去了先进的发展理念和技术，以及潜在的大量就业机会。

例如，在和 Grab 公司合作的过程中，滴滴出行与之形成紧密合作的伙伴关系，分享大数据算法，在技术、产品、运营等方面充分合作，携手开发本地优势资源。同时，滴滴出行也进行了技术输出，将顺风车产品背后的技术运用到东南亚地区。Grab 公司和滴滴出行从这样的技术合作过程中获得了各自的收益。

在国际合作中，滴滴出行不仅和国外企业携手，也和各个城市的地方政府合作。滴滴出行拥有城市交通领域的大数据技术能力、产品开发能力和运营管理经验，可为城市交通发展提供独具特色的解决方案。滴滴出行也和近 30 个城市开展智慧交通合作，以大数据技术的整体优势助力各城市构建当地的交通管理体系。

整体来看，在传统的投资、并购之外，我国的企业、科研机构通过技术、经验和资源的分享，搭建出了全世界交通科技研发协作网络。

在面向国际构建科技研发新生态的过程中，我国应实现以下 4 个方面的目标，从而进一步促进交通科技的发展，加强国际合作。

1. 多层次融入国际交通科技体系

我国应加强区域间、国家间交通科技研发项目之间的“硬性”联通，同时也要注重交通政策、规则、标准等科技研发支撑背景的“软性”联通；应充分发挥我国的资源优势，利用其他国家的资源基础，更好地融入全世界交通科技的供应链、产业链、价值链，实现多层次立体联动发展。

2. 积极优化交通能源结构

我国应更好地落实节能减排方面的国际合作，对现有交通能源结构进行积极优化，推动传统交通能源技术的转型。

3. 促进技术交流，赋能创新发展

我国应积极开展国际交流，推动人工智能、5G、区块链、大数据、新能源、新材料等技术在交通科技研发领域的应用，支持交通产品、服务、行业的创新发展。

4. 加强政策对接

我国应充分研究了解其他国家的交通法规政策，探寻其对交通科技研究提供的空间、推动的方向，更精准地建立交通科技可持续发展的合作环境。

案例14-1 中国的“碳中和”努力与国际形势

二氧化碳具有良好的保温能力。大气中二氧化碳含量越多，“保温毯”就越厚，导致全球气温上升，造成冰川融化、海面上升等问题，破坏生态环境，向人类现有的社会生活提出严峻挑战。到目前为止，人类的日常生产生活无法摆脱二氧化碳的排放。

自工业革命以来，人类已排放了5150亿吨二氧化碳，如果不采取行动，对现有二氧化碳排放量进行控制，人类将在2045年“超支”二氧化碳排放量，使全球气温上升幅度超过2℃，导致生态环境崩溃。

2015年12月12日，巴黎气候变化大会通过《巴黎协定》，各国一致决定，必须尽快利用“碳中和”手段，控制二氧化碳的排放量。

“碳中和”是指在规定时期内，使二氧化碳的人为排放和移除数量达到平衡。其中，人为排放是指人类活动造成的二氧化碳排放情形，主要来自化学燃料燃烧过程、工业生产制造过程、农业和土地利用活动过程等。人为移除是指人类主动从大气中将二氧化碳移除，包括植树造林增加碳吸收、碳捕集等。

从数据角度看，我国的“碳中和”努力成效明显。2000 年以后，我国二氧化碳排放量增长迅速。从 2013 年以后，我国二氧化碳排放增长势头得到遏制，甚至出现负增长，这为下一步“碳中和”工作提供了良好基础。

目前，我国依然将化学石油能源作为能源构建的主体，能源需求不断增长，导致我国二氧化碳排放量居高不下。除了发电和工业端，交通领域的碳排放也占据较大份额，由于城镇化的不断推进，交通运输行业的碳排放还将不断显著递增。

具体到交通运输行业中，我国将推动新能源汽车发展、智能交通基础设施完善，利用电动汽车取代传统燃油汽车，同时，制氢成本不断下降、氢能利用技术成熟，也将推动氢燃料、生物燃料等新能源应用于航空、航海等交通领域，实现这些交通运输行业碳排放的降低。

为此，我国不仅要重点关注和推进国内技术的发展，争取走在世界前列，同样要增强能源国际合作。

案例14-2　新能源的国际合作

近年来，“一带一路”建设深入推进，我国新能源产业不断走出国门，由点到面，呈现全球化的拓展特质。我国主导和参与的新能源国际合作，地域覆盖面广、合作模式丰富、合作内涵不断提升。

在目前的国际形势下，我国推动新能源国际合作高质量发展，具有明显的综合优势。

首先，我国新能源产业链处于全球领导地位，尤其是我国光伏产业链，已拥有了全球 60%～70% 的光伏产业链资源，是全球新能源发展必不可少的力量。其次，我国新能源产业有着广阔的国际投资空间，潜力巨大。

我国新能源国际合作主要表现为 4 种形式，新能源国际合作的 4 种形式见表 14-1。

表14-1　新能源国际合作的4种形式

合作主体	合作内容	合作地点
中国企业	在国外推动新能源工程总承包及融资，承接相关国家新能源项目工程设计和建设	相关国家
中国企业	在国外投资或并购新能源电站项目	欧洲、拉丁美洲和大洋洲等地区

合作主体	合作内容	合作地点
新能源企业	在国外建设工厂，主要包括光伏组件、电池工厂等	东南亚地区，包括越南、马来西亚、泰国、印度等国家
电力企业	在国外开拓新能源设计合作形式，加强国外风电项目资源整合力度，深化新能源工程承包或投资业务	全球各地整合

利用不同的合作形式，我国将迎来开放共赢的新能源国际合作局面，也将在相关合作过程中承担更多的责任，拓展更多的合作空间。

第十五章

我国交通科技的国际责任与历史责任

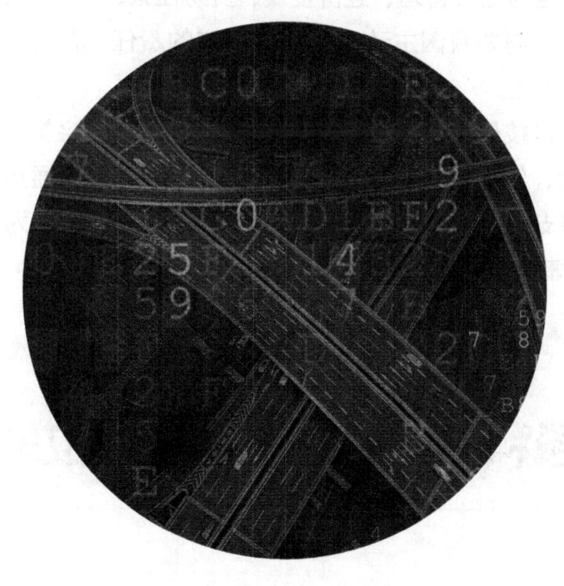

第一节
构建人类命运共同体的交通科技责任

当代科技的创新，不断在传统交通领域开辟新的科研应用阵地，加快资本、人才、商品和信息在全球范围内的频繁流动。交通科技的高速发展，使世界各国在交通科技相互联系和依存的程度不断加深，客观上形成竞争、合作、相互促进的关系。

近年来，我国在交通科技研发和应用领域取得了长足进步，众多高科技领域的研究和应用水平处于世界领先地位。未来，交通科技将是继智能社会、智能制造等，推动人类命运共同体汇聚团结的又一高端领域。加强交通科技研究，符合这一总体趋势，同样也体现出我国作为负责任的大国为世界发展所做出的贡献。

在此过程中，无论是决策者，还是管理者、组织者、执行者，都应充分认识到，人类命运共同体的发展是复杂的、多层次的。未来的交通问题也并非只依靠技术就能解决，也与社会管理、经济发展、贸易往来、跨境电子商务、供应链管理等密切相关。这需要我国主动承担科技交流的责任，在国际交通科技信息的沟通中扮演重要角色。

我国的交通科技研发应充分发挥提升全世界、全社会福祉的作用，服务党和政府科学决策，促进我国交通运输行业发展，为世界交通运输行业的发展提供更多、更好的支撑服务。我国的交通科技研究能力不仅应为本国交通运输行业的改变做出贡献，更应成为世界级别的交通运输行业智库。

第二节
我国交通科技发展贡献与地位

我国交通科技的发展主要体现为对交通运输行业支撑服务体系的构建与提升，即在交通领域充分运用移动互联网、人工智能、物联网、空间感知、云计算等技术。交通科技的研究和应用，主要是对交通运输、公众出行、交通管理、交通建设等方面进行管控支撑，提高交通系统在城市、区域乃至更大范围内的各类能力，以充分保障交通安全，提升交通运行效率，最终为经济发展和社会生活服务。

1. 形成交通科技产业链

我国交通科技的研究和应用已构成良好运行的产业链。目前，我国交通科技产业链已相当成熟，没有明显的短板，但也应正视存在的不足。

2. 交通科技产业发展历程

相较于世界主要发达国家的交通科技研究和应用，我国在交通科技领域起步较晚，其发展历程大概可以分为以下 3 个阶段。

① 智能交通建设期。从 20 世纪 90 年代中期到 2007 年，我国开展了智能交通系统发展战略，建设相关的技术体系框架、标准体系等，集中进行智能交通的关键科技研究、攻关、试点。

② 智慧交通探索期。2008—2011 年，智慧城市概念在我国兴起，各方开始对智慧交通及其相关技术加以关注。相关交通科技的研究和应用引起社会各界的广泛关注。

③ 智慧交通技术建设应用期。从 2012 年至今，我国大力开展智慧交通科技研究和建设。

3. 交通科技成果贡献与地位

从 2012 年至今，我国在交通科技领域做出重要贡献，在世界上处于重要地位。

① 专利申请。近年来，我国交通领域科技专利申请量迅速增长。2021 年，与“智慧交通”相关的专利申请量达到 387 个。

② 研发实力。我国积极建设交通科技创新体系，建立了一批交通科研基地和信息共享平台，形成高水平的交通科技队伍。以行业重点实验室为例，2019 年达到 35 个左右，2020 年达到 45 个左右。

③ 技术应用规模。从交通运输行业项目规模来看，其呈现逐年增长的态势。以城市智能交通千万级项目为例，2015—2019 年，我国相关项目规模不断增长。到 2020 年上半年，总规模达到 103 亿元，同比增长 15% 以上，涵盖了交通管控、智慧停车和智慧运输等板块。

4. 未来地位

目前，我国交通科技发展前景良好，即将迎来高速发展时期。到 21 世纪中叶，我国将成为交通强国，交通科技的信息化、网络化、智能化水平位居世界前列。同时，交通科技也是我国政府重点引导的建设领域，计算机、互联网、人工智能、大数据等技术的快速发展，将为我国交通建设提供强大的技术支撑。

第三节 我国交通科技能力对外输出

目前，在新能源汽车等重点产业上，我国已具备全球化合作的输出优势，但也需要解决诸多实际问题。为了推动交通科技能力的国际化输出，应从以下 5 个方面着手。

1. 制定发展和输出规划

我国交通科技对外输出，重点是抢先布局关键技术，确立技术优势。因此，我国应考虑将具有优势的交通科技全球化输出，上升为国家对外科技输出的战略内容，尽快制定我国交通技术产业的全球化发展规划，制定关键技术全球化的引导机制。在制定发展规划的过程中，我国应着眼总体趋势，分步骤、分阶段地确定重点。在此基础上，分步骤形成交通科技能力的对外发展，实现真正意义上的全球化合作。

2. 扶持企业对外发展

我国应加快引导、扶持在交通运输领域拥有自主创新能力的企业“走出去”，用高创新能力带动相关产业的国际产业链发展。例如，通过高新技术企业认定、发明专利资金支持奖励、帮助建立研发中心等手段，对企业加以扶持，还可以对具备科技研发能力、自主创新力的优秀企业，给予财政资金支持、税收减免等政策优惠，使这些企业不断扩大发展规模，抵抗全球化发展带来的风险。

3. 形成自主的全球化供应链体系

我国交通科技产业的高质量发展和输出，离不开自主可控的供应链。我国可以考虑围绕相关产业链，部署创新链，通过创新链的成长来推动产业链的成长，加大对交通新技术企业在研发上的支持力度。在资金方面，我国可围绕实体经济，建立配套的金融支撑体系，从而为交通科技产业走出国门，发展国外市场，提供必要的资金支持和系统指导，进而在关键的生产制造领域上构建大型国际集团。

4. 拓展对外经贸合作

企业是需要盈利的，而对外经贸合作的双赢局面，将能进一步推动国内外企业的交通科技合作水平提升。以汽车生产制造为例，10 年前，我国汽车企业的对外经贸合作主要倾向于整车、零部件的出口模式。近年来，汽车企业的对外经贸合作已经发展为海外投资建厂、设立研发中心等技术层面的新模式。未来，我国应依托“一带一路”倡议，进一步推动交通科技企业对外的经贸合作，让国内外企业都能通过产业合作的经贸关系，获得更多利润，从而提升我国交通科技的国际话语权。

5. 确立应对交通科技全球化的保护机制

我国在将交通科技向国外输出的过程中，应注重保护相关产业和企业的长期健康发展，知识产权在其中扮演了重要作用。知识产权是企业通过科技研发和推广，在国际竞争中获取优势的资源和手段，也是知识经济的重要标志。我国交通科技向外发展，要依托相关法律政策的制定和宣传，提升相关企业知识产权的保护意识，增强企业的自我保护能力。我国可以借鉴国外知识产权保护体系，对标设立专门服务于国际技术合作的知识产权管理机构，培养相关人才，帮助交通科技在走向全球化的过程中积极地进行自我保护。

第四节
我国交通科技的创新与挑战

进入 21 世纪以来，我国交通科技创新不断，其中在部分领域已达到世界先进水平。具体而言，以高速公路、高速铁路、海洋和航空领域为主的综合交通运输体系已初步建成。新能源汽车、远洋船舶、高速列车、大型飞机等交通运输工具不断发展。智能交通科技支撑的综合运输和管理系统，正走向智慧交通的道路上。

我国交通科技的发展方向，始终对标国际交通科技发展前沿，并在交通装备、交通信息化与智能化、交通安全和交通基础设施等方面，取得了技术创新的突破成果，极大地提升了我国交通运输行业核心竞争力和可持续发展能力。

1. 创新与引领成果

过去10年，我国交通科技充分发挥作用，形成对交通运输行业的支撑和引领力量。

① 打造出一批重点交通装备的关键技术，在高速列车、重载列车、城轨列车、电动汽车等方面跃居世界前列。

② 突破一系列交通运输的信息化、智能化关键技术，为重大活动提供了有力的交通技术保障，推动了我国交通系统发展转型。

③ 在交通运输安全保障领域攻克关键技术，极大地促进了交通运输的安全发展。

④ 形成以桥梁、隧道为代表的重大交通基础设施建设技术，引领世界同类技术发展。

⑤ 建设一批交通科技创新平台，包括国家重点实验室、工程技术研究中心、国家工程实验室等，组建了国家产业技术创新联盟，形成协同创新机制，夯实交通科技可持续发展基础。

2. 面对挑战

科技发展和交通运输行业的融合，成为交通科技发展的新趋势，也对我国交通科技提出新的挑战。

① 交通能源动力系统。交通能源是交通科技亟待发力的主要阵地。下一步科技发展，应加速调整能源结构，转变交通能源的利用模式，使交通能源动力系统更好地适应绿色、清洁、高效的发展趋势。其中，汽车动力应朝电气化方向发展，轨道交通应采用对环境更为友好的绿色技术，海洋运输和航空交通也应积极朝着“零排放”的方向发展。

② 交通装备设计体系。交通装备制造行业属于技术密集型行业。目前，该行业技术发展呈现轻量化、自动化、数字化、一体化等特征。未来，我国应进一步研究高性能的复合材料，利用数字技术和人工智能技术，推动信息与工业的融合。此外，该行业还应借助大数据和云服务技术，推动交通装备的设计、制造变得更为精准和高效。

③ 智能化、网联化、协同化是交通运输系统一大发展态势。交通运输系统

主要运用的技术包括云计算、物联网技术、智能传感、大数据等。因此，我国交通科技面对的挑战主要集中在智能型设施、车路协同、船岸协同等领域。

④ 共享化、综合化、个性化的交通消费体验。目前，用户需求更加精细，呈现共享化、综合化、个性化的趋势，这些交通消费体验成为影响交通运输行业消费和服务的重要因素，也是交通科技的重要研究和应用方向。

案例15-1　我国的低碳发展战略引领交通科技

为了适应全球气候的变化，建设更好的生态文明，我国的交通科技发展有必要在低碳发展战略的引领下进行。推动交通科技高质量发展，迫切需要研究低碳排放战略和途径。

1. 交通科技的低碳基础

自2012年开始，我国交通基础设施规模和运输能力显著提升，网络集约化水平迅速提高。尽管全国货物运输量、周转量迅速增长，但铁路、水上运输的占比迅速下降。尤其是在高铁畅通后，铁路客运量、客运周转量逐步增加，我国综合交通结构的绿色化水平有所提升。

在交通运输装备领域，专业化、标准化、大型化的装备水平不断提升，新能源、清洁能源应用比例逐步提高。

在科研创新领域，低碳交通技术试点成果丰硕。2016—2019年，低碳交通试点工程共节约63万吨标准煤，减少二氧化碳排放量621万吨。

2. 交通科技的低碳目标和手段

尽管交通科技的低碳化转型已有一定成效，但也存在一定问题。例如，绿色交通的理念尚未被广泛认可，绿色出行的便利性尚未充分形成，技术创新也需要不断加强。

在未来10年，我国交通科技实现低碳目标的途径主要有以下4条。

① 在道路交通领域，为了降低碳排放，应进一步推广新能源汽车，扩大交通领域电力技术的应用范围和规模，促进道路交通向电动化转型。

② 在交通结构方面，利用科技变革，调整交通运输结构，建设低碳排放的现代综合交通体系。其中，高铁和航空应成为城际交通的主要力量，城市公交应获得优先发展，共享出行应得到大力发展。

③ 利用科技进步提升全社会对绿色交通的参与度。例如，大力发展共享交通方式，深入实施城市公交技术发展，使绿色体系成为交通运输低碳发展

的战略支撑。

④ 通过智慧交通模式，推进互联网技术和现代交通的融合发展。2025—2030 年，应完成自动化驾驶测试、智慧物流的大范围应用。到 2050 年，实现道路交通的高度自动化。

案例15-2 海陆空一体化综合立体交通网

2021 年 2 月，《国家综合立体交通网规划纲要》指出，在未来 10 年，将建立海陆空一体化的综合立体交通网。到 2035 年，除了少数边远地区，全国县级行政中心将实现 15 分钟到国道、30 分钟到高速、60 分钟到铁路的目标。全国市级行政中心城区将实现 45 分钟上高铁，60 分钟到机场的目标。

在建立海陆空一体化综合立体交通网的过程中，将具体实现以下 4 个目标。

1. 构建综合立体交通网

我国将构建完善的国家级综合立体交通网。该交通网将以铁路交通为主干，以公路作为基础，充分发挥水上运输、空中运输的优势。

2. 综合立体交通网主骨架

我国将加快建设综合立体交通网主骨架，重点区域将根据层级划分。其中，京津冀、长三角、粤港澳大湾区和成渝地区将作为“极”。在 4 个“极”之间，布局 6 条综合性、多通道、立体化的交通主轴，7 条多方式、多通道、便捷化的交通走廊及 8 条交通通道。

3. 建设国家级综合交通枢纽体系

我国将以 4 个“极”为依托，建立国际性综合交通枢纽集群，以及 20 个左右国际性综合交通枢纽城市、80 个左右全国性综合交通枢纽城市。这些将形成国家级综合交通枢纽体系。

4. 打造面向国际的综合运输网络

未来 10 年，我国将重点打造 7 条陆路国际运输通道，同时完善海上丝绸之路等 4 条海上国际运输通道，继续依托国际航空枢纽，形成覆盖全世界的空中交通运输体系。

第十六章

基础设施高质量建养技术的方向与重点

第一节 基础设施高质量建养技术的方向与重点综述

自国家发展和改革委员会发展战略和规划司制定《“十四五”时期交通基础设施建设的方向和重点研究》课题后，“基础设施布局完善、立体互联”便成为我国交通强国战略的首要任务。2020 年，我国在这一先行领域开始大规模建设交通基础设施，短短一年时间便完成初步建设任务，我国交通进入了供求关系的“动态平衡”状态。

为全面达成设定的发展目标，我国交通基础设施的建设发展逐渐从高速发展转向高质量发展，基础设施高质量建养技术已成为我国交通实现既定发展目标的重要保障。

截至 2022 年，我国高速公路、高速铁路里程数已连续多年位居世界第一；现代桥梁总数超 100 万座，在世界排名前十的各类型桥梁中，我国独占半壁江山，成为世界第一桥梁大国，其中最具代表性的有港珠澳大桥、南京大胜关长江大桥及五峰山长江大桥。五峰山长江大桥已于2021年7月实现铁路、公路全面通车，是连镇高速铁路跨越长江的关键工程，跨江主跨 1092 米，其也是全球第一座高速公路与高速铁路合建的悬索桥。

种种数据表明，我国交通基础设施的高质量建养技术已达到世界一流水平，并在以下 3 个方面表现出独特的优势。

1. 设计优势

我国高质量交通基础设施在设计领域善用精细化有限元分析理论，并结合工程结构、寿命可靠度、大型结构抗风抗震等理论进行深入研究，这种设计理念提高了交通基础设施的安全性、可靠性，以及生命周期得到延长。

2. 设备优势

我国自主研制的各种交通建设工程重型设备不断刷新纪录。例如，2020 年 4 月，我国研制的世界最大断面矩形盾构机“南湖号”在中铁装备上海基地成功下线；2020 年 8 月，我国自主研制的国内最大直径敞开式硬岩掘进机“云岭号”，在中铁滇中引水工程香炉山隧洞顺利始发步进，中国交通工程重型设备的多项数据刷新了世界纪录。

3. 工艺优势

我国高质量交通基础设施的施工工艺同样处于全球领先水平。例如，在高压富水砂卵石地层盾构隧道建设中，解决了涌沙冒水关键难题的“液氮人工冻结法”便是由我国工程技术人员提出的；另外，铁路轨道板“流水机组法”、造岛施工等先进工艺同样由我国技术人员提出。各项先进施工工艺不仅增强了我国交通基础设施的高质量建养技术，更提高了全球交通基础设施的建养水平。

基于我国高质量交通基础设施发展所需，结合《“十四五”时期交通基础设施建设的方向和重点研究》课题内容，可以得出未来 10 年我国交通基础设施的高质量建养技术将以下面 4 个方向为发展重点。

1. 智能化

根据《“十四五”现代综合交通运输体系发展规划》，未来我国高质量交通基础设施将向着智能建造与智能养护两个方面发展。

① 智能建造。智能建造是指将信息技术与交通施工技术融合，并贯穿实地勘察、路线设计、现场施工、工程验收等环节，从而打造质量高、技术性强、寿命长的高质量交通基础设施。

② 智能养护。交通基础设施的智能养护是指借助大数据、物联网、计算机、5G、人工智能等技术，对交通基础设施进行可感知、可分析、远程可控、自我管理的智能化升级，实现对交通基础设施养护过程、养护要素的科学化、智能化、精准化、自动化管理。

2. 绿色化

《交通强国建设纲要》《国家综合立体交通网规划纲要》中明确提到，绿色交通将作为未来交通发展的重点，全面落实绿色发展理念是我国高质量交通基础设施的建设方向。

为贯彻“十四五”规划，高质量交通基础设施的绿色发展将体现在以下 3 点。

① 加速推动绿色交通的基础设施建设，将生态保护理念贯彻到交通基础设施的规划、建设、运营、维护过程中，加大资源整合力度，提高利用效率，推进废旧路面、建筑垃圾、工业固废在交通建设领域的循环利用。

② 优化交通运输结构，加速推进大宗货物和中长距离运输的“公转铁”“公

转水”，大力发展多式联运。

③ 加强碳排放和污染防治协同控制，加快新能源、清洁能源的推广应用。

3. 一体化

一体化是我国交通基础设施发展的长远目标，发展重心为研究铁路、公路、城市轨道交通等一体化实施方案，以求达到节约土地、节约资源、节约投资的目的。一体化交通可以充分发挥现代大交通的优势，更加充分地利用天然资源，有利于保护生活环境。

4. 精细化

精细化发展是交通建设水平达到国际一流水平的重要基础，精细化发展主要表现为设计、施工、管理的精细度提升。

① 精细化设计。精细化设计是指在交通基础设施设计阶段精心研制工程方案，使用新型勘察设备，例如高分辨率、高效率的探地雷达，红外线探水仪等，从而提高地质勘探工作的精准率，再结合大数据、云计算等技术提升工程的设计质量。

② 精细化施工。基于我国交通施工设备的硬件优势，融合现代专业、智能、高端的施工技术，用工艺质量提升工序质量，最终提升工程的整体质量。

③ 精细化管理。相关交通企业应制定严苛、精细、高效的管理制度，将制度全面贯彻到设计、施工、验收等环节，对施工流程进行实时化、信息化监管，确保工程有序推进，质量有效控制。

交通科技是兴国之器、强国之基，而交通基础设施高质量建养技术是交通科技发展的重点，遵循“十四五”规划中指明的交通科技发展方向，加速我国交通科技高质量建养技术的提升，有助于我国交通强国战略的实现。

第二节 空中交通科技的方向与重点

2020 年 11 月 3 日，《中共中央关于制定国民经济和社会发展第十四个五年规划和二〇三五年远景目标的建议》提出，空中交通科技将作为“十四五”发展规划中的重点发展目标。

2021 年 3 月 11 日，十三届全国人大四次会议表决通过了《中华人民共和国国民经济和社会发展第十四个五年规划和 2035 年远景目标纲要》，其正式确定空间基础设施体系、星际探测、新一代重型运载火箭和重复使用航天运输系统、把探月工程四期、北斗卫星导航系统产业化应用等重大航天工程或航天科技发展应用等作为我国空中交通科技未来的发展重点。

结合“十四五”规划中提到的空中交通科技发展方向，以及我国交通整体发展趋势，总结得出以下 7 个未来空中交通科技发展的方向与重点。

1. 强化国家战略科技力量

作为关乎国家安全的核心技术，我国空中交通科技领域将开展一系列具有前瞻性、战略性的重大科研项目，其目的为应对国际经济竞争与科技竞争，同时催生发展新动能，支撑我国社会经济的高质量发展。

2. 坚持一体化发展

天基、地基共同发展思路是我国空中交通科技发展的重要方向，体现为增强天基测控能力，降低地基导航成本，通过互联网技术构建天地互联的综合信息网，为我国载人深空探测做好技术储备。

3. 提升天地通信能力

提高天地通信能力也是我国“十四五”规划中提到的空中交通科技发展重点，主要体现为发展高速数据传输技术，研究深空中继技术，并为天地高速信息传输提供科学合理、经济高效的解决方案。

4. 提升空中定轨、定位技术

为满足我国整体交通格局的发展需求，未来空中定轨、定位技术将不断升级。空中定轨、定位技术主要通过高精度测量技术实现，因此这一技术领域将成为我国空中交通科技领域的发展重点。

5. 提升空间碎片监视技术与安全预警能力

随着大众生活信息化、数字化的加深，我国航天领域面临的空间安全问题不断增多。为了确保空中交通安全，未来我国可编目空间目标或空间碎片将大幅增加，以应对大量微小暗弱空间碎片给我国航空领域带来的挑战。

6. 提升航天资源管理技术

随着我国在轨航天器数量的增加，航天资源测控需求不断增长，高效管理技术开始成为我国空中交通科技的发展重点。高效管理航天资源测控系统可以使建设效益大幅提升，且可以有效解决资源规划调度、多目标测控管理及故障应急处置等问题。

7. 提升民航系统的安全性

从我国民航系统取得的成绩可以看出，我国民航系统的发展很大程度上依赖于整体安全，未来民航系统将以防范、化解航空安全问题作为发展重点，并在技术与管理制度两个方面进行重点提升，以确保我国空中交通的安全。

空中交通科技不仅是我国对宇宙探索的高端技术，更在大众生活领域发挥着重要作用，例如空中交通、路线导航、数据传输、智慧城市等。总体而言，空中交通科技发展的方向与重点瞄准了技术与管理两个方面，这两个方面取得的成果对我国经济发展、交通发展具有重要的推动作用。

第三节 综合立体交通网规划技术的方向与重点

《国家综合立体交通网规划纲要》指出，我国综合立体交通网将继续发展统筹融合的观念，从跨方式、跨领域、跨区域、跨产业 4 个维度推进铁路、公路、水运、民航、邮政等融合发展，这是我国构建综合立体交通网的本质要求，沿着这一方向，未来我国综合立体交通网将在以下 5 个方面进行重点提升。

1. 提升统筹融合性

我国综合立体交通网虽然已进入成熟发展阶段，但区域间、城乡间交通发展不协调的情况仍然存在。为了满足我国大众多层次、多样化、个性化的出行需求，深化综合立体交通网的统筹融合性是必然的发展趋势。

统筹融合性体现为各种运输方式的成网贯通、多种交通方式的加速融合，以及重大交通设施的布局落地。加深综合立体交通网的统筹融合性可以更好地统筹各种运输方式，科学规划铁路、公路、水运、航空等基础设施的规模、结构、功能与布局。

另外，未来我国综合立体交通网还将融入智能、完备、绿色等新理念，进而建设出更多高效实用、智能绿色、安全可靠的交通基础设施。

2. 提升智能化

智能化发展综合立体交通网是《国家综合立体交通网规划纲要》中提出的重点发展目标，主要方式为提升交通运输科技创新能力，融入数字技术、网联技术，打造全覆盖、可替代、保安全的高精度基础服务网，构建高精度交通地理信息平台，加速各领域建筑信息模型的自主创新应用。

未来，我国综合立体交通网将全方位布局感知系统，与交通基础设施建设保持同步，并在综合立体交通网的关键部位设置主动预警设施，提升综合立体交通网的多维监控、精准管控、协同服务等能力。

同时，综合立体交通网还将加强智能化载运工具和专用装备的研发，推进智能通用航空器和智能网联汽车的应用，构建综合立体交通网的大数据中心，完善交通运输平台，加快综合立体交通网的智能化升级。

3. 提升绿色性

目前，我国综合立体交通网与生态空间的协调性存在不足，虽然保护了生态环境敏感区、重要生态功能区、基本农田，但与构建生态化交通网依然存在一定的差距。依据《国家综合立体交通网规划纲要》，未来我国交通科技将向生态交通靠拢，加强科研攻关，最大化减少交通噪声、二氧化碳及其他污染物；提升交通监测技术，对交通网实现污染监测与综合治理；优化运输结构，设计建设多式联运型物流园区、铁路专线；加大新能源研发力度，促进现代交通能源动力系统的清洁化与低碳化。

为满足不同人群的多样化与个性化出行需求，我国综合立体交通网还将加强无障碍设施、无障碍装备的建设与研发，以此提升特殊人群出行的便利程度和服务水平，满足特殊人群的交通需求。

4. 提升治理能力

我国综合立体交通网的发展机制存在不足，为了优化土地空间的合理开发，未来综合立体交通网的建设将以大数据、信用信息共享为基础，增强综合交通运输治理机制，并通过提升道路监测技术，将法制要求全面贯彻到综合立体交通网的规划、建设、管理和运营中。

5. 提升安全保障能力

目前，我国综合立体交通网虽然完整，但部分地区道路的安全性依然存在隐患，主要表现为公路技术标准要求不高、公路改扩建中存在安全漏洞和安全设施管理不规范等。针对这些问题，提升我国综合立体交通网建设技术标准与管理规范，将成为未来交通发展的重点，主要方法为健全交通基础设施的安全保护体系，提升车联网、船联网等基础设施的保障能力，加强关键技术创新，加强交通信息系统的安全防护，以此提高我国综合立体交通网的整体安全水平。

第四节 基础设施长期服役性能观测与性能提升的方向与重点

《交通运输行业野外科学观测研究基地建设发展方案(2019—2025年)》(以下简称《方案》)明确指出我国交通基础设施未来发展的建设重点及发展方向，对交通基础设施的长期服役性能也做出了明确规划，具体如下。

到2025年，在基础设施长期性能、特殊环境下重大工程安全运行等方面认定20个左右的野外观测基地，基本涵盖我国交通运输所处的自然区划和典型的地质条件。

建立规范的野外观测基地运行管理制度，改善观测和试验研究条件，加快提升行业基础研究和应用基础研究水平，在人才培养、成果推广、开放共享和科学普及等方面发挥示范作用，为建设交通强国提供科技支撑。

从这一点可以看出，在未来发展中，我国交通基础设施将根据自然环境、地质条件进行定制规划设计。这种设计方式于2021年初显成效，我国多地交通数据库均搜集了大量野外观测数据，为交通基础设施建设提供了重要的技术支撑，延长了交通基础设施的长期使用时间。

同时，《方案》也明确了提升交通基础设施长期性能的发展思路，具体如下。

围绕交通运输基础设施安全、耐久的需求，针对不同区域气候、水文、地质等的特点，按照“覆盖全国、网络布局”的思路，在公路、桥梁、隧道、机场、港口、航道、船闸等基础设施领域布局建设长期性能野外观测基地，形成覆盖全国不同自然区划、不同水文地质条件的观测研究网络，积累基础设施长期服役性能数据，掌握基础设施结构、材料的长期性能演变规律和运行状态，为工程结构安全、设计标准完善、养护科学决策等提供技术支撑，提升交通运输基础设施建设、管理及养护的科学化水平。

这一思路表明，我国交通基础设施的长期性在很大程度上取决于规划前的观测情况。建立覆盖全国不同自然区划、不同水文地质条件的观测研究网络，结合大数据技术收集不同条件的环境数据，根据环境的实际情况进行建设规划，可以有效提升交通基础设施的长期服役性能，并提升交通基础设施的科学养护水平。

另外，《方案》中还指出特殊环境下的重大交通工程的安全建设思路，根据我国现有的 3 类特殊环境，提出了重大交通工程的安全建设方法，具体如下。

① 特殊地质条件领域。为了掌握不同地质条件下交通基础设施损伤演变及灾变机理，在高寒、高海拔等地区建设野外观测基地，针对环境因素、交通荷载、设施服役性能等开展系统性、长期性的观测研究，优化有关设计理论与方法，提升重大工程的耐久性和可靠性，为川藏铁路、青藏高速公路、高海拔机场等重大工程建设提供技术储备。

② 自然灾害防治领域。为了提升交通运输自然灾害防治能力和水平，在地质、气象等灾害易发、频发区域布局建设野外观测基地，加大灾变数据采集分析、灾害监测预警力度，支撑开展交通运输防灾减灾基础性、前瞻性关键技术研究，加快形成交通运输防灾减灾系列技术储备。

③ 重大工程结构安全领域。为了加快提升我国交通运输重大工程安全、可靠运营的科学水平，依托港珠澳大桥、三峡通航建筑物等重大工程布局建设野外观测基地，获取特殊环境下重大工程结构荷载响应等关键性能指标的现场观测数据，科学评估并及时掌握重大工程的运行状态，为重大工程安全、可靠运营提供支撑。

从 3 类特殊环境重大交通工程的安全建设方法中可以看出，交通基础设施的安全性能、长期服役性能取决于环境融入性，能否经得住特殊环境的长期考验决定了交通基础设施的使用寿命。

由此可见，提升我国交通基础设施的长期服役性能，需要提前长期监测、勘测及收集建设环境的数据。只有充分了解建设环境，才能确保设计的交通基础设施具有长期服役性能，进而提升建设质量与养护水平。

在未来发展中，新一代信息技术将在这一领域发挥更重要的作用，例如，无人机技术可以扩大野外环境的勘测范围，提升勘测精度，大数据技术可以满足数据储备和梳理的需求，人工智能技术可以准确分析数据的特点。这些专业技术的应用将成为我国提升交通基础设施长期服役性能的关键，也将成为交通运输行业发展的重点。

第五节 国家重大战略通道建设技术的方向与重点

2020 年 12 月 24 日，交通运输部召开“2021 年全国交通运输工作会”，这次会议不仅对我国交通“十三五”时期的发展进行了总结，更明确了“十四五”时期国家重大交通战略项目的建设标准与方向。

会上指出，经历了“十三五”时期的发展，我国高铁、城市轨道交通规模翻倍；高速公路里程、万吨级码头泊位等重要交通战略项目的质量、数量均位于世界前列；交通运输二氧化碳排放强度下降，全面贯彻了绿色发展理念。

在未来发展中，我国重大交通战略项目、重大交通战略通道将沿着以下方向快速发展。

1. 加快综合立体交通网的形成

我国将开展多个横贯东西、纵贯南北的大型综合运输通道建设项目，实现全国重点区域的连片成网和全国各区域的通达畅通，这类重大交通战略通道的建设，可以有效促进我国交通网络的融合发展，使交通网络整体更通畅、交通根基更坚实。

2. 实现交通运输新技术的重大突破

在未来发展中，我国交通运输重大战略通道的核心技术将得到大力发展，并力争实现重大突破。例如，高铁制造技术、特大桥隧建造技术、离岸深水港建设技术等，这些创新技术可以成为中国交通的亮眼“名片”。

3. 增强公众交通满意度

在未来发展中，增强公众交通满意度将成为重点发展战略，主要包括高铁对百万以上人口城市的覆盖率超过了 95%；高速公路基本覆盖全国 20 万以上人口城市；民航机场覆盖 92% 的地级市。提升公众交通满意度是我国交通高质量发展的意义所在。

4. 提升交通运输治理能力

为了降低我国物流行业的运营成本，提高运输速度，我国将大幅减少高速公路省界收费站，构建更畅通、更高效的物流运输环境，加速物流行业的整体发展。

5. 提高交通运输竞争力

在未来发展中，我国将重点建设现代化综合立体交通网，以新一代信息技术为引擎，加速推动交通网络的智能化、网联化、数字化发展，使交通运输能力长久保持国际一流水平。

6. 优化综合立体交通网

在未来发展中，我国将不断优化综合立体交通网，加快高速铁路、高速公路贯通联网，加快国省干道的贯通衔接，推动内河高等级航道的畅通互联，加大农村公路的延伸力度，深化发展我国综合立体交通网。

第六节 水上交通与地面交通相互赋能的方向与重点

对于水网密布、河道纵横的城市及沿海、沿河城市而言，水上交通是缓解地面交通压力的主要方式，另外，长途水上运输也是缓解我国地面长途运输压力的主要措施。在我国一体化协同发展的策略下，近年来，我国水陆交通的相互赋能取得了显著成效。

以扬州市为例，扬州市拥有丰富的水系资源，近年来，扬州市依靠水陆交通协同发展解决了地面交通拥堵问题。扬州市地面交通拥堵问题主要出现在“三河”之内，即东、南到古运河，北到护城河，西到二道河合围而成的区域，该区域因学校和商业场所集中，所以在上下学时段和上下班高峰时段十分拥堵。针对这一情况，扬州市自 2017 年开始大力发展水上交通路线，截至 2022 年，扬州已通过水陆并举、“乘游”共用的方式解决了“三河”区域的交通拥堵问题。

扬州市水陆交通相互赋能，加速城市交通发展的情况并非个例，截至 2022 年，杭州市、上海市等多个拥有水系资源的城市都已开通了水上交通路线，显著缓解了地面交通运输的压力。我国水陆交通协同发展还将在以下 4 个方面加大努力，力求取得更突出的发展成果。

1. 加大水陆交通协同发展力度

在未来发展中，我国水陆交通协同发展力度将进一步加强，通过打造城市水上交通与地面交通协同路网，逐步实现水陆交通资源共享，打造城市多元化交通新格局。

2. 建立高质量示范区

虽然我国水陆交通的相互赋能已经取得了初步成效，但依然缺乏高质量示范区作为发展标杆，我国将加大对水陆交通资源丰富城市的发展力度，力争建设水陆交通相互赋能、协同发展的先行区，为水陆交通后续发展指引方向。

3. 加强水上交通安全保障能力

我国城市水上交通的发展还处于起步阶段，水上交通安全保障能力是当前发展的重点，水上交通安全保障能力主要通过以下 4 个方面来提升。

① 建立水上交通安全管理制度。

② 加强水上交通高效便捷的流动服务。

③ 提升水上交通基础设施建设技术水平。

④ 提升水上交通科技保障水平。

以上 4 个方面的实施能够助力我国水上交通运行的安全高效，进而赋能地面交通的发展。

4. 构建集疏运体系

在水陆交通重要枢纽位置构建集疏运体系，并强化水陆连接，形成协同发展的新型运输力量，有效提高我国物流行业的运输效率，实现节能减排、绿色发展。

第七节
智慧港口、智慧船舶、智慧航道的方向与重点

水上交通在我国综合立体交通网中一直占据着重要地位，截至 2022 年，我国码头泊位数、万吨级以上泊位数、运河通航里程、海域巷道里程均位于世界前列，且交通运输量、交通周转量同样位于世界前列。

近年来，我国按照交通强国战略要求，努力提升交通智慧化，其中智慧水上交通主要体现为智慧港口、智慧船舶和智慧航道，这 3 个方面的发展水平决定了交通强国的发展进程。结合我国水上交通智慧化发展的现状，不难看出，智慧港口、智慧船舶和智慧航道将在以下方面得到快速发展。

1. 智慧港口

我国智慧港口未来发展的重点主要体现在以下两个方面。

① 完善产业链。智慧港口主要以现代化交通基础设施为基础，充分运用云计算、大数据、物联网等新一代信息技术，丰富港口的功能，提升港口的运行效率。

从港口“智慧化”的来源看，人工智能、大数据、自动化等新一代信息技术的结合会更加深入，进而实现集装箱装卸设备管理、货物运输管理、航运管理的全面智能化。因此，新一代信息技术的深度应用将成为智慧港口的发展重点。

② 加大智慧港口布局。随着交通强国战略的推进，我国智慧港口的布局范围已经得到了大幅提升。2019 年 8 月，粤港澳大湾区南沙智慧港口区块链平台全面开通，提升了我国珠三角港口的国际竞争力，并加速了珠三角港口的发展。

新一代信息技术将促进我国智慧港口迎来新业态，不仅增加众多建设项目，也为相关行业带来更广阔的发展前景。

2. 智慧船舶

《智能船舶发展行动计划（2019—2021 年）》对我国智能船舶发展做出了

明确规划。《智能航运发展指导意见》也对智能船舶的发展进行了详细分析。两份文件统计数据显示，我国智能船舶的发展已位于世界前列，船舶“智慧化”也处于世界先进水平。

目前，我国智慧船舶在环境感知技术、通信导航技术、故障针对技术等领域已取得了突破性进展，智慧船舶的航行安全得到了充分保障，但与交通发达国家相比，我国需要重点发展智能航线规划、安全预警、自助航行等领域。这表明，我国智慧船舶将重点结合大数据、人工智能等技术，增强船舶感知能力、通信导航能力、自助管控航行能力，从而实现船舶的最优智能发展，并实现全程智能航海、智能航运。

3. 智慧航道

智慧航道是指利用物联网、自动控制、人工智能等技术，实现航道信息的实时采集，之后通过信息分析进行航道优化、建养优化、管理优化的现代航道。智慧航道是大数据时代催生的产物，属于数字航道的升级和更新。

我国智慧航道的发展仍处于起步阶段，虽然已经实现了航道整体的智慧化，但基础设施建设、养护技术、航道演变分析技术、航道信息智能采集技术等仍有待提升。

在未来发展中，智慧航道基础设施的智慧化提升、智慧航道信息采集技术的更新及智慧信息交互分析技术等是智慧航道发展的重点，也是我国智慧航道获得强大竞争力的主要方式。

第八节 基础设施智慧建养技术的方向与重点

“智能先进”是《国家综合立体交通网规划纲要》中提出的重要发展目标，但“智慧先进”不仅体现在我国交通网络的运行中，同样体现在建养技术方面。在未来发展中，我国交通基础设施的建设和养护将按照以下两个方向进行高质量发展。

1. 交通基础设施的智慧化建设

2020 年 8 月 3 日，交通运输部印发《关于推动交通运输领域新型基础设施建设的指导意见》（以下简称《意见》）。《意见》中明确指明了我国交通基础设施的智慧化建设方向与目标，具体如下。

到 2035 年，交通运输领域新型基础设施建设取得显著成效。先进信息技术深度赋能交通基础设施，精准感知、精确分析、精细管理和精心服务能力全面提升，成为加快建设交通强国的有力支撑。基础设施建设运营能耗水平有效控制。泛在感知设施、先进传输网络、北斗卫星导航系统时空信息服务在交通运输行业深度覆盖，行业数据中心和网络安全体系基本建立，智能列车、自动驾驶汽车、智能船舶等逐步应用。科技创新支撑能力显著提升，前瞻性技术应用水平位居世界前列。

从“发展目标”中可以看出，未来我国交通运输基础设施建设将注重智能化水平、创新性水平和低能耗水平的发展，通过这 3 个方面的智慧化提升，支撑我国智能列车、自动驾驶汽车和智能船舶等领域的快速发展。

另外，《意见》的“主要任务”中明确了我国交通各个领域基础设施的智慧化建设，更明确了交通基础设施信息化、创新化的建设方向。

2. 交通基础设施的智慧化养护

随着时代的发展，我国交通基础设施的养护问题也越发明显，截至 2022 年，我国交通基础设施的养护工作依然存在以下 3 个方面的问题。

一是交通基础设施建设规划缺乏科学性。主要表现为交通基础设施缺乏对环境、地质、地形等因素的有效结合，交通基础设施的使用寿命较短，养护频率较高。

二是养护方式不合理。目前我国仍存在以“修为主，养为辅”的养护方式，且这种养护方式存在于全国各地。

三是缺乏新技术的应用。与交通发达国家的养护技术相比，我国交通养护技术存在一定差距，尤其是对新材料、新能源的应用较少，且无法提升交通基础设施的使用寿命与功能。

以下方式能提升建养技术的智慧化，可以有效解决上述问题。

一是提升交通基础设施的监管能力。通过新一代信息技术的深度应用，全面了解交通基础设施的运行情况，针对不同环境、不同情况的交通基础设施采取不同的养护方法，既可以确保养护的及时性，又可以提升养护的效果。

二是对交通基础设施进行智能配置。根据交通数据库的信息统计，优化和配置交通基础设施。例如，对城市重点路段进行限时、限重管理，确保交通基础设施的合理使用、健康使用，延长交通基础设施的使用寿命。

第十七章

交通装备关键技术自主化的方向与重点

第一节 交通装备关键技术自主化

截至 2022 年年底，我国铁路营业里程已达 15.5 万千米。高速铁路营业里程 4.2 万千米；公路通车里程达到 535 万千米，其中高速公路里程 17.7 万千米；生产性码头泊位 2.1 万个；内河航道通航里程 12.8 万千米；民用航空颁证运输机场 254 个。

从整体来看，我国交通基础设施的规模与质量已进入世界一流行列，交通装备技术已从“跟跑”逐渐发展成“并跑”到“领跑”。我国交通发展取得的瞩目成就与交通装备技术息息相关。目前，我国高速铁路、高寒铁路、高原铁路、重载铁路技术已达世界领先水平，新能源汽车产业同样与国际先进水平保持同步，并在交通基础设施和交通装备智能领域不断取得突破，为我国人民群众的生产和生活提供了巨大的便利。

《中国交通的可持续发展》白皮书中还提出了我国交通发展的 5 个重要方向，其中明确了交通基础设施建设与交通装备技术的发展。

1. 加强连通性

加强连通性是指加强国家之间、区域之间交通基础设施的硬连通，以及交通政策、规则、标准的软连通，充分发挥国际交通技术、交通资源的优势，实现我国交通科技的联动发展。

2. 加强减排

优化交通能源结构，推动绿色交通发展是我国实现交通强国的重要策略。未来发展中，我国交通装备技术将重点向绿色能源应用发展，减少二氧化碳排放，促进我国绿色交通发展。

3. 加强技术创新

技术创新是未来交通装备技术的重要方向，通过与人工智能、5G、新能源、新材料等技术结合，增强交通装备技术的创新性，进而支撑我国运输产业、交通服务等领域的创新发展。

4. 优化交通环境

通过学习世界各国的交通法规和政策，建立可持续发展的交通环境，增强我国综合立体交通网的法治性与安全性。

5. 增强防控性

交通装备的防控性关系到公共卫生事件，所以在未来发展过程中，交通装备技术必然附带防控性，确保我国交通网的安全，以及国内供应链、国际产业链的稳定和畅通。

第二节
空中交通：无人驾驶与空中交通管理的方向与重点

目前，我国空天技术已经在各个领域达到国际一流水平，例如，2021 年 1 月，我国用长征三号乙运载火箭，成功将天通一号 03 星送入太空，这是长征运载火箭第 358 次发射成功；2021 年 5 月 15 日，我国研制的“祝融”号火星车成功登陆火星乌托邦平原南部，我国成为全球第三个登陆火星的国家。

另外，我国民营企业也开始进入航天领域。2021 年 2 月，吉利科技集团旗下的卫星工厂——台州星空智联科技有限公司正式获得了国家发展和改革委员会核签的商业卫星制造项目许可批复，这代表台州星空智联科技有限公司将作为我国首个由商业公司主导的融合航天制造和汽车制造能力的商业卫星生产工厂投入生产。自 2020 年 3 月开始，吉利科技集团在台州湾集聚区开启了吉利卫星研发生产制造项目，并且，吉利科技集团对外宣布旗下的时空道宇自主研发的两颗低轨道卫星已经通过了相关试验，另外还有 168 颗卫星正在规划建造中。

吉利科技集团的举动代表我国航天事业已扩展到民营领域。除了吉利科技集团，比亚迪也于 2016 年提交了商标申请，业务范围同样覆盖了航空航天。种种数据表明，我国空天技术的发展已经达到世界一流水平，未来的发展形势大好。

空天技术是我国实现交通强国战略的重要支柱。在我国空天技术发展过程中，无人驾驶技术与空中交通管理一直是空中交通的两大重点，并且这两项技术也决定着我国空中交通的发展前景。

1. 空中无人驾驶

2022 年 11 月 9 日，中国航空工业集团公司发布了《通用航空产业发展白皮书（2022)》。该白皮书显示，2021 年全球民用无人机市场规模超过 1600 亿元，同比增长 61.6%，其中工业级无人机占 60% 左右。

从全球空中科技的发展趋势来看，无人机是军事领域、空中运输领域必备的交通装备。无人机技术已在航拍娱乐、农林植保、环境勘测、工程巡检等领域发挥了重要的作用，同时，无人机技术在我国城市空中交通系统、无人空中物流系统中探索了新概念、新场景，对我国空中交通发展起到了极大的促进作用。

中国航空工业集团公司曾在《无人机系统发展白皮书（2018)》中明确提出：到 2025 年，将建立高端突破、体系完备、能力要素健全的无人机系统装备体系，建成核心能力突出、产品谱系完备、全面开放融合、具备国际竞争力的无人机系统产业体系；到 2035 年，无人机关键技术产品领域达到世界一流水平，具备引领无人机产业发展的自主创新能力，并在工业应用领域实现市场领先和产业化发展。

这是我国空中无人驾驶技术的重点发展方向，也是我国实现交通强国战略的重要举措。

2. 空中交通管理

我国空中交通管理主要针对民航产业发展，2021 年 1 月，全国民航工作会议、全国民航安全工作会议顺利召开。会议总结了我国 2020 年空中交通的发展情况，并部署了 2021 年发展的重要任务，整体围绕智慧民航发展成果与预期进行了深度研讨，同时预测了我国未来空中交通的发展方向与重点。总体而言，我国民航系统未来发展将围绕以下 5 个重点方向开展工作。

① 智慧运行。2020 年 12 月 30 日，中国民用航空局印发《中国民用航空局关于推进新型基础设施建设五年行动方案》，该方案明确表明 2021 年民航工作重点为推动运营的数字化转型，构建民航业数据资源融合应用生态体系，优化民航智慧运营数字环境，以此最大限度地降低民航的运营风险，打造数据资源支撑的民航生态圈，构建新时代航空运输系统。

② 智慧出行。新型冠状病毒感染不仅给我国民航系统带来了重大考验，也给我国整个空中交通系统带来了较强的冲击。为了确保我国空中交通的安全性，智慧出行将成为我国民航领域未来发展的重点。智慧出行主要表现为自助值机、

智慧安全、自助托运等一系列无接触措施，并在这一基础上提升物流的全程跟踪、差异化案件等出行方式，以此提升空中交通出行体验。

③ 智慧监管。截至 2021 年年初，我国民航信息化监管和服务系统已取得显著成绩，民航电子政务一期工程、民航电子政务二期工程、行业监管执法系统等已经顺利建成，同时，我国民航的适航审定运行管理系统、民用无人机驾驶航空器综合管理平台也在加速建设过程中，但现有的智慧监管措施还不足以实现全面监管，因为现有智慧监管系统相对独立，数据共享、业务协同能力不足，且流程较为复杂，交互能力、数据共享能力有待提升。针对这一发展现状，我国民航领域将重点开展新基建横向发展工作，建强、稳固民航智慧监管系统的生态根基，增强智慧监管系统间的互通性，以此提升智慧监管的力度与效率。

④ 智慧物流。2020 年 8 月 24 日，国家发展和改革委员会和中国民用航空局联合印发《关于促进航空货运设施发展的意见》，提出“转变‘重客轻货’观念，培育专业化航空物流企业，提升货物运输专业化水平”的发展方向。在这个发展趋势下，2021 年，我国空中交通管理将“智慧物流”作为重要的发展举措，积极开展航空电子货运项目，努力实现航空公司、货运代理人与机场货站间的数据互联互通，结合人工智能、大数据技术构建“智慧物流”生态体系，预计未来 5 ～ 10 年，我国空中“智慧物流”将发展成熟，且呈现智能性、高效性、低成本等特点。

⑤ 基础设施创新。2021 年全国民航工作会议、全国民航安全工作会议提出了一项重点发展目标，扎实推进《中国新一代智慧民航自主创新联合行动计划纲要》实施，积极布局我国民航领域科技创新 2030 重大项目、国家重点研发计划项目。为实现这一发展目标，我国未来空中交通管理应提升技术创新能力，加速 5G、人工智能的应用，并提高行业技术验证标准，培养更多的创新型技术人才，增强自身发展的实力。

第三节
地面交通：智能化、电动化、高速化交通发展的方向与重点

在国家各项政策的推进下，我国地面交通发展进程越发迅速，种种数据表明，我国已成为全球地面交通基础设施建设速度最快的国家，同时也是地面交通需

求增长最快的国家。

但与发达国家的地面交通相比，我国地面交通的智能化、电动化、高速化依然存在较大差距。以日本为例，早在1999—2000年，日本政府就投入1453亿日元用于ITS的研发；2015年，日本全国主要干线道路实现智能化；2017年，日本已成为世界上ITS应用最广泛的国家，且ITS体系十分成熟。

因此，地面交通的智能化、电动化、高速化是我国未来交通发展的主要方向与趋势。

1. 地面交通智能化

我国地面交通智能化发展主要表现为建设智能化设施，增强现有地面交通设施与人工智能的结合运用，从而实现高速公路、城市路网的智能化发展。以智慧城市路网为例，智慧城市路网是利用大数据、云计算等技术，进行城市交通管理与运营的发展方式，这种交通管理方式可以满足城市民生需求，提升城市交通运行效率，并提升城市空间的利用度。

基于我国智慧地面交通的现状，结合国外发达国家智慧交通的发展方向，预计未来我国智慧地面交通将在以下两个方面重点突破。

① 与人工智能结合。我国现有地面交通的智慧化主要表现为单一智能系统的独立运作，但发达国家的智慧交通大多通过云计算、大数据等技术实现智慧交通各系统间的横向连接，同时进行智能化纵向延伸发展。这种人工智能可以激发更多的智慧交通应用，实现各系统间的数据融合共享，促进智慧交通的整体发展。由此可见，我国地面交通在未来发展中将会与人工智能深度融合，并针对地面交通的具体情况进行数据和算法的集成设计，进而缩短与发达国家智慧地面交通差距。

② 建立车联网体系。结合5G技术建设符合智慧交通所需的车联网体系，这是我国地面交通发展的重点。随着5G技术的普及，车辆行驶的信息化发展可以提升我国地面交通的智慧属性，建设完备的车联网体系可以有效控制交通安全，并协调车辆的走向，减少交通拥堵的情况。因此，车联网体系也将成为我国智慧地面交通的建设重点。

2. 地面交通电动化

越来越多的国家将“电动化”视为地面交通发展的重要方向，挪威、德国、荷兰、英国、法国、葡萄牙等国纷纷确认了地面交通电动化发展的时间节点。我国是地面交通需求量最大的国家，地面交通电动化也已成为未来发展的目标。我国公安部统计数据显示，2022年全国汽车保有量达4.17亿辆，新能源汽车保有量达1310万辆，占汽车总量的4.1%，其中，纯电动汽车保有量1045万辆，占新能源汽车总量的 79.78%，这代表我国地面交通的电动化进程正在稳步推进。

2023 年 2 月，工业和信息化部发文：“为贯彻落实党中央、国务院‘碳达峰、碳中和’战略部署，推进《新能源汽车产业发展规划（2021—2035 年）》深入实施，推动提升公共领域车辆电动化水平，加快建设绿色低碳交通运输体系，工业和信息化部、交通运输部会同发展改革委、财政部、生态环境部、住房城乡建设部、能源局、邮政局在全国范围内启动公共领域车辆全面电动化先行区试点工作（公共领域车辆包括公务用车、城市公交、出租（包括巡游出租和网络预约出租汽车）、环卫、邮政快递、城市物流配送、机场等领域用车），试点期为 2023—2025 年”。

3. 地面交通高速化

高速化发展一直是我国地面交通坚持的发展方向，近年来，我国铁路、高速公路进行过多次升级，且在全球范围内取得了显著的发展成就。例如，2019 年 12 月，我国复兴号智能动车组在京张高铁线实现了时速 350 千米的自动驾驶，这是全球范围内高速铁路首次实现这一速度的自动驾驶。

2020 年，国家铁路局组织开展《“十四五”铁路发展规划》研究编制工作，提出重点推动时速 400 千米级高速铁路关键技术、600 千米级高速磁悬浮系统技术储备等重大科技研发。由此可以看出，高速铁路提速的关键技术及高速磁悬浮系统技术是我国地面交通高速化升级的方向与重点。

第四节
水上交通：远洋航行技术、造岛装备发展的方向与重点

我国的水上交通诞生于数千年前，宋元时期就研发了四桅船，明朝郑和先后 7 次下西洋更让西方国家见识到我国航海能力的强大。时代发展到今天，在远洋航行技术、造岛装备的支撑下，我国水上交通正向世界一流水平稳步迈进。

1. 远洋航行技术

2020 年 12 月 26 日，全国海事工作会议在北京召开，交通运输部海事局公布了重要数据。数据显示，“十三五”以来，我国水上交通事故件数、死亡失踪

人数、沉船艘数、直接经济损失 4 项指标同期分别下降 34.8%、26.1%、50.0%、34.4%。“十三五”时期，我国海事系统新建各类船艇 260 多艘，首艘万吨级大型海事巡逻船——“海巡 09”顺利下水，新建海事监管和航海保障基地 50 多个，补点建设一批船舶 AIS 基站和 VTS 中心，我国 AIS 基站和 VTS 雷达信号覆盖范围位居世界第一。各项数据不仅证明了我国水上交通的硬件优势，更彰显了我国远洋航行的强大实力。

会议上，交通运输部海事局相关负责人指出：“‘十四五’期间，我们还将聚力提升国际事务制度性话语权。强化国际海事命运共同体意识，深入参与海事全球治理和国际规则修订，引导全球海运温室气体减排战略的制定和实施。促进“一带一路”沿线国家在海事管理政策、规则、标准的互联互通，完善多边海上安全与危机防控机制，稳步向国际一流海事迈进”。

未来我国水上交通将重点增强基础设施建设实力与技术创新实力，保障我国航海领域的国际话语权；汲取西方国家航海技术的优点，加速自身发展；倡导水上交通的绿色发展，制定实施海运减排发展战略；增强水上交通安全与危机防控能力，确保我国海事的一流水平。

2. 造岛装备

2019 年 4 月 2 日，我国研制建造的世界最大非自航绞吸式挖泥船——“新海旭号”从江苏省顺利起航，出发前往沙特阿拉伯的一处港口建造人造岛屿。这艘全球最大的“造岛神器”代表我国造岛装备的先进水平。

在未来的发展过程中，大中型造岛装备研发制造技术依然是我国水上交通发展的重点，这一领域的技术水平决定了我国交通强国战略的实施速度。

第五节

网上交通：多维立体、高效环保交通调度系统与装备的方向与重点

随着互联网技术的高速发展，网上交通开始成为我国交通发展的重点与趋势。在互联网、云计算技术的支撑下，网上交通为城市交通附加了极大的便利性。网上交通立体多维、高效环保的特性不仅为大众出行节约了时间，更提高了生活

品质。

2021 年，我国网上交通调度系统开始升级，在综合立体交通网基础设施的基础上，不断强化网络技术，力求促进我国交通网络的高质量发展。例如，2021 年 2 月，辽宁省交通运输厅对外公布，2021 年辽宁省将大力发展交通运输在振兴城市发展过程中的先导作用，通过完善立体多维的交通网络，扩大城市有效投资，延伸城市的经济血脉。

由此可见，我国交通事业的网络化发展可以促进经济腾飞，网络技术在交通强国战略中将起到重要作用。结合《国家综合立体交通网规划纲要》及我国网络交通发展的现状与特点，可以看出我国多维立体、高效环保的交通调度系统正在沿着以下 4 个方向发展。

1. 提升交通网络的便捷性与通畅性

《国家综合立体交通网规划纲要》指出我国综合立体交通网要实现国内外互联互通、全国主要城市立体畅达、县级节点有效覆盖，以及形成“全国 123 出行交通圈”“全球 123 快货物流圈”的目标。实现这一目标需要借助互联网、云计算技术提升交通调度系统的有效性，由此可见，我国交通调度系统的基础信息技术将成为发展重点。

2. 提升交通网络的经济高效性

经济性是我国网络交通发展的核心意义，想要提升网络交通的经济高效性，就要牢牢遵循《国家综合立体交通网规划纲要》提到的“各种运输方式资源配置效率最高、运输强度最高”的方向。我国交通运输方式资源配置效率与运输强度的提升，主要依赖交通调度系统，对此《国家综合立体交通网规划纲要》也明确了“交通网络的各种交通方式的统筹协调，并与相关产业融合发展、与区域经济相匹配”的实现方式。由此可见，我国交通网络将加大自身统筹协调性，并与相关产业加深融合，以此促进交通经济高效性的提升。

3. 提升交通网络的绿色性

绿色发展是我国近年来交通发展的重要战略目标，综合立体交通网的建设自然也会遵循这一方向。不过，综合立体交通网的绿色发展不仅体现在基础设施建设上，也体现在交通网络的集约化发展策略上。正如《国家综合立体交通网规划纲要》提到的“建设综合交通枢纽集群、枢纽城市及枢纽港站‘三位一体’的国家综合交通枢纽系统”策略，这类交通枢纽系统需要建立在现有交通网络之上，需要交通网络提供数据支撑，发挥关键枢纽作用，实现空间资源、土地资源利用率的最大化。

4. 提升交通网络的智能性

智能交通已成为我国综合立体交通网的重要标志，我国交通网络的智能性也是未来发展的重点。在现有交通网络的智能性基础上，我国交通网络还会结合卫星通信、人工智能、大数据等，打造安全性、覆盖性、智能性更高的高精度交通网络，这既拓宽了现有交通网络的立体空间，又提升了交通调度系统的有效性。

第六节 新型海陆空载运工具的方向与重点

经过“十三五”时期的交通建设，我国交通科技已经向前跨越了一大步，从交通大国逐渐向交通强国靠拢。截至 2022 年，我国高铁、高速公路里程均位居世界第一，且多项交通设备研发技术位列全球前茅。

交通强国的建成需要新型海陆空载运工具提升交通质量与效率。结合我国近两年交通科技取得的成果及《交通强国建设纲要》提到的具体发展策略，可以看出，未来我国新型海陆空载运工具将沿着以下两个方向发展。

1. 强化关键科技，提质交通前沿

目前，我国海陆空交通建设都取得了巨大成就，但各领域的交通运输部分依然存在明显缺陷，主要表现为关键硬件交通设施、基础设施国产化率不高。

为了摆脱我国在迈向交通强国过程中对国外交通科技的依赖性，在未来的发展过程中，新型海陆空载运工具的核心技术将成为重点科研对象。正如《交通强国建设纲要》中明确提出，“未来我国交通发展要强化前沿关键科技研发。瞄准新一代信息技术、人工智能、智能制造、新材料、新能源等世界科技前沿，加强对可能引发交通产业变革的前瞻性、颠覆性技术研究。强化汽车、民用飞行器、船舶等装备动力传动系统研发，突破高效率、大推力、大功率发动机装备设备关键技术。加强区域综合交通网协调运营与服务技术、城市综合交通协同管

控技术、基于船岸协同的内河航运安全管控与应急搜救技术等研发。合理统筹安排时速 600 千米级高速磁悬浮系统、时速 400 千米级高速轮轨（含可变轨距）客运列车系统、低真空管（隧）道高速列车等技术储备研发”。

可以看出，“十四五”期间，我国新型海陆空载运工具的发展方向瞄准了世界前沿位置，不仅重视交通智能化发展，而且与新能源、新材料结合，力争打造全球领先的客运工具。《交通强国建设纲要》中也明确提出了“加强新型载运工具研发、加强特种装备研发、推进装备技术升级”3 项交通装备发展部署。

在这 3 项交通装备发展部署中，“加强新型载运工具研发”明确指出“实现 3 万吨级重载列车、时速 250 千米级高速轮轨货运列车等方面的重大突破。加强智能网联汽车（智能汽车、自动驾驶、车路协同）研发，形成自主可控完整的产业链。强化大中型邮轮、大型液化天然气船、极地航行船舶、智能船舶、新能源船舶等自主设计建造能力。完善民用飞机产品谱系，在大型民用飞机、重型直升机、通用航空器等方面取得显著进展”。这就是我国新型海陆空载运工具的发展重点，也是未来 5 ～ 10 年内的发展方向。

“加强特种装备研发”提出“推进隧道工程、整跨吊运安装设备等工程机械装备研发。研发水下机器人、深潜水装备、大型溢油回收船、大型深远海多功能救助船等新型装备”，这明确了我国交通深海领域载运工具的发展方向与重点。

由此可见，我国新型海陆空载运工具将拥有广阔的发展空间，且我国大力支持科技人才在新型载运工具领域进行的各种科研项目。

2. 打造绿色交通系统

在这 3 项交通装备发展部署中“推进装备技术升级”明确提到“推广新能源，清洁能源，智能化、数字化、轻量化、环保型交通装备及成套技术装备。广泛应用智能高铁、智能道路、智能航运、自动化码头、数字管网、智能仓储和分拣系统等新型装备设施，开发新一代智能交通管理系统。提升国产飞机和发动机技术水平，加强民用航空器、发动机研发制造和适航审定体系建设。推广应用交通装备的智能监测和运维技术。加速淘汰落后技术和高耗低效交通装备”。另外，《交通强国建设纲要》中还提出了“绿色发展节约集约、低碳环保”的未来发展规划，这表明我国未来新型海陆空载运工具要坚持绿色发展的原则。

新型海陆空载运工具的发展均以新材料、新能源为核心，这种绿色发展理念既增强了交通装备的使用寿命，又降低了生态消耗，这是新型海陆空载运工具未来发展的不变方向，更是我国交通强国发展的正确逻辑。

第七节
物联网、交通网络综合保障的方向与重点

近年来，我国交通科技水平不断提升，综合立体交通网建设随之加速，海陆空各交通领域均取得喜人成果，各领域交通的智能性、综合连通性也获得了显著提升，这主要依赖于物联网对智慧交通的有力推动，而物联网技术的运用也是我国交通网络未来发展的重点方向。

截至 2022 年，物联网已经在我国智慧交通的多个领域发挥了不可替代的作用，物联网可以准确、及时地传递路况信息，为大众提供安全提示，使人、车、路之间的配合越发紧密、顺畅。总结我国交通领域的物联网应用现状，可以发现物联网在以下 8 个交通领域发挥着重要作用。

1. 智能公交

我国智能公交系统通过物联网的射频识别技术、传感技术等可以实现实时定位，便于公交管理部门结合城市交通的特点进行自动规划、智能排班。

2. 共享单车

我国共享单车通过自身携带的 GPS 或 NB-IoT 模块，实现位置及使用数据的云端上传，便于共享单车企业及时了解车辆的位置和运行状态。

3. 充电桩

随着交通与新能源、新材料的结合运用，我国电动汽车的数量近年来大幅增加，相应的公共充电设备也不断增多。城市充电桩同样运用物联网的传感技术与状态监测技术，实现用户手机端 App 与云平台互连，便于城市充电桩的统一管理。

4. 车联网

车联网是基于物联网传感技术与高清摄像技术搭建的车辆信息采集网络，可以及时采集车辆周围的环境信息及车辆自身的信息，实时监控车辆的运行状

态和运行数据。

5. 交通监测设备

通过应用物联网技术，交通监测设备不仅可以监测道路行驶车辆的车速、车距，还可以监测道路的整体承载压力。交通监测设备收集到道路承载压力数据后可以动态调控交通信号灯，从而提升道路的整体承载力。

6. 车辆识别系统

车辆在道路上的信息识别、监控同样运用了物联网技术，且通过物联网采集车辆信息，交通运输主管部门可以及时处理各种交通事故。

7. 智慧停车场

现代城市自助停车场均安装地磁感应、摄像头等装置，这些装置将采集到的数据及时上传到管理系统，管理系统自动管理停车场车辆的存放和收费。这些装置与管理系统运用的正是物联网技术。

8. ETC

我国高速 ETC 系统同样基于物联网技术，将车辆信息与车主银行卡、微信或支付宝绑定，根据车辆在高速路段的实际行驶情况，自动收费，这一系统极大地提高了高速公路的通行效率。

整体而言，物联网已成为我国智慧交通不可或缺的重要基础，对我国交通发展起着至关重要的促进作用。但物联网技术对我国交通网络的促进与保障还存在以下 3 点不足，这些不足之处正是物联网技术在我国交通网络中未来发展的重点。

1. 交通体验感

在未来发展过程中，物联网技术将大幅提升乘客的交通体验感，通过增加交通载运工具数字娱乐设施等方法，减少乘客出行期间的枯燥感。

2. 增强安全性

未来，我国交通载运工具的防碰撞功能、定位功能、自动驾驶功能将不断升级，而物联网技术可以保障这些功能升级期间的安全性。

3. 交通载运工具保障

未来，物联网技术在交通载运工具防丢失、防损害领域必然发挥更重要的作用，通过物联网可以全天监测交通载运工具的位置信息、状态信息，交通载运工具自身保障更全面、更精细。

综上所述，科学合理地运用物联网技术是我国交通发展的重要方向，而物联网技术是我国交通技术发展的重点，物联网与交通网络的深度结合可以进一步促进我国综合立体交通网的良性发展。

第十八章

运输服务与监管高效智能化发展的方向与重点

第一节
推进运输服务与监管高效智能化

2021 年 1 月 22 日，交通运输部发布《交通运输部关于服务构建新发展格局的指导意见》，明确了我国交通运输服务强网络、建体系、抓创新、促开放、优治理 5 个发展目标。

1. 强网络

强网络是指完善我国综合交通网络，扩大循环规模。建设高质量的综合立体交通网，加快提升城市群、都市圈交通承载能力，推动完善农村交通基础设施网络，推进综合交通枢纽提档升级，促进形成优势互补的区域格局，稳定和拓展交通投资空间。

2. 建体系

建体系是指构建现代物流体系，提高循环效率。进一步优化运输结构，推进交通物流与制造业深度融合，持续提升冷链物流、电商物流、农村物流、城市配送等专业物流服务能力，加快建设应急物资运输保障体系。

3. 抓创新

抓创新是指坚持创新驱动发展，增强循环动能。推进新型交通基础设施建设，促进新业态、新模式发展，促进消费扩容提质。

4. 促开放

促开放是指提升对外开放水平，保障循环安畅。建设面向全球的运输服务网络，建立安全可靠的国际物流供应链体系，提高国际运输的应急处理能力。

5. 优治理

优治理是指优化政府治理，降低循环成本。深化交通运输重点领域改革，进一步优化营商环境，推动行业治理高效能。

从上述 5 个发展目标中我们可以看出，未来我国交通运输服务将深度结合现代网络技术、信息技术，构建完整的交通运输服务体系，在创新技术的驱动下坚持开放原则、绿色发展原则，为实现交通强国战略目标注入强大的动力。

交通运输服务想要实现这 5 个发展目标不仅要依靠基础设施建设与交通装备发展，也要促进我国交通监管系统的相应升级。从我国交通监管系统近年来的发展中我们可以看出，智能化、高效化管理是交通监管系统的主要方向，为全面解决人、车、路之间的供需矛盾，充分发挥交通监管的作用，交通运输部早已明确了交通监管与互联网结合的发展方式，我国各大城市也纷纷运用互联网技术建设了实时监测、智慧研判的“交通大脑”。

结合互联网技术、新一代信息技术打造的智能交通监管系统可以有效解决我国交通运输领域的现存问题，提升大众的出行体验，提升交通监管和治理的水平。

结合我国智能交通监管系统的发展现状及取得的成果，我们可以看出，在未来的发展过程中，智能化、高效化的交通监管系统将在以下 3 个方面继续着重发展。

1. 提升道路感知度和监督力度

目前，我国智能交通监管系统已在大部分城市实现了交通信号灯、电子警务系统、高清监控探头的全方位铺设，通过实时采集数据并上传到城市交通指挥平台，有效确保了城市交通的实时监测性与调度性。未来发展中，三线以下城市应增加交通信号灯、电子警务系统、高清监控探头，提升道路感知度和监督力度，这是我国交通监管系统实现全方位智能监管的重要基础。

2. 提升监测设备布局的合理性

虽然我国道路监测设备已经覆盖了大部分城市的交通路网，但各城市依然存在监测盲区和监测漏洞。优化交通监测设备布局的合理性是根除盲区与死角的主要方法，根据城市交通实际特点进行监测设备的有效布局和调整，是未来智能交通监管系统发展升级的主要任务。

3. 增强空中动态监测能力

随着无人机巡查技术的发展，我国交通空中动态监测能力正在不断增强。无人机巡查技术为我国交通监测带来了高效性、及时性、便捷性的优势，因此未来发展中这一技术也将成为交通监管系统的重要发展方向。

第二节 城市及城际交通拥堵治理技术的方向与重点

《交通强国建设纲要》中明确提到从 2021 年到 21 世纪中叶，分两个阶段推进交通强国建设。到 2035 年，基本建成交通强国。现代化综合交通体系基本形成，人民满意度明显提高，支撑国家现代化建设能力显著增强；拥有发达的快速网、完善的干线网、广泛的基础网，城乡区域交通协调发展达到新高度；基本形成“全国 123 出行交通圈”和“全球 123 快货物流圈”，旅客联程运输便捷顺畅，货物多式联运高效、经济；智能、平安、绿色、共享交通发展水平明显提高，城市交通拥堵基本缓解，无障碍出行服务体系基本完善；交通科技创新体系基本建成，交通关键装备先进、安全，人才队伍精良，市场环境优良；基本实现交通治理体系和治理能力现代化；交通国际竞争力和影响力显著提升。

虽然这一发展目标分为两个阶段，但解决城市及城际交通拥堵的治理工作是贯穿全程的发展重点。百度地图发布的《2020 年度中国城市交通报告》指出：2020 年，全国交通拥堵排名前三位的城市分别为重庆、贵阳、北京，其中重庆的通勤高峰拥堵指数为 2.260，通勤高峰实际时速为 24.06 千米；贵阳、北京紧随其后，通勤高峰拥堵指数分别为 2.079、2.063，通勤高峰实际时速分别为 26.08 千米、26.91 千米。

城市及城际交通拥堵依然是限制我国快速迈向交通强国的重要因素。解决我国交通拥堵问题，有效提升交通拥堵治理技术需要准确分析交通拥堵的原因。总体而言，我国大部分城市交通拥堵呈现以下 4 个特点。一是城市交通拥堵主要发生在早晚上下班高峰期，具有潮汐性特点。二是城际交通拥堵主要发生在节假日，具有阶段性特点。三是城市交通拥堵主要发生在城市路网关键位置，例如城市主干道交叉路口，且大多拥堵为单向拥堵。四是受天气影响，天气情况不佳时交通拥堵发生概率更大。

造成城市交通拥堵的主要原因有以下 3 个。一是城市发展进程加快。随着城市高速发展，城市人口数量激增，交通压力增加导致拥堵发生。二是交通规划不合理。城市交通布局不合理也会导致交通拥堵，例如学校、娱乐场所过于集中，或位于城市通行主干道的中心位置，导致早晚时间段交通拥堵。三是汽车保有量过高。随着我国经济高速发展，家庭用车数量不断增加，一些城市的汽车保有量已经超出城市交通的承载能力。

针对我国城市交通拥堵的现状、特点与原因，在未来的发展中，我国交通拥堵治理技术主要运用在以下 3 个方面。

1. 提升公交系统的运载力与效率

从国外交通发达国家解决交通拥堵问题的方法中我们可以看出，提升我国城市公交系统的运载力与效率是缓解城市交通拥堵的主要路径。我国各城市可以通过扩大公交容量、增设公交线、增加公交专属通道等方法优化公交系统。另外，在公交系统硬件升级的基础上，公交的路权应得到充分保障，以此提升公交的运营效率。对于一、二线城市，公交运营时间也要根据实际情况调整。公交系统的发展可以减少大众对私家车的依赖，缓解城市的交通压力，大幅减少城市交通的拥堵状况。

2. 优化城市路网、城际路网

城市交通发展要根据城市人流分布进行交通资源布局，并不断优化、升级城市路网的结构，根据道路、土地资源合理增加停车位的数量，减少因人群密集、停车困难引发的交通拥堵情况。另外，城市交通建设要遵循立体化、综合性的方向，增强城市交通关键位置的功能性，合理规划路网，重视主干道之外的支干道建设，使城市路网整体发挥更大的作用。

城际路网改造主要针对一线城市间高速公路、铁路的运载能力，有效提升这一能力可以缓解城际交通的拥堵状况。

3. 深度结合物联网提升交通智能性

结合物联网技术升级改造城市、城际交通基础设施，构建“物联网 + 智慧平台”的智能交通模式，通过城市、城际智能交通平台提高交通管理的效率，可以有效调节城市、城际重要交通路段的车流量，减少发生交通拥堵、二次拥堵、拥堵恶化的情况。

第三节
道路交通高效、环保发展的方向与重点

2019 年 3 月 28 日，在国务院新闻办公室举行的新闻发布会中，交通运输部政策研究室相关负责人围绕“提高综合交通运输网络效率，降低交通运输物流成本”的话题进行了详细介绍，阐明了我国交通运输网络的重要发展方向，也表明了我国道路交通提质增速的发展重点。发展重点主要包括以下 3 个方面。

一是推动建设高品质的综合立体交通网。完善“十纵十横”综合运输大通道，推进国家物流枢纽建设，推进 20 个综合客运枢纽和 30 个货运枢纽建设，完善港站枢纽集疏运体系。推动取消全国高速公路省界收费站，大力推动 ETC 应用，促进高速公路快捷不停车收费。

二是加快形成高效率的综合运输服务体系。提高大宗货物铁路、水上运输量，深入实施多式联运示范工程，沿海及长江干线主要港口实现铁水联运信息交换共享。

三是提升行业综合治理体系现代化水平。推进省、市两级交通运输综合改革试点，修订《中华人民共和国公路法》《中华人民共和国港口法》等，制定发布《国内集装箱多式联运运单》《国内集装箱多式联运电子运单》等行业标准。

如今，这 3 项提高交通运输网络效率的工作已经取得了显著成就。百度地图发布的《2022 年度中国城市交通报告》指出：2022 年，百城中超八成城市的通勤高峰交通拥堵指数同比 2021 年下降，平均降幅为 5.62%，贵阳、拉萨、北京缓堵明显。

另外，2021 年 4 月 6 日，交通运输部相关负责人也在“沿着高速看中国”主题宣传活动启动仪式上对外公布，我国已经建成全球最大规模的高速公路网络，高速公路承担运输货运量一半以上。高速公路的发展也是我国综合国力的体现。

交通运输部在 2017 年 11 月 27 日印发的《关于全面深入推进绿色交通发展的意见》中明确提到，到 2035 年，形成与资源环境承载力相匹配、与生产生活生态相协调的交通运输发展新格局。交通运输部采取了加快新能源、新材料应用，降低铁路能耗、降低车辆排放等一系列发展措施，且各种措施均取得了显著的效果。

由此可见，优化道路的运输结构，与新能源、新材料进行深度融合，是我国提升绿色交通发展效果的主要方式，也是我国道路交通绿色发展的未来方向与重点。

第四节 水上交通、造岛技术发展的方向与重点

2022 年 5 月，交通运输部发布了《2021 年交通运输行业发展统计公报》，公报显示，除了公路，水运货运量占比最高。2017—2021 年，我国水路营业性货运量持续上升，占总营业性货运量的比重从 14.1% 上升至 15.8%。2021 年，我国水运完成营业性货运量 82.4 亿吨。

我国拥有丰富的水运资源优势，水上运输具有污染小、耗能低等特点，所以近年来我国水上运输保持了较高的发展态势。但我国水上交通运输也存在以下问题。

1. 供需不足

随着我国水上交通的快速发展，水上交通与各行业之间的结合越发紧密，市场发展对水上运输的需求量近年来不断攀升，出现了水上运输运载量无法全面满足市场发展所需的局面。截至 2022 年，这种情况依旧未能被全面解决。

2. 水上交通事故频发

交通运输部发布的 2021 年《交通概况》提到，2021 年共发生运输船舶水上交通事故（等级事故）129 起，比 2020 年下降 6.5%，死亡失踪 153 人、下降 21.9%，沉船 46 艘、下降 39.5%。全国各级海上搜救中心共组织、协调搜救行动 1990 次，在我国搜救责任区内成功搜救 1171 艘中外遇险船舶、13928 名中外遇险人员。2021 年公路水运工程建设领域未发生重特大事故，发生生产安全事故 64 起、死亡 90 人，比 2020 年分别下降 13.5%、4.3%。全国水上交通安全形势趋中向好。

3. 水上交通基础设施不完善

完善水上交通基础设施是我国交通发展的重点。2022 年，交通运输部相关负责人在《“十四五”现代综合交通运输体系发展规划》的学习讲话中明确指出，未来我国交通发展部署了补短板、强弱项、扬优势等各项工作，将努力缩短与交通强国之间的基础差距。

基于我国水上交通存在的以上 3 点不足，未来我国水上交通将进行以下发展战略的调整。

1. 增加水上运输基础设施的资金投入

我国将在水上交通基础设施建设方面加大资金投入，完善水上交通硬件设施，同时鼓励资金来源的多元化，动员社会力量共同缓解水上运输中基础设施建设不足带来的交通压力。

2. 加强维护，提高运输效率

航道、港口的基础设施维护不仅影响我国水上运输的安全，更决定着水上运输的效率。2020 年，我国降低水上交通事故的重要举措中就有“加大基础设施维护力度”一项。未来发展中，我国水上交通设施维护力度依然不会减弱，且会随水上交通的发展不断增强。在基础设施维护的基础上，交通运输部还会通过基础设施的现代信息化升级，完善水上运输管理体系，规范水上运输的发展。

3. 加强管理

通过规范、完善水上运输的法律法规，水上运输秩序稳定、效率提升的目的已达到，全面实现水上运输管理的规范化与制度化。

近年来，我国水上交通除了水上运输取得了较大的发展，造岛技术也达到世界一流水平，且创造了多项世界纪录。例如，中国自主研发的非自航绞吸式挖泥船——“新海旭号”，就是全球最大的非自航绞吸式挖泥船。

另外，交通运输部开展的“海上大型绞吸疏浚装备的自主研发与产业化”项目与“长江三峡枢纽工程”项目也于 2020 年 1 月获得“国家科学技术进步奖”特等奖。

“海上大型绞吸疏浚装备的自主研发与产业化”项目取得了以下 4 项重要成果。这 4 项重要成果不仅展示了我国水上交通的技术实力，还表明了未来我国造岛技术的发展方向。

1. 掌握了海底高强度岩礁快速挖掘破碎技术

海底高强度岩礁快速挖掘破碎技术是填海造岛的核心技术，“海上大型绞吸疏浚装备的自主研发与产业化”项目在这一技术领域取得了超前突破，既满足了我国海域重大工程岩石挖掘破碎的需求，又提升了挖掘的速度。这一技术是我国造岛技术未来发展持续攻克的重点。

2. 发明了复杂海况中重载作业可靠定位技术

在“海上大型绞吸疏浚装备的自主研发与产业化”项目开展过程中，我国的技术团队自主研发了复杂海况中重载作业可靠定位技术，既确保了复杂海况下的工程安全，又实现了复杂海况工程的远程精确测控。这一技术将深度应用到快速造岛工程中，为我国填海造岛工程带来核心技术支撑。

3. 研发了超远距离连续高浓度输送技术

“海上大型绞吸疏浚装备的自主研发与产业化”项目研发的超远距离连续高浓度输送技术提升了工程输送长度与排放距离，这一技术可以有效提升造岛效率，降低装备能耗。

4. 构建了海上大型绞吸疏浚装备设计制造技术体系

海上大型绞吸疏浚装备设计制造技术体系实现了企业、高等院校、科研院所等单位协同联动，并取得发明专利 64 项、实用新型专利 73 项、软件著作权 43 项，编修订国家标准 7 项。这套体系的构建完善了我国造岛技术的整体水平，增强了造岛技术的整体实力。随着造岛技术的升级，这一体系同样会被不断完善和更新。

第五节
航运快速便捷智能化技术升级的方向与重点

《智能航运发展指导意见》为我国航运快速便捷智能化技术发展指明了方向，明确了以下发展重点。

到 2025 年，我国应突破一批制约智能航运发展的关键技术，成为全球智能航运发展创新中心，具备国际领先的成套技术集成能力，智能航运法规框架与技术标准体系初步构建，智能航运发展的基础环境基本形成，构建以高度自动化和部分智能化为特征的航运新业态，航运服务、安全、环保水平与经济性明显改善。

到 2035 年，我国应较为全面地掌握智能航运核心技术，智能航运技术标准体系比较完善，形成以充分智能化为特征的航运新业态，航运服务、安全、环保水平与经济性进一步提升。

到 2050 年，我国应形成高质量智能航运体系，为建设交通强国发挥了关键作用。

交通运输部又相继出台《交通运输部关于推动交通运输领域新型基础设施建设的指导意见》《内河航运发展纲要》等文件，再次强调加深船舶、集装箱码头、堆场库场等设施的智能化改造，并推进航运监管系统向智能化、可视化方向发展。

从交通运输部等部门发布的各项文件中我们可以看出，航运智能化已经成为我国航运发展的重要目标，航运与智能技术、数字技术的深度结合，成为航运智能化发展的关键。

2020 年 12 月 11 日，第三届“新时代 · 大航海 · 强国梦——智能航运与新基建”峰会在上海顺利召开，交通运输部详细分析了我国智能航运的具体发展趋势，我国智能航运未来将关注以下 4 个重点方向。

1. 船舶运营智能化

在我国航运系统的发展中，数字船舶的功能性将成为发展的重点，船舶通过应用数字技术实现信息采集、运行工况、海洋环境、货物情况感知等功能。另外，船舶通过应用数字技术、信息技术还可以实现航线优化、智能辅助驾驶、智能货物驾驶等功能，并在这一基础上力争早日实现船舶的自动驾驶。

2. 构建船岸协同创新平台

我国现行船岸协同创新平台虽然可以满足当前需要，但随着智能船舶与新型卫星通信、5G、物联网等技术的深度结合，现行平台的功能必然会出现一定的不足。我国船岸协同创新平台将向着一体化、可视化、可感知、可分析、可管控的方向升级和发展。

3. 远程服务

随着 AR、VR 技术在智能航运系统中的深度运用，便捷高效的远程服务将迅速出现在我国智能航运系统中，这正是我国智能航运发展的重点。例如，远程验船、无人机监测等将全面代替现场人工操作。

4. 航运生产关系重塑

随着区块链技术与智能航运系统的融合，未来航运全程可视化指日可待，燃油供给、船舶备件、船舶保险等领域也会因区块链技术而高质量发展，最终有效推动我国航运系统向数字化、智能化方向高质量发展，重塑我国的航运生产关系。

第六节 智慧物流技术研发的方向与重点

十年来，我国物流技术经历了从人工到自动化，再到智能化的渐进式发展。智慧物流作为我国物流技术发展的重点，其发展方向是非常明确的。总体而言，我国智慧物流的发展方向主要有 3 个：一是提升我国物流系统在寄送、配送阶段的智慧能力；二是构建高度自动化、信息化的物流体系；三是将我国智慧物流从普及应用期加速推进到成熟期。

事实上，我国智慧物流技术已经顺利度过了概念期与探索期，且各项技术已经取得突破。随着全球经济的融合发展，物流行业已经成为我国的朝阳产业，智慧物流技术也将成为我国交通运输领域的核心技术，成为构建智慧城市、智慧交通的重要支柱。

在未来的发展中，我国智慧物流将利用自身信息化的特点提高城市交通管理的水平，缓解城际交通运输的压力，构建我国综合立体交通网之上的高效、智能运输系统。由此可见，未来我国智慧物流技术的发展将从以下 5 个方面入手。

1. 以公共视野建立整体物流体系

随着我国经济的高速发展，物流系统不断打破地域限制，物流体系想要表现出智慧性，必须消除一些阻挡货物、信息、技术、资金流通的障碍，构建扁平化的物流架构，建立全国统一、规范的物流体系，实现全国各地区物流无差别的运输与管理。

2. 将智慧物流与智慧城市深度结合

物流是城市交通的一种运输服务，建立智慧交通、智慧城市自然需要智慧物流的支撑。智慧物流与智慧城市深度结合既可以促进城市发展，也可以提升智慧物流的效率与品质。例如，智慧城市系统可以通过信息技术汇集、分析数十万甚至数百万人口的信息，以提高城市管理的水平与大众生活的便利性，在此基础上，智慧物流可以根据城市数据信息统计优化自身的服务体系，在提升自身运作效率的同时提升大众物流服务的体验感。

结合我国现代智慧城市的发展现状，在未来的发展中，智慧物流技术可在以下 3 个方面进行细化升级。

① 交通资源分配。物流系统能否建立符合智慧城市所需的交通运输体系并合理运用交通资源，这决定了物流系统的智慧程度。

② 配送资源分配。智慧物流应当表现出配送资源的合理分配，按城市区域进行多种物流的共同配送，在提升配送效率的同时降低运输资源的消耗。

③ 运输装备升级。未来我国智慧物流的配送装备及装备研发技术会不断升级，以提高我国物流系统的智慧性与高效性。

3. 提升基础技术实力

智慧物流的基础技术主要针对新一代信息技术、物联网、大数据、云计算，在未来发展过程中，随着这些技术的深度开发与运用，智慧物流的数据交互能力、定位准确性、智能调度能力必然会不断提升。

4. 提升大数据应用

智慧物流的基础逻辑是依托大数据技术，利用移动互联网终端把用户与运输货物更好地连接起来，让用户与物流连接得更紧密。在未来的发展中，智慧物流领域的大数据应用必然会更加广泛，且是智慧物流长久发展的重点。

5. 提升交通供应链的智慧性

智慧物流将通过各种技术来满足供应链的个性化需求，让市场供应链呈现更强的智慧性。

第十九章

新一代信息技术与交通运输融合的方向与重点

第一节
新一代信息技术与交通运输融合

2020 年 7 月 24 日，交通运输部与科学技术部举行了部际会商，会商过程中，双方围绕“科技创新驱动加快建设交通强国”的话题进行深入交流并达成共识，两部委决定合力推进《交通强国建设纲要》的实施。两部委的相关负责人签署了《关于科技创新驱动加快建设交通强国的合作协议》，该合作协议中明确指出，新一代信息技术与交通运输融合是未来交通发展的重要方向。

2020 年 12 月 22 日，国务院新闻办公室正式发布了《中国交通的可持续发展》白皮书，白皮书中明确提到，未来我国交通发展中，智慧交通发展步伐加快，推进“互联网 +”交通发展，推动新一代信息技术与交通运输管理和服务全面融合，提升交通运输服务水平，充分运用 5G、大数据、人工智能等技术，使交通运输基础设施和装备领域智能化不断取得突破。

智能公路应用逐步深入，智能港口、智能航运等技术广泛应用。智能投递设施遍布全国主要城市，自动化分拣覆盖快递企业中大型分拨中心。交通运输部出台《自动驾驶封闭测试场地建设技术指南（暂行）》，颁布智能船舶规范，建立无人船海上测试场。

2020 年 3 月 16 日，美国未来今日研究所发布了《2021 年科技趋势报告》，该报告分析了 12 个科技领域近 500 项科技的发展趋势，也指出了未来交通发展将深受人工智能、5G、区块链等新一代信息技术的影响。这份报告中明确提到，在未来发展中，5G 可以更快地进行数据传输，且耗电量也会降低，传输时延会从 30ms 缩短到 1ms，进而全面实现网络设备瞬时连接。5G 技术可为远程医疗、自动驾驶汽车、流媒体等领域带来巨大的发展机遇。

另外，随着共享单车和网约车服务的普及，交通运输商业模式会向“按量付费”靠拢，而新能源汽车将成为未来汽车行业的主流。

从以上交通领域文件及科技趋势报告中我们可以看出，在未来的发展中，新一代信息技术的应用将成为交通强国战略目标早日实现的关键，新一代信息技术可以大力促进我国交通运输的发展和进步。深度分析关于新一代信息技术结合交通运输的政策，并结合我国智慧交通发展的现状可以得出，在未来交通发展过程中，新一代信息技术将在以下 3 个方面促进我国交通运输行业的发展。

1. 创造智慧交通运输的新场景

我国交通运输行业正在不断向智慧化发展，新一代信息技术将在自动驾驶、共享出行、无人配送等领域创造新场景、新业态，并带动智能交通装备、移动通信设施、交通信息服务、交通智能云端等上下游产业高速发展，促进我国交通运输产业逐步迈向全球中高端水平。另外，由于物联网、大数据等新一代信息技术已经在我国交通运输领域展现出超高价值，所以这些技术领域同样是我国交通运输行业大力发展的重点。

2. 深化人工智能技术应用

2022 年，交通运输部先后发布了《交通领域科技创新中长期发展规划纲要（2021—2035 年）》和《"十四五"交通领域科技创新规划》，这两项政策明确提出，我国交通发展未来将加快交通基础设施、交通载运装备、智慧交通、平安交通等方面的任务部署。

《关于科技创新驱动加快建设交通强国的合作协议》中明确提到，两部委将加快推动"新一代人工智能""天地一体化信息网络"等重大项目科技成果在交通运输各领域深度应用，结合各个试点的实际运营情况，推动自动驾驶、智能航运、智能工地、智能高铁、智能邮政应用的发展，打造具有"国际标准、中国特色、高点定位"的智能交通典型案例。

3. 完善综合立体交通网的建设

2021 年 1 月 31 日，中共中央办公厅、国务院办公厅印发了《建设高标准市场体系行动方案》（以下简称《方案》），《方案》中明确指出，"未来我国交通发展将持续完善综合立体交通网。加强新一代信息技术在铁路、公路、水运、民航、邮政等领域的应用，提升综合运行效能"。

由此可见，新一代信息技术将在我国综合运输大通道、综合交通枢纽和物流网络中发挥重要作用，并以此完善我国综合立体交通网，提升其智慧性与高效性。结合我国综合立体交通网取得的成效，不难看出新一代信息技术应用在提升交通运输智能调配能力、提升交通基础设施使用率、丰富综合立体交通网功能等方面取得了重要突破，使我国综合立体交通网表现出效率高、效能大的运营特点。

第二节
空中交通：新一代信息技术与交通运输融合发展的方向与重点

近年来，一些航空发达国家取得的科技成果是结合新一代信息技术取得的创新与突破，新一代信息技术对各国空中交通的促进作用远超大众的想象。例如，我国利用新一代信息技术全面升级了空管系统，解决了诸多空中交通运输矛盾，并为空中交通的高质量发展提供了各种切实可行的方案。

目前，移动互联网、大数据、人工智能已经与我国空中交通运输深度融合，形成“智慧空管”系统，使我国空中交通运输实现了设备自动化运行、航线航班智慧管理、空中运输精准高效等功能。未来新一代信息技术还会在以下 4 个方面加快我国空中交通运输的发展。

1. 增强“空天地”网络一体化

我国交通的“空天地”网络是一个科学跨度大、专业应用强的综合网络，随着新一代信息技术的发展，“空天地”网络的融合发展更加顺畅，且表现出智能化的特点。

未来发展中，新一代信息技术将在设备自动化运行方面为“空天地”综合交通管理提供智能辅助支撑，发挥更重要的作用。数字技术将填补无人机领域的诸多技术空缺，推动“空天地”综合交通管理一体化发展。

以吉利科技集团开展航天项目为例，吉利科技集团公布的信息显示，吉利科技集团规划建造的卫星都属于低轨道卫星，低轨道卫星的主要作用是实现精准定位及提供互联网连接服务。由此可见，吉利科技集团研发、制造卫星的首要目的是为自动驾驶技术提供更高精度的定位服务，并建立一个低时延的车机网络互联系统。吉利卫星不仅能服务于自动驾驶汽车，还能服务于搭载自动驾驶技术的飞行器、船舶，以及其他交通工具。

2. 提升空中交通管控效果

随着新一代信息技术的发展，我国低空监测、地面交通监测、海洋监测、气象监测等技术水平得到了很大的提升，我国空中交通运输管控效果也随之提高。从当前我国空中监测设备的发展方向来看，我国新一代信息技术将在传感器、信息处理器等领域得到进一步应用，构成一个密不可分的空中高效管控系统。

除了低空监测，新一代信息技术还将与我国无人机技术深度融合，增强无人机自动识别能力，提升我国空中交通管理基础设施的准确性与高效性。

另外，新一代信息技术还可以融入军航、民航、气象等领域，实现交通装备探测、定位、动向的智能化管控，提升交通运输效率。

3. 提升民航发展速度

2013 年 5 月 23 日，工业和信息化部发布了《民用航空工业中长期发展规划（2013—2020 年）》。随后，我国民航部门引入大数据、人工智能技术，实现了业务的快速增长，并带动了民航系统数字化、网络化、智能化转型。新一代信息技术将继续推动民航智慧建设，促进民航创新发展，提升民航服务水平。

4. 加速城市空中交通构建进程

城市空中交通是我国综合立体交通网发展的重要方向，且城市空中交通系统的构建可以有效缓解高密度城市的地面交通压力，提高城市交通运输效率。我国城市空中交通系统的建设正在不断加快，而新一代信息技术可为城市空中交通解决以下问题。

① 降低基础设施密度。新一代信息技术具有信号覆盖范围广、准确度高等特点，城市空中交通系统可以实现远距离、大范围操控，因此城市交通基础设施密度可以大幅降低，且覆盖范围可以逐步扩大。

② 完善城市救援、医疗救护系统。城市空中交通运输速度的提高可以为抢险救灾、医疗急救节省宝贵的时间，在新一代信息技术的支撑下，各种救援物资、救护物资可以被及时送达，从而加快城市救援、救护速度，完善救援、救护体系。

③ 完善物流配送体系。城市空中交通可以依托大数据、人工智能等技术建立完善的空中配送体系，提高物流配送效率，同时缓解地面交通运输压力，完善城市整体物流配送系统。

第三节
地面交通：新一代信息技术与交通运输融合发展的方向与重点

数字化、网络化、智能化是我国地面交通呈现的重要特征，也是地面交通与新一代信息技术融合的主要表现。新一代信息技术重塑了我国地面交通路网布局，提高了地面交通运输水平，带来了地面交通的智能发展热潮。

根据我国地面交通的发展现状，可以看出新一代信息技术已经在我国地面交通的 4 个方面取得了良好的应用成果。

一是实现了地面交通技术信息采集手段多元化，建立了具有一定规模的地面交通监测网络。二是实现了地面交通信息的有效感知与传递。通过道路承载数据、大众出行数据、交通应急数据、物流状态数据等构建交通大数据网络，实现了我国综合立体交通网中地面交通信息的感知与传递。三是扩大了地面交通的服务范围，提高了运输效率。基于新一代信息技术，我国地面交通建立了准确的导航系统、应急指挥系统、道路服务系统，并通过“互联网 + 信息”“互联网 + 服务”等模式提高了地面交通运输的效率和服务水平。四是提高了交通装备的智能水平。基于新一代信息技术，我国研发了多种新型地面交通装备，提高了地面交通装备的信息交互与感知水平，使地面交通运输更安全、更舒适。

总体而言，我国地面交通近年来发展较快，已经具备了地上路网整体准确感知与信息交互能力，实现了地面交通装备的动态互联，但仍有较大的发展空间。

结合新一代信息技术在地面交通的应用趋势，我们可以看出未来新一代信息技术将在我国地面交通运输中发挥以下 4 个重要作用。

1. 升级地面交通信息采集效果

随着大数据、人工智能等新一代信息技术的应用，我国地面交通信息采集越来越准确、高效，如今已经实现地面交通装备的违法记录、身份识别、轨迹判定等多种监测。在未来发展中，我国地面交通信息的采集效果还会不断提升，通过技术创新扩大信息采集距离，提高清晰度和准确性等。另外，我国地面交通还将结合人工智能等，根据大众的实际出行情况提供智慧提车、智慧导航等服务。

2. 构建全时空地面交通信息环境

通过应用新一代信息技术，我国地面交通可以实现任何时间、任何空间、任何身份的交通装备信息识别与定位，并将不同范围、不同区域、不同领域的数据进行分类梳理，从而构建地面交通智能化管理模式，并从中找到新的发展方向与价值。这种全时空地面交通信息环境将有效推动我国人、车、路一体化协同管理，使道路资源、交通装备运行情况及突发情况得到及时预测与处理，随着新一代信息技术的深入应用，各种数据收集更加准确，地面交通智能管理也更加有效。

另外，新一代信息技术还将应用到气象部门，地面交通可以根据气象部门的准确数据优化交通资源的配置，确保地面交通的安全性与运营效率。

3. 升级地面交通的城市“智慧大脑”

我国城市智慧交通发展速度明显加快，这是因为人工智能的深度应用提高了城市道路的自动调节性，使人、车、路、环境形成一个智能化可调控系统，城市“智慧大脑”得到了升级更新。由此可见，我国城市“智慧大脑”将向着网联化、协同化、智慧化的方向快速发展，在这一过程中，新一代信息技术还将在智能化交通装备、智慧公路、智慧铁路、智慧驾驶等领域发挥重要作用，这些领域的技术升级成为未来发展的重点。

4. 优化运营服务与智能调控

新一代信息技术促进了地面交通一体化发展，优化了地面交通运营服务与智能调控。随着新一代信息技术的深入应用，我国地面交通基础设施智能化将不断加强，调控速度也会随之加快。

总而言之，新一代信息技术将优化我国地面交通网络的整体生态，从交通基础设施建设到交通装备制造，再到交通组织管理，每个领域都会表现出高度智能化的特点，地面交通与新一代信息技术将沿着这一方向深度融合发展。

第四节
水上交通：新一代信息技术与交通运输融合发展的方向与重点

新一代信息技术与我国水上交通运输载具的结合已经取得诸多成果，但发展空间依然巨大，以下 3 个方面将成为发展重点。

1. 水上交通载具的远程遥控技术

水上交通载具远程遥控技术是我国水上交通载具实现完全数字航行前的阶段性升级技术，其目标为实现水上交通载具在复杂水域、交通密集水域、恶劣天气等环境下的远距离安全操控，这种技术需要新一代信息技术的有效支撑。

目前，我国在水上交通载具的远程遥控技术领域已经取得突出成果，但这一技术还不足以结合人工智能、大数据等技术实现水上交通载具的自主航行，因此这一方面也是我国水上交通运输未来发展的重点。

2. 水上交通载具的自主航行技术

水上交通载具的自主航行是指载具通过新一代信息技术自主完成离泊、出港、航行、进港、锚泊等各种航行规定的安全动作，实现这一功能需要水上交通载具自身具备态势感知、运动控制、智能决策技术。

3. 水上交通安全管理及水面打捞救援

2019 年 11 月，国务院办公厅发布《关于加强水上搜救工作的通知》，该通知中明确提到，加强信息资源共享。国家海上搜救部际联席会议、地方各级水上搜救联席会议的成员单位，要充分利用交通运输、工业和信息化、自然资源、水利、应急管理、气象等部门的资源，提升预测预防预警能力，切实履行水上搜救、抢险救灾、支持保障、善后处置等职责。

水上交通各部门应注重装备研发配备和技术应用。加强深远海救助打捞关键技术及装备研发应用，提升深远海和夜航搜救能力。加强内陆湖泊、水库等水域救援和深水救捞装备建设，实现深潜装备轻型化远程投送，提升长江等内河应急搜救能力。推动人工智能、新一代信息技术、卫星通信等在水上搜救工作中的应用，实现“12395”水上遇险求救电话全覆盖。科学布局建设船舶溢油应急物资设备库并定期维护保养，加强日常演习演练，提升船舶污染和重大海上溢油的应急处置能力。

由此可见，新一代信息技术是我国水上交通安全管理及水面打捞救援领域的重点技术，其在这一领域的发展空间巨大。

第五节
网上交通：新一代信息技术与交通运输融合发展的方向与重点

2021 年 3 月 24 日，国家新闻办公室举行“深入贯彻‘十四五’规划　加快建设交通强国”发布会，交通运输部就“坚持创新驱动引领，高度重视智慧交通的发展”明确了 4 个重点。

一是推进交通基础设施数字化、网联化、智能化，推动传统基础设施数字化升级改造，将先进的信息技术与交通运输有机融合，推动自动驾驶、智能航运等技术的发展与试点应用。二是提高运营管理的智慧化水平，打造综合交通运输“数字大脑”。三是推进先进交通装备应用，加快北斗卫星导航系统的推广应用。四是夯实科技发展基础，加强基础研究，推进“产、学、研、用”深度融合，开展交通基础设施长期性能科学观测网的建设。

我们从这 4 个发展重点中可以看出，新一代信息技术与我国交通网络的融合越来越深，且产生的影响将会更加深远。

对我国网上交通而言，新一代信息技术带来的改变不仅有交通载具的智能化发展，我国综合立体交通网的整体运营模式、管理策略、服务水平也得到了大幅升级。我国交通网络呈现出节能环保、高效安全、智能高端、准确及时等特点。随着新一代信息技术与交通网络的深入融合，其将在以下 6 个方面产生更大的价值。

1. 交通资源利用率大幅提升

新一代信息技术可以以交通网络的大数据为基础，分析人民群众对物流资源、道路资源的需求及运用规律，根据分析结果合理调度我国的交通资源，缓解重要交通干道、航道的运输压力，增强交通运输的安全性与高效性。

2. 增强交通的智能性

我国综合立体交通网已经具备信息化、数据化的特点，有效保障了我国交通系统的高效运营。新一代信息技术将促进我国车联网、智能航运、智能航空、智能铁路等系统的协同运营。例如，我国城市道路的交通信号灯已基本体现智能化，交通信号灯会自动根据不同时段、不同车流量调整不同方向的亮灯时长，确保城市道路的畅通和道路资源的最大化利用。

3. 协调交通运输方式

新一代信息技术可以促进我国交通运输网络的共享互联，打造高品质、大容量的交通运输网络，因此，我国各种运输方式展现出了更大的优势，进而实现综合运输的协调发展。这对实现《中国交通的可持续发展》白皮书中“全国 123 出行交通圈”“全球 123 快货物流圈”的目标有重要的促进作用。例如，利用新一代信息技术调配物流系统，根据物流系统的实际特点自动选择最优的运输方式，充分利用海陆空交通资源，发挥综合立体交通网更大的作用。

4. 提高运输服务的智能性

新一代信息技术促进了我国无人驾驶、无人配送技术的发展，我国运输服务的智能性将大幅提高，其主要表现为高效满足大众的个性化运输服务需求。这需要我国智能交通系统运用大数据、人工智能技术升级交通运输系统，以更便捷的方式优化大众的使用体验。

另外，我国交通运输行业呈现多元化的发展特点，这使我国交通运输服务逐渐无法满足多元化需求，而新一代信息技术可以提前感知交通运输行业的变化趋势，并根据大众运输需求的变化调整运输方式。例如，我国同城快送行业近年来的高速发展就是交通运输服务升级的表现，及时创新物流配送方式，可以提高交通运输系统的整体价值。

5. 推动共享交通的深度发展

物联网技术与大数据技术创新了共享交通模式，这一交通服务不仅具有绿色节能的特点，并且有效缓解了我国交通的压力。新一代信息技术将继续推动我国共享交通深度发展，改变大众用车、购车计划，在大众对共享出行需求不断增长的趋势下，新一代信息技术的融合创新将更加深入。

未来，我国共享出行可以扩展到海陆空各个领域，并且表现出个性化、定制化的特点，这需要新一代信息技术将多种交通资源进行整合协调，以响应大众对共享交通的动态需求。

6. 增强物流服务的一体化管理

随着物联网、区块链、人工智能等新一代信息技术与物流系统的融合，我国物流服务品质也在不断提升。从结算方式到物流效率，再到物流信息的全程跟踪，我国物流系统的智能性已充分凸显。

新一代信息技术将促进物流系统一体化管理，例如，根据城市交通数据，建立综合物流仓储系统，提高物流调配效率，以优化用户体验。

总体而言，新一代信息技术对我国网上交通的促进主要表现在技术方面，技术的细化、提高将成为未来发展的重点，这也是提高我国网上交通效率、品质的主要策略。

第六节 海陆空信息领域基础研究的方向与重点

新一代信息技术的持续进步成为我国交通创新驱动发展的重要力量，促进了我国交通强国战略的实现。海陆空信息领域基础研究是新一代信息技术与我国交通融合的主要方式之一，也使我国向交通强国发展的技术思路更加清晰。

我国海陆空信息领域的研究已经进入成熟阶段，已表现出以地面网络为基础，以空中网络为延伸的发展趋势。截至 2022 年，新一代信息技术应用全面覆盖我国海基、陆基、天基的建设领域，且为综合立体交通网的智慧发展带来关键技术支撑。

海陆空信息领域研究将推动我国重要交通发展策略的创新，以满足交通强国战略整体所需，提升我国交通的国际竞争力。对比我国海陆空信息网络发展现状，不难看出，海陆空信息领域研究目前依然存在一个难点，即实现海陆空各领域的信息融合，建立一个完整高效的海陆空信息共享框架。

想要解决这一问题，需要我国海陆空信息领域研究向以下 8 个方面发展。

1. 延伸全球覆盖能力

交通网络全球化延伸是交通强国建设的重要标志，就我国海陆空信息网络的现状而言，海陆信息网络已能满足全球交通延伸所需，但空中信息网络依然存在不足，因此，未来利用新一代信息技术增强空中信息网络全球化延伸是重要的发展方向。

2. 增强重点区域的多重覆盖能力

为满足我国交通的快速发展，重点区域的多重覆盖也是未来发展的重点。例如，在我国南海地区，需要海陆空信息网络多重覆盖，以提高其交通信息保障能力，同时提高该区域的交通效率。

3. 增强空间传输能力

海陆空信息网络的空间传输能力决定了我国综合立体交通网的运作效率，海陆空信息网络应当保障用户在全球任何位置、任何时间的信息有效传输，这一技术的提高，将有效提升我国交通网络的国际竞争力。

4. 信息终端的多样化发展

为了满足社会多样化发展的需求，我国海陆空信息网络也会进行终端的多样化转变，信息终端功能将会不断丰富、提升。例如，我国导航定位系统最初安装在台式设备中，随着时代的发展，手持移动终端成为其主要的应用场景，并且可视化功能也进行了定制化语音升级，可以满足用户不同的导航需求。

5. 强化网络一体化架构

新一代信息技术需要在未来攻克海陆空信息网络发展的多个难点，其中强化网络一体化架构便是重中之重。目前我国卫星网络与地面网络的融合较浅，导致海陆空交通的整体部署、协同服务、功能升级无法快速实现，未来大数据、人工智能等技术会在这一方面发挥更重要的作用，以此弥补我国海陆空信息网络架构的不足。

6. 建立具有综合属性的信息平台

我国卫星技术已经满足海陆空信息领域建设综合信息平台的条件，结合综合交通信息平台的发展趋势，“一星多用、多星组网”将成为我国海陆空信息网络的重要发展趋势，在这种趋势下，我国海陆空信息网络可以完成深度融合，并可以实现高质量、规模化调配交通资源，同时空间数据传输、精准导航、远程交通装备操控等功能也会多次被升级。

7. 提高天基网络技术的自主研发

针对我国信息领域“地强天弱”的现状，空中信息网络建设将成为发展重点，提高天基网络技术自主研发成为发展关键。

8. 提升海陆空信息领域的安全防护能力

海陆空信息网络的发展必然趋向全球化，而网络高效开放的特点也为我国发展带来了一些隐患，因此，利用新一代信息技术增强海陆空信息领域的安全防护能力，消除信息传递、信息监管、数据存储等方面的安全隐患是未来发展中不可忽视的重要事项，也是我国迈向交通强国的重要基础。

第二十章

一体化协同发展的平安交通建设的方向与重点

第一节
一体化协同发展的平安交通建设的总体方向与重点

2020 年 11 月，交通运输部印发了《关于完善综合交通法规体系的意见》，这份文件将完善我国交通运输安全领域的法律法规体系，既保障了我国综合立体交通网的安全建设，又支撑了各种运输方式一体化融合发展，对我国建设交通强国提供了法律支撑。

从交通运输部发出的多份关键文件中我们可以看出，交通安全建设与交通一体化协同发展始终保持着同步节奏，并且一体化协同发展不仅加速了我国交通强国战略的建设进程，更为平安交通建设提供了保障。

事实上，我国平安交通建设一直遵循一体化协同发展方向，例如，我国城市智能交通建设有效提升了交通安全属性，智能交通由交通信息采集系统、信息处理系统、信息传递发布系统组成。交通监测设备采集数据，后将数据上传到城市“智慧大脑”，运用大数据技术与人工智能技术进行数据分析，之后进行交通资源调配，将路况信息发送到各个移动终端，整体协调城市的交通运行规划，既缓解了交通压力，又降低了事故发生率，保证了城市交通安全。

2021 年，《中共中央　国务院关于全面推进乡村振兴加快农业农村现代化的意见》中明确提到“要开展城乡交通一体化示范创建工作”，“到 2025 年，城乡基本公平，服务均等化水平明显提高”。2021 年 3 月 3 日，交通运输部科学研究院综合运输服务创新团队发布《中国城乡交通运输一体化发展研究报告（2020）》，这份报告明确分析了我国城乡交通运输一体化发展的历程与特点。结合以上重要文件中提到的交通发展成果及我国交通一体化发展现状，不难看出一体化协同发展对我国建设平安交通在以下 3 个方面起到了促进作用，这些方面也是我国平安交通未来发展的重点。

1. 加强平安交通一体化建设基础

未来发展中，我国交通一体化协同发展可以密织交通网，实现全国各地交通连点成线、连线成面。随着我国综合立体交通网基础设施的不断完善，交通出行、运输安全性也大幅提高。例如，2020 年我国多地实施了交通先行战略，助力乡村振兴，通过发展一体化交通网络，提高了农村人民群众的经济收入，大幅降低了交通事故发生率。

2. 加强新一代信息技术应用

我国智慧交通系统综合了交通工程、信息工程、通信工程、大数据、人工智能等多个领域的先进技术，在多个先进技术的支持下，我国的交通风险防控、事故处理、紧急救援等能力大幅提升。随着我国交通一体化协同发展，智慧交通将覆盖我国各个区域，并应用新一代信息技术提高交通安全性。

3. 增强交通一体化监管能力

交通监管能力一直是平安交通建设的重点，随着我国交通一体化协同发展，交通监管能力也进行了一体化升级。例如，2020 年我国多地开展了“雪亮工程”，通过交通关键枢纽智能监管有效降低了国内交通主线的安全隐患，提升了我国综合立体交通网的风险管控和预警能力。

第二节 路网风险智能协同管控技术研究的方向与重点

依托 5G、云计算、物联网、人工智能等技术，交通新基建成为我国智慧交通建设、运行的主要基础，而互联网行业、交通运输行业与新技术的融合也越来越深入，智慧交通逐渐成为我国新一代信息技术的重要载体与应用对象。在我国路网风险智能协同管控上，新一代信息技术通过提升路网运维管理基础设施功能、融合互联地域智能协同管控平台等方式，促进我国路网向高质量、高效率方向快速发展。

为提高路网风险智能协同管控技术水平，新一代信息技术将重点提升我国路网的智慧管控能力，全方位满足路网动态管控需求，实现路网运行效率与安全水平协同发展。另外，我国路网风险智能协同管控技术还将在以下 4 个方面增强协同性，以此加速实现平安交通建设的目标。

1. 建设与管理的协同性增强

我国路网发展中普遍存在建设与管理之间的壁垒，即建设与管理过程中标准不一，缺乏一体化与协同性。这种情况造成了路网资源的无效投入与重复建设，影响了我国路网一体化管理效果。

智能路网将重点消除前期建设与后期管理之间的壁垒，通过统一建设需求与管理需求的方式，升级设计理念，并统一全国各区域的路网设计理念，进行集约规划设计，增强基础设施与管理系统的融合性，提高路网风险智能协同管控技术水平，增强路网一体化协同管理效果。

2. 增强路网流量管控的协同性

车路协同管控是指在路网流量管理的基础上为车辆行驶提供精细化管控和个性化服务。例如，我国智能路网实现了车路信息交互，这就属于车路协同管控。这种管控方式可以有效提高车辆运行的安全性与效率。

虽然我国路网能实现车路信息的及时传递，但在车辆行驶过程中，交通信号灯还无法实现智能规划。例如，面对城市交通固定时间、固定路段的拥堵情况，我国路网系统只能为行驶车辆提前传递拥堵信息，而无法通过交通信号灯进行智能疏导，以减轻拥堵路段的交通压力。

我国路网流量管控协同性的提高，不仅可以缓解我国路网的运行压力，而且可以有效提高路网的安全性。

3. 增强路网动态监测与环境监测的协同性

行车环境是我国高速路网保持通畅与安全的重要条件，随着新一代信息技术的应用，我国路网动态监测能力不断加强，但环境监测能力仍有待提升。

路网系统可根据路面情况、车辆情况、环境情况对高速路网进行分段动态监测。例如，部分城际高速路段受气象影响导致行车安全性降低，路网系统需要加强对受气象影响路段相接路段的重点监测，根据实际情况智能控制道路流量，确保车辆行驶安全。

4. 提高高速路网与城市发展的协同性

我国路网风险智能协同管控技术目前已经实现高速路网与城市路网的协同管控，但高速路网与城市发展的协同性还有待提升。例如，随着城市发展高速路网与城市交通连接路段的增加，高速汇入点、测速点、服务区入口、匝道等路段的风险管控力度不够，这是我国路网未来发展中需要重点解决的安全隐患。根据城市的发展情况提升高速路网风险智能协同管控能力，是解决这种情况的主要方法。

以上 4 种协同理念是实现我国路网一体化协同发展的重点。需要注意的是，新一代信息技术可以有效协调路网发展与建设节奏，通过提升路网感知力、建立智能协同管理模块等方式加速路网内部融合，以建立满足时代所需的智能路网系统。

第三节
轨道交通主动安全保障技术的方向与重点

2021 年 5 月 3 日，墨西哥首都墨西哥城的一段地铁轨道桥突然坍塌，导致一列地铁脱轨。这次事故造成 24 人遇难，79 人受伤。这次事故的发生使轨道交通主动安全保障技术成为大众关注的焦点。轨道交通作为高效运输的重要方式之一，近年来在全球范围内获得了快速发展，轨道交通在得到广泛应用的同时，其安全性成为大众关心的重点，这也是决定轨道交通发展前景的关键要素。

2021 年 5 月 6 日，国务院安全生产委员会办公室针对墨西哥地铁轨道桥垮塌重大伤亡事故发布了紧急通知，明确指出要加强我国城市轨道交通安全工作。我国城市轨道交通线网规模和客流规模均居世界第一。随着城市轨道交通建设的规模不断扩大，潜在安全风险不断增多，安全运营压力也在不断增加，提升我国轨道交通主动安全保障技术水平将成为交通运输领域的发展重点。

该紧急通知还对我国轨道交通发展提出了具体要求，要求有轨道交通的当地人民政府、职能部门认真制定专项检查工作方案，彻底排查城市轨道交通的重大风险隐患，坚决防止此类影响人民群众安全的特大事故发生。

从我国对世界轨道交通事故的反应速度及紧急通知的具体要求中，我们可以看出，我国始终将轨道交通的安全性作为首要的发展重点。对比国内外轨道交通的发展现状、运营现状，可以总结得出我国轨道交通主动安全保障技术水平还需要从以下 4 个方面进行提升。

1. 完善制度

我国城市轨道交通、城际轨道交通管理中依然存在诸多问题。例如，我国存在乘客的不当行为导致高铁无法正常运营的情况，这代表我国轨道交通安全教育不全面，无形中增加了轨道交通运营的安全压力。

完善轨道交通管理制度将是我国轨道交通的发展重点，主要方式为使用大数据技术，统计轨道交通领域的常见问题，并针对问题提出解决方案及优化管理措施。

2. 升级安全技术装备

近年来，我国轨道交通发展保持高速势态，技术装备不断推陈出新，但轨道交通安全技术装备水平仍有待提升。例如，铁路交通的提速导致列车安全运行状态监控、车辆超偏载监测、轴承振动诊断等装备的性能稳定性、准确性下降。轨道交通安全技术装备领域存在较大的发展空间。

3. 增强轨道交通通信能力

轨道交通通信能力是交通载具正常运行、有效处理事故的重要保障，也是整个轨道交通网络整体安全运行的重要基础。目前，我国轨道交通通信工程建设可以确保交通载具的正常、安全运行，但轨道交通通信能力还缺乏开放性、高效性。信息的开放和准确可以有效提升轨道交通的安全性与稳定性，因此这一技术领域也会在未来发展中被重点关注。

4. 建立专业的管理团队

轨道交通在实际运行过程中存在安全管理水平不高的现象，主要表现为一人多岗的情况，这直接降低了安全管理的有效性与及时性。我国轨道交通管理团队的建立、管理人才的补充也是重点发展方向，更多专业人才将获得发展空间。

第四节 泛在互联的港航安全应急保障技术体系的方向与重点

在新一代信息技术的促进下，我国综合立体交通网正沿着一体化协同发展方向不断前进，5G、人工智能、大数据等技术也为我国交通网络搭建了覆盖全国的监控系统、交通应急管理系统、交通智能调配系统。不同交通领域的一体化协同发展优化了我国交通管理系统，实现了港航安全应急保障能力的全面升级。结合我国当前港航安全应急保障技术体系的发展现状，不难看出以下 3 种技术将成为发展重点。

1. 无人机技术

无人机技术在我国港航领域运用范围非常广泛，也是港航应急情况下反应较迅速的信息搜集、现场勘查技术之一。目前，我国无人机技术在港航应急保障技术体系可以发挥以下作用。

① 关键取证。港航应急现场的各种情况可以通过无人机在第一时间完成关键取证。通过无人机采集的信息，港航管理负责人可以全面了解各种港航应急情况的客观因素。通过信息收集、上传，以及港航应急保障系统的升级，港航领域的安全运行水平也可以获得提升。

我国无人机在恶劣环境下的影像清晰度、续航能力，以及信息传输的稳定性与及时性将成为发展重点，这会为我国的专业人才带来更多的发展机遇。

② 远程处理。港航管理负责人利用无人机可以实现应急情况的远程指挥，并协调应急救援部队制定最优的救援方案。无人机远程指挥功能的升级将成为发展重点，例如，从远程喊话功能发展到实时视频传输。

2. 通信技术

通信技术是我国智能交通发展的基础技术，是港航安全应急的时间保障。未来发展中通信技术的升级主要针对以下两个方面。

① 稳定性。由于港航领域属于远距离交通，所以通信技术的稳定性是港航安全应急的重要保障。我国通信技术将在保持稳定性的前提下提升高效性、开放性。这需要我国卫星导航技术、5G 保持国际一流水平，既能满足港航交通发展所需，又能加速交通强国建设进程。

② 安全性。通信技术的安全性是指保证交通数据在传输、存储等环节的安全。为确保我国交通网络的整体安全和港航运行安全应急保障技术体系的有效性，通信安全将伴随我国交通发展不断升级。

3. 大数据技术

随着智慧交通的发展，大数据技术被应用到我国交通的各个领域，例如高速公路、车辆、ETC 等，未来其必然会与港航领域进行深度融合。

目前，大数据技术已在我国港航安全应急保障技术体系中发挥重要作用，其主要作用有以下两点。

① 事故分析，大数据技术可将被动管理转化为主动防控。我国港航大数据库已经统计了大量的国内外港航事故信息，对事故成因及防范措施进行了分析整理，以此完善港航安全应急保障技术体系。

大数据技术在港航安全应急领域的发展重点是消除滞后性与局限性。随着交通运输行业的发展，港航交通技术与运行环境发生了诸多变化，传统数据的滞后性与局限性将降低港航安全应急保障能力的有效性。因此，提升大数据智能分析能力以提升港航安全应急保障能力，必然是未来的发展重点。

② 提前检测，提前排查。目前，我国港航交通系统已经收集了海量的数据，通过人工智能与大数据技术的结合，建立了港航安全预警模块，提升了港航安全应急保障能力。

在未来发展中，港航安全预警模块的风险预测与排查能力将不断提升，这需要大数据技术进行多维度、多因素数据的收集，然后进行多周期的分析对比，从而预测港航运行期间环境、气候、交通装备等因素可能带来的安全隐患。

以上 3 种技术的升级发展可以有效提升我国港航安全应急保障能力，并且在这些领域中，专业技术人才、相关技术产业可以获得进一步的发展。

第二十一章

全生命周期绿色交通技术体系的方向与重点

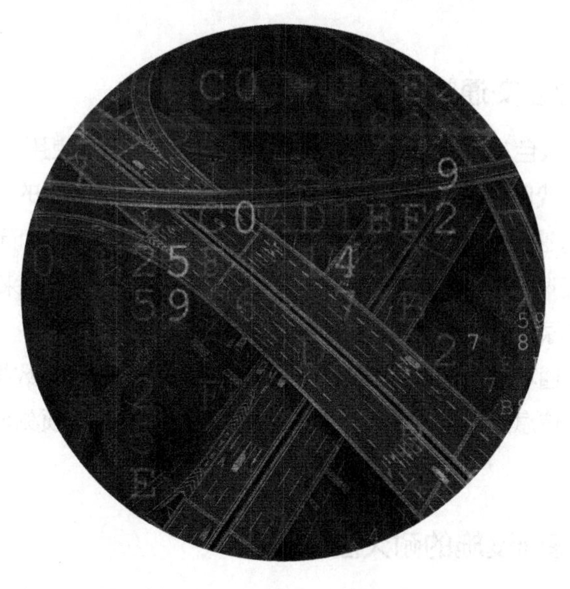

第一节 全生命周期绿色交通技术体系的方向与重点

绿色交通是我国“十三五”时期提出的交通发展方向，也是我国交通可持续发展、高质量发展的主要模式。“十四五”期间，绿色交通再次被列为交通发展的重要任务，我国多个省（自治区、直辖市）制定了符合自身实际情况的绿色交通发展规划。

我国绿色交通的发展力度不断增强，只有结合绿色交通公平性、协调性、持续性的发展原则，从全生命周期角度审视绿色交通发展，才能确保绿色交通的科学性、持续性、健康性。

全生命周期绿色交通发展是指依靠新一代信息技术与现代管理方法，统筹绿色交通发展的项目规划、建设、运营、回收等环节，以此确保绿色交通发展的合理性、高效性、持续性。

全生命周期绿色交通目前存在较大的发展空间，未来需要在以下 3 个方面重点发展。

1. 延长绿色交通的生命周期

目前，我国绿色交通建设项目的预测生命周期与实际使用周期存在不匹配的情况，例如，在我国绿色高速工程中，正常情况下高速公路的使用周期为 70 年以上，但我国高速公路网存在大量高速路段因车流压力过大而扩建、改建的情况，导致诸多高速路段使用寿命不足 15 年。这种情况不仅带来了路网资源的浪费，而且增加了绿色交通的建设投入。

未来绿色交通项目的前瞻性需要大幅加强，这需要运用大数据技术对项目周围的实际情况进行信息采集、存储并进行周期性分析，以准确预测该交通项目的运载压力。

2. 提升基础设施的耐久性

基础设施的耐久性不足不仅会造成维修成本和资源消耗增加，同时也会影响交通基础设施的使用效率。未来提升交通基础设施的耐久性是绿色交通发展的关键，这需要专业科技人才大力实施科技创新，促进绿色交通发展。

另外，在我国基础设施设计阶段，从全生命周期管理的角度审视交通项目建设也可以提升基础设施的耐久性。以我国桥梁为例，我国作为全球桥梁第一大国，拥有100多万座交通桥梁，随着我国交通运输行业的发展，桥梁维修压力正在大幅增加，甚至某些桥梁已经无法发挥应有的作用。

站在全生命周期的角度规划交通基础设施建设方案，可以有效提升我国交通基础设施的耐久性与使用效果，也可以降低资源消耗、环境污染，促进我国交通绿色发展。

3. 提升交通设计的绿色指标

交通设计的绿色指标是指考虑交通项目建设对生态环境的影响，站在全生命周期管理的角度考虑，交通基础设施建设需要把控资源占用与资源消耗的程度。以我国路网建设为例，随着我国绿色交通理念的推广，路网建设中加大了桥梁、隧道的建设力度，虽然桥梁、隧道的投入成本大，但对土地资源、生态环境影响较小，从全生命周期管理角度分析，隧道、桥梁更符合绿色交通发展理念。

交通设计的绿色指标应受到重视，专业技术人员应站在全生命周期管理的角度分析各种设计方案的经济性，考虑交通建设方案资源消耗、占用的程度，通过科学方法有效降低资源成本、碳排放量，延长交通基础设施的使用寿命，这才是绿色交通发展的正确方式。

第二节
交通基础设施绿色建养技术研究与应用的方向与重点

2021年3月24日，国家新闻办公室举行了“深入贯彻‘十四五’规划 加快建设交通强国”发布会，交通运输部就“交通领域要加快形成绿色低碳的运输方式”“鼓励绿色出行”工作提出3项关键举措。

一是要推动绿色交通基础设施建设，将生态环保理念贯穿交通基础设施规划、建设、运营和维护的全过程，建设绿色交通基础设施，统筹利用综合运输通道线位、土地等资源，加大岸线、锚地等资源的整合力度和利用效率，推进废旧路面、建筑垃圾、工业固废等在交通建设领域的循环利用。

二是优化调整交通运输结构，加快推进大宗货物和中长距离运输的“公转铁”“公转水”，大力发展多式联运，提升集装箱铁水联运和水水中转比例，开展绿色出行创建行动，提高绿色出行比例。

三是加强碳排放和污染防治协同控制，加快新能源、清洁能源的推广应用，推动营运车船能效提升，强化车辆排放检验与维护制度实施，深入推进船舶排放控制区建设。

从这 3 项举措中我们可以看出，我国将大力促进绿色交通发展，绿色交通基础设施建设将成为交通运输工作重点。从第一项举措中我们可以看出，我国绿色交通基础设施建设依然存在诸多不足，应及时补齐短板，贯彻绿色发展理念。

目前，我国交通基础设施规划、勘察、设计、建设等阶段对环境资源的消耗较大，例如，城市交通建设带来的噪声污染、空气污染、水源污染等问题，这类问题近年来虽然有所减少，但对环境的影响依然较大。

同时，不同交通基础设施的建设由不同交通运输主管部门负责，这也导致交通基础设施数据共享、全生命周期效益最优等目标难以达成。

站在全生命周期管理的角度分析，我国绿色交通基础设施在勘察、设计、建设和运营的每个阶段都需要保持“健康”，并通过后期养护及时发现影响交通基础设施“健康”的因素，延长交通基础设施的使用寿命，提升交通基础设施的绿色性，这才是绿色建养的正确方式。

由此可见，我国交通基础设施绿色建养技术将贯穿从规划到运营的每个环节，以此实现绿色交通的可持续发展。另外，绿色建养技术还将结合 5G、大数据、物联网、人工智能等技术，推动技术创新，增强交通基础设施的绿色性、科技性，从而建设“长寿命、高品质、绿色化”的交通基础设施网络，引领我国交通向绿色交通强国发展。

第三节 运输服务节能环保技术研发应用的方向与重点

2018 年 6 月 25 日，我国交通运输部召开新闻发布会，宣贯深度贯彻生态文明思想，通过推动交通运输转型升级、提质增效等方式加速实现“交通运输污染防治攻坚战”的任务目标。为做好交通运输“污染防治攻坚战”任务的落实，我国应着力开展以下重点工作。

① 统筹交通基础设施空间布局，全面推进绿色交通基础设施建设。

② 推广港口的岸电、液化天然气等新能源和清洁能源的应用。

③ 推进交通科技创新，推进交通智能化、物流集约化发展，推进快递业绿色包装。

④ 打好“调整运输结构攻坚战”，开展柴油货车污染治理专项行动、船舶污染防治专项行动、港口设施污染防治专项行动、交通路域环境污染治理专项行动等，完成交通运输行业污染防治任务。

⑤ 强化安全监管和应急能力建设。

⑥ 推动绿色交通国际合作、积极参与交通运输全球环境治理。

⑦ 开展绿色出行、改善农村出行条件、加强绿色交通宣传与引导、推行绿色机关文化等绿色交通全民行动。

⑧ 深化综合交通运输体制机制改革、加强法规标准建设、强化经济政策引导、强化评价引导，健全生态文明治理体系。

在实施这 8 项举措后，我国绿色交通取得了良好的效果，各交通领域也达成了预期目标。不过值得注意的是，交通运输部提出的绿色发展战略是站在国际视角制定的长远发展规划。在这 8 项举措中，第②⑥⑦⑧项举措都与交通运输的绿色发展有关，也阐明了交通运输服务节能环保发展的重要方式——深入结合新能源技术。

近年来，新能源技术成为世界交通领域节能环保的主要方式，美国未来今日研究所在《2021 年科技趋势报告》中提到，目前世界各国正在大力研究新能源，例如太阳能、氢能等，人类对现有能源的使用正在影响地球气候，而气候变化也在极大地改变人类生活。

新能源被世界各国青睐，是因为它属于可再生能源，包括太阳能、风能、地热、洋流等，新能源最大的特点是环保。

2022 年，新能源技术在我国地面交通运输领域取得了显著发展成果。据中国汽车流通协会汽车市场研究分会最新零售销量数据统计显示，2022 年我国汽车累计零售 2054.3 万辆，同比增长 1.9%。其中，燃油车零售 1486.8 万辆，同比减少 230.2 万辆；新能源汽车零售 567.4 万辆，同比净增 268.7 万辆。

在新能源汽车的支撑下，我国汽车排放污染问题得到了有效缓解，全国大气治理取得了显著效果。

新能源汽车只是我国绿色交通高速发展的“冰山一角”，未来发展中，我国交通对新能源的应用将更加广泛，从而全面提升我国交通节能环保的能力。目前，我国储量丰富、有待开发的新能源主要包括以下 4 种。

1. 太阳能

太阳能已经覆盖我国经济发展的各个领域，其对我国交通运输行业发展的促进作用主要表现在充电方面。利用这种新能源，我国交通路网照明问题得到了有效解决，并且为我国节省了大量的火力发电资源。

2. 海洋能

我国拥有广阔的海洋资源，航海运输是我国重要的交通运输方式。目前，我国对海洋能的运用局限于波浪发电和潮汐发电领域，海洋能为交通运输节能环保带来的助力还不明显，其对交通运输节能减排的促进功能还有待开发。

3. 风能

风能属于我国早期重点开发的新能源，我国对风能的运用已经从风力发电拓展到交通运输领域。风能研发项目已在我国物流、海洋短途运输等领域取得一定的成果，使用风能运输虽然还未成为主流的运输模式，但对我国海洋运输节能减排产生了显著的促进效果。

4. 氢能

氢能是近年来热度较高的新能源，《2021 年科技趋势报告》中明确提到氢能将使世界大部分地区摆脱对碳基能源的依赖。虽然氢能交通运输载具还未普及，但氢能在汽车领域的应用推广不断取得新进展，期待未来氢能汽车进入大众生活，并成为地面交通运输的主要载具。

案例21-1 “双碳”交通运输工作的专家解读

2022 年 4 月，《交通运输部 国家铁路局 中国民用航空局 国家邮政局贯彻落实〈中共中央 国务院关于完整准确全面贯彻新发展理念做好碳达峰碳中和工作的意见〉的实施意见》(以下简称《实施意见》) 发布，这项加速推进交通运输绿色低碳转型的国家政策在为我国交通运输行业绿色发展指明方向的同时，也做出了具体安排。

《实施意见》发布之后，我国交通运输管理部门及相关行业根据政策指引部署了交通运输领域未来发展规划，交通运输部科学研究院的相关负责人对《实施意见》指明的“双碳”交通运输工作进行了详细解读。

相关负责人指出，《实施意见》确定了“坚持统筹推进、坚持节约用能、坚持改革创新、坚持科学有序”4 项工作原则，将“双碳”交通运输工作的具体工作明确为优化交通运输结构、推广节能低碳型交通工具、积极引导低碳出行、增强交通运输绿色转型新动能 4 个方面。

1. 优化交通运输结构

《实施意见》中提出，加快建设综合立体交通网。完善铁路、公路、水运、民航、邮政快递等基础设施网络，构建以铁路为主干，以公路为基础，水运、民航比较优势充分发挥的国家综合立体交通网，切实提升综合交通运输整体效率。提高铁路、水路在综合运输中的承运比重，持续推进大宗货物和中长途货物运输“公转铁”“公转水”。优化客货运组织，推进城乡交通运输一体化发展，推动城市绿色货运配送示范工程创建。“优化交通运输结构”是针对我国交通运输结构提出的全面改善策略。从我国目前交通运输基础设施网络中可以看出，综合交通运输体系的完善需要运输能力与服务水平同步提升，同时将以公路运输为主的交通运输发展成为公路、铁路、水路、航空综合一体的交通运输。

截至 2021 年年底，我国公路货运量所占比重高达 75%，而铁路货运量所占比重仅为 9.2%，这表明我国交通运输结构有待优化，铁路、水路的低能耗运输优势没有被充分发挥，这也将成为我国“双碳”交通运输工作未来发展的重点。

2. 推广节能低碳型交通工具

《实施意见》中明确提出，积极发展新能源和清洁能源运输工具，有序开展纯电动、氢燃料电池、可再生合成燃料车辆、船舶的试点。推动新能源车辆的应用。探索甲醇、氢、氨等新型动力船舶的应用，推动液化天然气动力船舶的应用。积极推广可持续航空燃料应用。加强交通电气化替代，推进铁路电气化改造，深入推进机场运行电动化，推进船舶靠港使用岸电，不断提高岸电使用率。推进高速公路服务区快充网络建设，鼓励开展换电模式应用。提高燃油车船能效标准，制修订适应碳达峰碳中和要求的营运车船能耗限值准入标准，引导行业选择和使用高能效车船，加快老旧运输工具更新改造，提升交通运输装备能源利用水平。

从《实施意见》中我们可以看出，动力低碳替代和运输工具自身能源效率提高是我国交通运输装备绿色转型的关键点，虽然我国近年来绿色交通发展成果显著，但目前交通运输低碳装备依然占比不高，未来加大清洁能源的推广应用是绿色交通发展的重点。

3. 积极引导低碳出行

《实施意见》中明确提出，全面推进国家公交都市建设，优先发展公共交通，完善城市公共交通服务网络，提高公共交通供给能力，鼓励运输企业积极拓展多样化公共交通服务，改善公众出行体验，大力提升公共交通服务品质。推动自行车、步行等城市慢行系统发展，加快转变城市交通发展方式，综合施策，加大城市交通拥堵治理力度。积极开展绿色出行创建行动，提升绿色出行装备水平，大力培育绿色出行文化，完善绿色出行服务体系。

随着我国绿色出行服务体系的健全与发展，大众绿色出行方式全面改善，这是从需求源头促进交通运输系统节能减排的重要措施。针对大众出行多层次、多样化、个性化的需求，我国交通运输主管部门需要提高服务质量和效率，构建低碳出行的基础设施环境，提升大众绿色出行的幸福感和安全感。

4. 增强交通运输绿色转型新动能

《实施意见》明确提出，强化绿色低碳发展规划引领，将碳达峰碳中和交通运输目标要求全面融入各地区交通运输中长期发展规划，强化有关专项规划的支撑，加强各级各类规划的衔接协调，确保各地区、各部门落实碳达峰碳中和交通运输工作目标要求协调一致。提升交通运输科技创新能力，推动交通运输领域应用新能源、清洁能源、可再生合成燃料等低碳前沿技术攻关，鼓励科研机构、高等院校和企业开展低碳技术和装备研发，培育行业相关领域重点实验室，加强交通运输领域节能低碳技术宣传、交流、培训及创新成果转化应用。发挥市场机制推动作用，加强政府在碳达峰碳中和的法律、标准等方面的主导作用，充分发挥碳排放权、用能权有偿使用、合同能源管理等市场机制作用，形成政府和市场两端发力的新局面。

碳达峰碳中和作为我国绿色交通发展的系统工程，依然是交通运输系统的发展重点，未来发展中，利用新技术、新机制催生新动能是关键发展策略，也是改善我国高投入、低效率、粗放式交通发展方式的主要方法。

第二十二章

新时期交通运输科技创新体系的方向与重点

第一节 新时期交通运输科技创新体系的方向与重点

我国交通科技已经在多个领域达到全球领先水平，交通科技创新引领我国交通运输行业保持高质量发展，为我国快速实现交通强国战略目标注入了源源不断的活力。

作为我国交通发展的强势动能，科技创新深刻改变了交通运输行业从业者的思维方式，提高了工作质量，拓展了行业发展空间，让我国交通运输行业与数字化、网络化、智能化特性有机结合，并充分利用新一代信息技术加速了行业发展。未来，我国交通运输行业将继续注重科技创新，力求通过技术力量改变世界交通强国的格局。

2021 年 3 月 24 日，交通运输部相关负责人在国家新闻办公室举行的“深入贯彻‘十四五’规划 加快建设交通强国”发布会上表示，我国交通运输部将坚持科技创新赋能交通运输发展，并以新一代信息技术为基础提效能、扩功能、增动能，多点发力，全面推动交通强国战略的发展。

事实上，以科技创新促进交通强国战略加速发展的方法在“十三五”时期就已确立并且取得了明显成效。2020 年 8 月，我国交通运输部综合规划司正式发布《交通运输部关于推动交通运输领域新型基础设施建设的指导意见》(以下简称《意见》),《意见》中细化了我国交通新基建的发展方式。

在《意见》等一系列文件的指导下，我国综合立体交通网围绕数字化、陆运一体化发展重点，开展了“新一代国家交通控制网和智慧公路试点”“智慧港口示范”等多个试点示范，展现的科技实力与发展效果达到国际一流水平。

另外，交通运输部还在“深入贯彻‘十四五’规划 加快建设交通强国”发布会上明确了科技创新赋能交通运输发展的 4 个重点方向，具体如下。

1. 应用新一代信息技术升级改造交通基础设施

为推动我国交通基础设施发展，将新一代信息技术与交通运输有机融合，使交通基础设施具备数字化、网联化、智能化特点，全方位赋能我国交通发展，重点推动自动驾驶、智能航运等技术的发展与试点应用。

由此可见，在新时期交通运输科技发展中，加深新一代信息技术与交通基础设施的融合，将成为交通运输行业的一大发展方向。

2. 提升交通管理的智慧化水平，着力打造“数字大脑”

我国交通管理的发展方向是提升智慧化水平，着力打造覆盖交通运输各个领域的“数字大脑”，通过构建数字、智慧的交通网络，提升大众出行体验与物流服务体验，并提高交通运输管理效率，进一步提升行业智能化、数字化、网联化水平。

由此可见，在新时期交通运输科技发展中，新一代信息技术与交通管理的深度融合是交通运输行业的一大发展方向。

3. 提升交通装备的先进性

我国先进交通装备的研发应用将继续加大力度。例如，加快北斗卫星导航系统在交通运输行业的运用，研发设计更先进、更实用的交通运输装备，加快集装化、厢式化、标准化交通运输装备发展，全面推广自动化码头等交通基础设施应用等，通过这些方式全面提升我国交通装备的先进性，促进我国交通运输行业稳健、快速发展。

由此可见，在新时期交通运输科技发展中，交通装备研发领域将迎来更广阔的发展空间，需要更多的专业技术人才支撑。

4. 夯实科技发展基础，加深“产、学、研、用”融合

只有夯实科技发展基础，才能取得良好的发展效果，在我国交通科技发展中，“产、学、研、用”深度融合将成为发展重点。通过建设交通基础设施长期监测网、加强交通运输领域科技力量、强化交通运输数据网联共享等方式，扎实交通运输科技功底。另外，5G、大数据、人工智能等技术也将成为我国交通强国试点项目的主要发展技术，这些技术的深化可以推动我国智慧交通有序发展。

由此可见，在新时期交通运输科技发展中，现有交通科技的延伸、深化将成为未来交通运输行业发展的重点。

科技创新是现代交通运输行业发展的重点，也是我国实现交通强国的必然选择。近年来，我国交通科技已经攻克了诸多难题，并且在超大型桥隧技术、港口航道技术等领域成为“世界之最”。坚持交通科技创新发展之路，是我国走向世界交通强国前列的重要途径。

第二节
完善重点科研平台体系的方向与重点

2019 年，交通运输部发布了《交通运输部关于公布 2019 年交通运输行业研发中心和重点实验室认定结果的通知》，该通知显示，为满足实现交通强国战略的重大需求，根据交通新技术发展趋势，在“自动驾驶技术”“城市轨道交通综合应急技术与装备”“北斗卫星导航系统技术应用”“水下隧道智能设计、建造、养护技术与装备”“新一代人工智能技术应用”“新能源、新材料、新装备在交通运输领域的应用”“生态安全屏障区交通网设施管控及循环修复技术”7 个方向中认定 22 家行业研发中心和 3 家行业重点实验室，这代表我国交通运输行业的重点科研平台已接近 200 家。

从交通运输部发布的文件中我们可以看出，以上 7 个方向是提升交通运输行业整体科技创新能力的重点。

1. 自动驾驶技术

2020 年 10 月 20 日，我国交通运输部科技司科技创新发展处相关负责人在第三届中国汽车安全与召回技术论坛上做了“关于我国自动驾驶发展路径的初步思考”的总结，其中对我国自动驾驶技术未来发展规划进行了 3 点总结。

① 我国交通运输部高度重视自动驾驶技术，将大力推动自动驾驶技术研发。

② 加强部门协同，探索开展面向自动驾驶技术的专门立法。

③ 大力发展关键技术攻关，谋划一批示范应用项目。

从这 3 点中我们可以看出，自动驾驶技术未来会成为我国交通科技发展的重点。另外，我国还将攻关多项自动驾驶核心技术，且注重自主研发产品，使自动驾驶领域成为带动国民经济进步的重要力量。

2. 城市轨道交通综合应急技术与装备

我国城市轨道交通建设规模、研发技术已经达到全球领先水平，在近年的发展过程中，城市轨道交通综合应急能力成为城市轨道交通健康发展的关键。

城市轨道交通综合应急能力的发展重点如下。

① 防控能力。通过大数据、移动互联网技术的深度应用，根据城市轨道交通运营环境的变化，对可能导致突发状况的因素进行研判，并对研判结果进行多渠道信息传递，以此提升城市轨道交通的风险防控能力。在未来发展中，新一代信息技术在城市轨道交通的应用范围将扩大，应用深度也将逐渐加强。

② 信息报告。突发事件出现后，情况核实、信息采集、数据分析等能力决定了应急效率及后续保障的完善，因此高效出具城市轨道交通信息报告的能力也需要升级完善。

3. 北斗卫星导航系统技术应用

我国自主研发的北斗卫星导航系统如今已经应用到交通运输、公共安全、水文监测、气象预报、通信系统、救灾减灾等众多领域。从近年来北斗卫星导航系统的发展方向中我们可以看出，其在交通运输领域的发展目标是助力基础设施建设，助力全国交通运输统一管理，并提高定位服务精度。

4. 水下隧道智能设计、建造、养护技术与装备

为响应《交通强国建设纲要》，在未来发展中，我国水下隧道智能设计、建造、养护技术与装备将加强理论与前沿市场的对接，推动研发中心在智能建造、绿色低碳交通运输技术方面的创新发展。由此可见，未来我国水下隧道智能设计、建造、养护技术与装备将针对智能性、绿色性进行重点完善，以此推动交通强国战略建设再提速。

5. 新一代人工智能技术应用

2019 年 9 月，科学技术部发布了《国家新一代人工智能创新发展试验区建设工作指引》，其中明确了新一代人工智能技术应用重点。结合我国交通运输行业发展现状我们可以看出，未来新一代人工智能技术将创新交通运输行业的融合路径，推进交通基础设施建设。我国交通运输领域将进一步扩大新一代人工智能技术的应用范围，且基础设施的智能性也将得到提升。

6. 新能源、新材料、新装备在交通运输领域的应用

《交通强国建设纲要》明确提出，要尽快“构建安全、便捷、高效、绿色、经济的现代化综合交通体系”。近年来，新能源、新材料、新装备逐渐成为实现这一发展目标的主要方式，并且取得了明显效果。新能源、新材料、新装备的种类将增多，其在交通运输领域的应用范围必然会扩大，这是我国绿色交通发展的

主要方向之一。

7. 生态安全屏障区交通网设施管控及循环修复技术

生态安全屏障区交通网设施管控及循环修复技术是我国确保交通建设与脆弱生态区和谐发展的重要保障。其智慧性表现为充分结合生态区的地形地质、环境特色，让交通建设融入生态环境，不给生态发展带来负面影响。因此，充分分析生态安全屏障区的环境特色，运用大数据、云计算等技术，增强交通建设对生态环境的无损性，是这一技术的主要目标。

第三节 提升科技人才队伍水平的方向与重点

《交通强国建设纲要》明确指出，交通强国建设需要科技支撑与人才保障，交通科技人才队伍是引领我国走向交通强国的第一动力。交通运输行业将深化人才培养机制，增强科技创新活力，培养更多世界一流的科技人才。

2020 年 10 月 23 日，我国交通运输部与人力资源和社会保障部签署了《共同推进交通运输行业技能人才队伍建设工作备忘录》。截至 2021 年，我国已经开展了 13 次“全国交通运输行业职业技能大赛”，并从中发掘了大量的专业科技人才。

根据《交通强国建设纲要》中“大力培养支撑中国制造、中国创造的交通技术技能人才队伍”的要求，我国交通运输领域将强化科技人才队伍的平台建设，制订更多人才培养计划，加强交通科技试验基地建设，在现有人才培养体系的基础上，提升科技人才培养质量，打造更多交通科技领域的“国家队”。

结合我国现代交通科技的发展情况，我们可以看出交通科技的关键领域依然存在大量难题亟待攻克。因此我国交通科技人才队伍培养将更具针对性，结合现有科技难题进行教学引导，提升我国交通保障技术与交通装备水平。

另外，《交通强国建设纲要》中还提出“交通装备要先进适用、完备可控”，这为建设我国交通科技人才队伍指明了方向。交通装备研发领域人才培养会注重技术的适用性与完备的可控性，在这一基础上追求先进度。换言之，未来我国交通装备研发领域人才更注重技术的实用性，注重交通装备产生的实际价值，在这一基础上追求交通装备的先进性。

为满足我国交通强国战略所需，确保科技人才队伍不流失到国外，科技人才队伍的精神文明建设也将成为发展重点。在交通科技人才培养过程中，同步进行以“两路”精神、青藏铁路精神为代表的交通精神教育，加大道德模范教育力度，培养交通科技人才队伍的爱国情怀，进而营造更文明的交通发展环境，推动我国交通强国战略进程。

第四节 加强国际科技创新合作的方向与重点

交通运输部一直在积极推动全球交通治理体系变革，大力发展交通基础设施的全球互联互通，推进我国国际交通运输行业健康发展。近年来，我国与“一带一路”沿线国家的合作越发紧密，促进了区域资源的有序流动与优化配置。在未来发展中，我国将继续遵循交通可持续发展战略，加强交通国际合作，并在以下 5 个方面继续努力。

1. 加强国际“硬连通”与“软连通”

“硬连通”是指国家、区域之间的交通硬件设施连通。我国将加大与国际连接的交通基础设施建设，以此增强国际交通的连通性，促进国际合作。“软连通”是指交通政策与规则，以及交通管理方法连通。通过对世界各国交通政策的参考与借鉴，加速我国交通融入全球供应链、产业链、价值链的速度，并在其中发挥更重要的作用。

2. 结盟发展，推动绿色交通进程

我国将与更多国家开展节能减排的合作，优化交通运输能源结构，促进我国交通绿色发展、绿色转型，并更好地落实《联合国气候变化框架公约》和《巴黎协定》。这表明，涉及绿色交通的各个科技领域将获得国家更大的扶持，并且在这一范围内拥有巨大的发展空间。

3. 促进科技创新

科技创新是我国交通高质量发展的重要基础。我国将加大科技创新力度，积极推动 5G、区块链、人工智能等新一代信息技术与国际接轨，以此增强我国交通科技的国际竞争力。另外，新能源、新材料、新技术在交通运输领域的应用也将大幅加强，以此支撑我国交通运输产业绿色发展。

4. 建立可持续发展的法治环境

我国交通科技发展不仅要增强科技创新，还要汲取世界交通发达国家相关法律制度的优点。加强这一领域的国际合作也可以促进我国交通运输行业可持续发展。

5. 加强公共卫生事件中的交通合作

我国在应对新冠肺炎疫情等公共卫生事件中加强国际交通合作，从国际交通视角制定更全面的防控措施，确保我国国际产业链、供应链的健康稳定。

案例22-1 《交通运输部关于推动交通运输领域新型基础设施建设的指导意见》主要任务

1. 打造融合高效的智慧交通基础设施

① 智慧公路。推动先进信息技术应用，逐步提升公路基础设施规划、设计、建造、养护、运行管理等全元素、全周期数字化水平。深化高速公路 ETC 应用，推进车路协同等设施建设，丰富车路协同应用场景。推动公路感知网络与基础设施同步规划、同步建设，在重点路段实现全天候、多要素的状态感知。应用智能视频分析等技术，建设监测、调度、管控、应急、服务一体的智慧路网云控平台。依托重要运输通道，推进智慧公路示范区建设。鼓励应用公路智能养护设施，提升在役交通基础设施检查、检测、监测、评估、风险预警，以及养护决策、作业的快速化、自动化、智能化水平，提升重点基础设施自然灾害风险防控能力。建设智慧服务区，促进智能停车、能源补给、救援维护于一体的现代综合服务设施建设。推动农村公路建设、管理、养护、运行一体的综合性管理服务平台建设。

② 智能铁路。运用信息化现代控制技术提升铁路全路网列车调度指挥和运输管理智能化水平。建设铁路智能检测监测设施，实现动车组、机车、汽车等载运装备和轨道、桥隧、大型客运站等关键设施服役状态在线监测、远

程诊断和智能维护。建设智能供电设施，实现智能故障诊断、自愈恢复等。发展智能高速动车组，开展时速 600 千米级高速磁悬浮、时速 400 千米级高速轮轨客运列车研制和试验。提升智能建造能力，提高铁路工程建设机械化、信息化、智能化、绿色化水平，开展建筑机器人、装配式建造、智能化建造等研发应用。

③ 智慧航道。建设航道地理信息测绘和航行水域气象、水文监测等基础设施，完善高等级航道电子航道图，支撑全天候复杂环境下的船舶智能辅助航行。建设高等级航道感知网络，推动通航建筑物数字化监管，实现三级以上重点航段、四级以上重点航段通航建筑物运行状况实时监控。建设适应智能船舶的岸基设施，推进航道、船闸等设施与智能船舶自主航行、靠离码头、自动化装卸的配套衔接。打造海陆空天一体化的水上交通安全保障体系。

④ 智慧港口。引导自动化集装箱码头、堆场库场改造，推动港口建设养护运行全过程、全周期数字化，加快港站智能调度、设备远程操控、智能安防预警和港区自动驾驶等综合应用。鼓励港口建设数字化、模块化发展，实现建造过程智能管控。建设港口智慧物流服务平台，开展智能航运应用。建设船舶能耗与排放智能监测设施。应用区块链技术，推进电子单证、业务在线办理、危险品全链条监管、全程物流可视化等。

⑤ 智慧民航。加快机场信息基础设施建设，推进各项基础设施全面物联，打造数据共享、协同高效、智能运行的智慧机场。鼓励应用智能化作业装备，在智能运行监控、机坪自主驾驶、自助智能服务设备、智能化行李系统、智能仓储、自动化物流、智慧能源管理、智能视频分析等领域取得突破。推进内外联通的机场智能综合交通体系建设。发展新一代空管系统，推进空中交通服务、流量管理和空域管理智慧化。推动机场和航空公司、空管、运行保障及监管等单位间的核心数据互联共享，完善对接机制，搭建大数据信息平台，实现航空器全球追踪、大数据流量管理、智能进离港排队、区域管制中心联网等，提升空地一体化协同运行能力。

⑥ 智慧邮政。推广邮政快递转运中心自动化分拣设施、机械化装卸设备。鼓励建设智能收投终端和末端服务平台。推动无人仓储建设，打造无人配送快递网络。建设智能冷库、智能运输和快递配送等冷链基础设施。推进库存前置、智能分仓、科学配载、线路优化，实现信息协同化、服务智能化。推广智能安检、智能视频监控和智能语音申诉系统。建设邮政大数据中心。开展新型寄递地址编码试点应用。

⑦ 智慧枢纽。推进综合客运枢纽智能化升级，推广应用道路客运电子客票，鼓励综合客运一体衔接的全程电子化服务模式发展，推动售取票、检票、安检、乘降、换乘、停车等客运服务“一码通行”。推动旅客联程运输服务设施建设，鼓励智能联程导航、自助行李直挂、票务服务、安检互认、标识引导、换乘通道等服务设施建设，实现不同运输方式的有效衔接。引导绿色智慧货运枢纽（物流园区）多式联运等设施建设，提供跨方式、跨区域的全程物流信息服务，推进枢纽间资源共享共用。推进货运枢纽（物流园区）智能化升级，鼓励开展仓储库存数字化管理、安全生产智能预警、车辆货物自动匹配、园区装备智能调度等应用。鼓励发展综合性智能物流服务平台，引导农村智慧物流网络建设。

⑧ 新能源、新材料行业应用。引导在城市群等重点高速公路服务区建设超快充、大功率电动汽车充电设施。鼓励在服务区、边坡等公路沿线合理布局光伏发电设施，与市电等并网供电。鼓励高速公路服务区、港口码头和枢纽场站推进智能照明、供能和节能改造技术应用。推动船舶靠港使用岸电，推进码头岸电设施和船舶受电设施改造，着力提高岸电使用率。鼓励船舶应用液化天然气、电能等清洁能源。推动新能源、新材料在港口和导航设施等领域应用。推动长寿命、可循环利用材料在基础设施建造、生态修复和运行维护等领域应用。

2. 助力信息基础设施建设

① “5G+”协同应用。结合5G商用部署，统筹利用物联网、车联网、光纤网等，推动交通基础设施与公共信息基础设施协调建设。逐步在高速公路和铁路重点路段、重要综合客运枢纽、港口和物流园区等实现固移结合、宽窄结合、公专结合的网络覆盖。协同建设车联网，推动重点地区、重点路段应用车用无线通信技术，支持车路协同、自动驾驶等。在重点桥梁、隧道、枢纽等应用适用可靠、经济耐久的通信技术，支撑设施远程监测、安全预警等应用。积极推动高速铁路5G技术应用。面向行业需求，结合国家卫星通信等设施部署情况和要求，研究具备全球宽带网络服务能力的卫星通信设施。

② 北斗卫星导航系统和遥感卫星行业应用。提升交通运输行业北斗卫星导航系统高精度导航与位置服务能力，推动卫星定位增强基准站资源共建共享，提供高精度、高可靠的服务。推动在特长隧道及干线航道的信号盲区布设北斗卫星导航系统信号增强站，率先在长江航运实现北斗卫星导航系统信号高质量全覆盖。建设行业北斗卫星导航系统高精度地理信息地图，整合行业北斗

卫星导航系统时空数据，为综合交通规划、决策、服务等提供基础支撑。推进北斗卫星导航系统短报文特色功能在船舶监管、应急通信等领域应用。探索推动北斗卫星导航系统与车路协同、ETC等技术融合应用，研究北斗自由流收费技术。鼓励在道路运输及运输服务新业态、航运等领域拓展应用。推动北斗卫星导航系统在航标遥测遥控终端等领域应用。推进铁路行业北斗卫星导航系统综合应用示范，搭建铁路基础设施全资产、全数据信息化平台，建设铁路北斗卫星导航系统地基增强网，推动在工程测量、智慧工地等领域应用。推动高分辨率对地观测系统在基础设施建设、运行维护等领域应用。

③ 网络安全保护。推动部署灵活、功能自适、云网端协同的新型基础设施内生安全体系建设。加快新技术交通运输场景应用的安全设施配置部署，强化统一认证和数据传输保护。加强关键信息基础设施保护。建设集态势感知、风险预警、应急处置和联动指挥为一体的网络安全支撑平台，加强信息共享、协同联动，形成多层级的纵深防御、主动防护、综合防范体系，加强威胁风险预警研判，建立风险评估体系。切实推进商用密码等技术应用，积极推广可信计算，提高系统主动免疫能力。加强数据全生命周期管理和分级分类保护，落实数据容灾备份措施。

④ 数据中心。完善综合交通运输数据中心，注重分类分层布局，推动跨部门、跨层级综合运输数据充分汇聚、有效共享，形成成规模、成体系的行业大数据集。推动综合交通运输公共数据开放，综合运用政府、科研机构、企业等数据，深化行业大数据创新应用，以数据赋能交通运输发展。

⑤ 人工智能。持续推动自动驾驶、智能航运、智慧工地等研发应用。建设一批国家级自动驾驶、智能航运测试基地，丰富不同类型和风险等级的测试场景，完善测试评价体系，提升测试验证能力。围绕典型应用场景和运营模式，推动先导应用示范区建设，实施一批先导应用示范项目。

3. 完善行业创新基础设施

加强以国家重点实验室、国家技术创新中心等重要载体为引领的交通运输领域科研基地体系建设，鼓励社会投资科技基础设施，推动一批科研平台纳入国家科技创新基地建设，推进创新资源跨行业共享。鼓励在项目全生命周期协同应用BIM技术，促进产业基础能力提升。推进交通基础设施长期性能观测网建设，试点开展长期性能观测，加强基础设施运行状态监测和运行规律分析，支撑一流设施建设与维护。

后　记

1909 年，我国自主设计建设了第一条铁路——京张铁路，2019 年，我国自主设计建设了全球第一条时速 350 千米的智能高铁——京张高铁，我国交通实现了从“零的突破”到“全球第一”的跨越式发展，这不仅是我国交通的光辉历程，更是我国综合国力的跃变升级。

我一直认为我国交通的每次伟大变革都是当代交通事业发展的缩影，因为我国的交通发展在党中央的领导下呈现自立自强、全球瞩目的特点，交通科技超速进步推动我国交通运输面貌发生巨大的变化，获得显著成就。我在交通运输行业深耕多年，越来越理解“社会发展，交通先行”的道理，而在钻研“交通先行”的过程中，我又体会到交通科技的重要性，因此我将个人多年的研究成果写进本书，希望本书能够成为带动更多交通运输行业从业人员快速成长，提升我国交通发展的有效力量。

总体而言，本书将交通科技在交通强国战略中展现的作用与价值从 3 个方面进行全面展示。

1. 交通科技加快建设我国综合立体交通网主骨架

历经数年发展，我国交通从流通不畅、断点常见的闭塞阶段，迅速升级到综合立体交通网覆盖全面、运行高效的成熟阶段。海陆空交通全方位发展让我国交通运输行业展现蓬勃的活力。在这段不平凡的历史进程中，交通科技高速发展功不可没，在交通科技力量的支撑下，我国交通基础设施日新月异，综合立体交通网的规模与质量不断提高，我国交通顺利驶入高质量发展的快车道。

当前，我国综合交通运输网络表现出公路四通八达、铁路纵横交错、港口星罗密布、航空智慧高效等特点。同时，我国建设的重大交通工程更是举世瞩目，北京大兴国际机场、上海洋山深水港码头、港珠澳大桥、西成高铁秦岭隧道群等交通基础设施彰显我国交通科技创新的领先水平，也展现我国交通运输的雄厚实力。

从基本适应到引领全球，我国交通运输在科技力量的支撑下不断缩小与世界交通强国的差距，并一步步实现超越，这代表我国正式走上从交通大国迈向交通强国的道路。

2. 交通科技助力社会经济蓬勃发展

交通运输行业不仅是国家基础设施建设产业，更是国民经济服务产业。我国交通运输行业高效发展助力社会经济蓬勃发展，也改变了自身国际地位与世界格局。尤其近年来，我国交通运输行业高速发展，为国民经济发展和社会高效运转提供了重要支撑。

例如，我国铁路、公路、水运、民航的客户周转量稳居世界前列，这足以证明我国经济发展的高水平。又例如，截至 2022 年 7 月，我国高速公路已覆盖全国 98.8% 的 20 万人口以上的城市和地级行政中心；高速铁路已覆盖全国 95% 的百万以上人口城市；民航机场覆盖全国 92% 的地级市。强大的交通出行体系持续优化我国经济发展成果。

交通运输行业的成绩，离不开交通科技的创新应用。正是交通科技的发展带来了大众出行的智能转变，正是交通科技的升级让社会经济流通不断加速。

3. 交通科技描绘交通强国壮阔蓝图

2019 年，交通运输部发布《数字交通发展规划纲要》，明确强调未来交通发展中要加大 5G、北斗卫星导航、大数据等科技力量的融合，并提出 2025 年、2035 年数字交通发展目标。

2021 年，交通运输部发布《数字交通“十四五”发展规划》。该规划明确提出，到 2025 年“交通设施数字感知，信息网络广泛覆盖，运输服务便捷智能，行业治理在线协同，技术应用创新活跃，网络安全保障有力”的数字交通体系，“一脑、五网、两体系”的发展格局基本建成，交通新基建取得重要进展，行业数字化、网络化、智能化水平显著提升，有力支撑交通运输行业高质量发展和交通强国建设。

2022 年，交通运输部发布《“十四五”交通领域科技创新规划》。该规划明确提出，未来我国交通运输行业发展将从交通基础设施、交通装备、运输服务 3 个层面推进智慧、安全、绿色化发展，并从六大领域、18 个方向加强交通科技研发创新。

这些政策的接连发布，标志着交通科技在交通发展中的地位不断提升，交通科技力量正在加速我国交通强国建设进程。相信在未来发展中，交通科技将成为我国经济发展、社会发展的重要载体，“全国 123 出行交通圈”“全球 123 快货物流圈”将在交通科技的助力下实现。

科技力量是时代发展的主要推动力。在交通科技的运用与支持下，交通强国战略正在逐步实现，我国交通事业未来可期。

科技令世界进步，荣光催我辈奋进。我希望本书对交通科技的分析，能够激发更多有志之士投身交通运输行业，为我国交通强国战略的实现贡献更多力量，注入更多活力。

参考文献

[1] 田文，杨帆，尹嘉男，等．航路时空资源分配的多目标优化方法 [J]. 交通运输工程学报 ,2020,20(6):218-226.

[2] 来飞，黄超群，胡博．智能汽车自动驾驶技术的发展与挑战 [J]. 西南大学学报（自然科学版）,2019,41(8):124-133.

[3] 曹芳波，吕娜，陈柯帆，等．航空集群网络可靠性估计路由选择策略 [J]. 计算机工程与应用 ,2017,53(24):129-135+225.

[4] 陈刚，吴俊．无人驾驶机器人车辆非线性模糊滑模车速控制 [J]. 中国公路学报 ,2019,32(6):114-123.

[5] 陈航宇，李慧嘉．中国航空复杂网络的结构特征与应用分析 [J]. 计算机科学 ,2019,46(S1):300-304.

[6] 陈虹，申忱，郭洪艳，等．面向动态避障的智能汽车滚动时域路径规划 [J]. 中国公路学报 ,2019,32(1):162-172.

[7] 2020 中国城市科学研究会数字城市专业委员会轨道交通学组．智慧城市与轨道交通 [M]. 北京：中国城市出版社，2019．

[8] 陈晓利，韩锋斌．基于多智能体的城市环道交通信号控制算法 [J]. 重庆大学学报 ,2021,44(1):37-45+118.

[9] 褚春超，卞雪航，鲁光全，等．新时期交通运输科技创新发展战略 [M]. 北京：人民交通出版社，2020.

[10] 杨新征．交通运输行业科学技术普及体系建设研究与实践 [M]. 北京：人民交通出版社，2019.

[11] 丁军，苗玉基，张正伟，等．一种新型双模块半潜式海工平台的运动和连接器载荷响应研究 [J]. 船舶力学 ,2020,24(8):1036-1046.

[12] 傅超琦，王瑛，李超，等．不同增长机制下航空网络自愈特性 [J]. 北京航空航天大学学报 ,2018,44(6):1221-1229.

[13] 傅志寰，孙永福，翁孟勇，等．交通强国战略研究（第 1 卷）[M]. 北京：人民交通出版社，2019.

[14] 甘水来，靳盼盼，蒋伟，等．基于 FSS Code 的大型船舶机舱布置优化

[J]. 船舶工程 ,2020,42(7):116-123.

[15] 高航航，赵尚弘，王翔，等 . 基于系统最优的航空信息网络流量均衡方案 [J]. 计算机科学 ,2020,47(3):261-266.

[16] 高柯夫，孙宏彬，王楠，等 .“互联网 +” 智能交通发展战略研究 [J]. 中国工程科学 ,2020,22(4):101-105.

[17] 郭戈，许阳光，徐涛，等 . 网联共享车路协同智能交通系统综述 [J]. 控制与决策 ,2019,34(11):2375-2389.

[18] 国家发展改革委 2012 年青年调研组，刘春雨，顾紫明 . 轨道交通装备制造业科技创新调研 [J]. 宏观经济管理 ,2013(1):67-68.

[19] 韩跃杰，李洋，权立峰，等 . 我国交通运输领域英文科技期刊发展现状及对策研究 [J]. 科技与出版 ,2019(9):81-85.

[20] 胡朝阳 . 城市交通发展的科技创新民生化导向及其法治实现 [J]. 东南大学学报 (哲学社会科学版),2015,17(1):88-93.

[21] 胡恒武，查旭东，岑晏青，等 . 太阳能路面研究现状及展望 [J]. 长安大学学报 (自然科学版),2020,40(1):16-29.

[22] 胡庆勇，李淦山，裴钟哲 . 大数据在交通强国建设中的应用 [J]. 科技导报 ,2020,38(9):39-46.

[23] 胡云峰，曲婷，刘俊，等 . 智能汽车人机协同控制的研究现状与展望 [J]. 自动化学报 ,2019,45(7):1261-1280.

[24] 荒岛 .5G 时代的智慧道路交通 [M]. 上海：同济大学出版社 ,2020.

[25] 黄海清，甘旭升，蒋旭瑞，等 . 考虑机场位置与航线流量影响的航空网络防御资源优化策略 [J]. 航空工程进展 ,2020,11(1):85-91.

[26] 黄明哲 . 跨越时空——高科技与交通（ 科普热点)[M]. 北京：同济大学出版社，2011.

[27] 黄肖玲，王雅薇，郭杰伟，等 .“前港后厂” 港口堆场作业设备调度优化研究 [J]. 管理工程学报 ,2020,34(5):145-154.

[28] 黄悦华，史振利，胡智莹，等 . 基于 LabVIEW 的交通信号灯工作状态智能监测系统研究 [J]. 现代电子技术 ,2020,43(16):34-38+43.

[29] 贾利民，严新平，王艳辉 . 交通运输领域前沿技术及其展望 [M]. 北京：人民交通出版社，2020 .

[30] 贾利民，马静，吉莉，等 . 中国地面交通能源融合的形态、模式与解决方案 [M]. 北京：科学出版社 ,2020 .

[31] 江登英，康灿华 . 公路交通科技创新能力评价指标的权重确定方法 [J].

统计与决策 ,2008(21):155-156.

[32] 江登英，孙国庆，康灿华．基于模糊 AHP 模型的公路交通科技创新能力评价研究 [J]. 科技进步与对策 ,2009,26(7):130-133.

[33] 姜岩，王琦，龚建伟，等．无人驾驶车辆局部路径规划的时间一致性与鲁棒性研究 [J]. 自动化学报 ,2015,41(3):518-527.

[34] 解军帅，徐泉，秦泗钊，等．高速列车海量数据故障分析系统研究 [J]. 控制工程 ,2020,27(10):1795-1801.

[35] 康伟，崔军胜，王绅宇，等．轨道交通车辆空调系统智能控制与大数据应用 [J]. 城市轨道交通研究 ,2020,23(4):134-136.

[36] 乐美龙，郑文娟，吴明功，等．不确定需求下航空公司枢纽网络优化设计 [J]. 北京航空航天大学学报 ,2020,46(4):674-682.

[37] 李德光，刘栋，赵旭鸽，等．智能移动交通警务系统的设计和实现 [J]. 现代电子技术 ,2020,43(23):124-129+133.

[38] 李涵，郭占一．轻型复合材料上层建筑与钢质船体连接结构设计分析 [J]. 中国舰船研究 ,2020,15(4):36-45.

[39] 李航，胡小兵．一种改进的民用航空网络空间脆弱性模型 [J]. 交通运输系统工程与信息 ,2018,18(4):202-208.

[40] 李宏刚，王云鹏，廖亚萍，等．无人驾驶矿用运输车辆感知及控制方法 [J]. 北京航空航天大学学报 ,2019,45(11):2335-2344.

[41] 李家印，郭文忠，李小燕，等．基于智能交通的隐私保护道路状态实时监测方案 [J]. 通信学报 ,2020,41(7):73-83.

[42] 李平，邵赛，薛蕊，等．国外铁路数字化与智能化发展趋势研究 [J]. 中国铁路 ,2019(2):25-31.

[43] 李楸桐，杨跃臣．面向网关的策略管理算法模型在智慧交通系统中的应用 [J]. 实验技术与管理 ,2019,36(9):132-136.

[44] 梁建英．高速列车智能诊断与故障预测技术研究 [J]. 北京交通大学学报 ,2019,43(1):63-70.

[45] 林驰，徐博，薛昕惟，等．智能交通大数据隐私保护实验平台 [J]. 实验室研究与探索 ,2017,36(7):39-42+49.

[46] 林晓军．铁路客运大数据集约化整合平台设计与展望 [J]. 中国铁路 ,2019(12):6-10.

[47] 刘春燕，邹承明．基于 Storm 的城市智能交通规划方法 [J]. 武汉大学学报 (理学版),2019,65(5):450-456.

[48] 刘培国，刘翰青，王轲．石墨烯材料在舰船强电磁防护技术中的应用 [J]. 中国舰船研究，2020,15(4):1-8.

[49] 刘岩，郭竞文，罗常津，等．列车运行实绩大数据分析及应用前景展望 [J]. 中国铁路，2015(6):70-73.

[50] 龙志强，蔡楹，徐昕．基于分布估计算法的磁浮列车故障综合评判 [J]. 控制与决策，2009,24(4):551-556.

[51] 卢毅，宋家辛，张华．高速公路智能交通系统边缘计算应用研究 [J]. 公路，2021,66(3):242-245.

[52] 陆化普．交通强国建设的机遇与挑战 [J]. 科技导报，2020,38(9):17-25.

[53] 吕欢欢，张玉召．基于机器学习的地铁列车牵引能耗预测研究 [J]. 铁道科学与工程学报，2019,16(7):1833-1841.

[54] 马林，徐文珍，陈莎，等．城市交通系统的节能降耗技术政策研究 [J]. 城市发展研究，2009,16(8):18-23.

[55] 牟建红，黄格，吕欣．中国航空网络时序特征分析 [J]. 电子科技大学学报，2018,47(3):462-468.

[56] 缪炳荣，张卫华，池茂儒，等．下一代高速列车关键技术特征分析及展望 [J]. 铁道学报，2019,41(3):58-70.

[57] 宁滨，莫志松，李开成．高速铁路信号系统智能技术应用及发展 [J]. 铁道学报，2019,41(3):1-9.

[58] 庞彦知．城市复杂轨道交通信号智能配时方法仿真 [J]. 现代电子技术，2020,43(21):80-84.

[59] 彭晓燕，谢浩，黄晶．无人驾驶汽车局部路径规划算法研究 [J]. 汽车工程，2020,42(1):1-10.

[60] 秦严严，胡兴华，李淑庆，等．智能网联环境下混合交通流稳定性解析 [J]. 哈尔滨工业大学学报，2021,53(3):152-157.

[61] 肜新春．中国交通业发展研究 [M]. 武汉，华中科技大学出版社，2019．

[62] 宋云婷，王诺．基于时间不确定的集装箱码头靠泊计划优化 [J]. 交通运输系统工程与信息，2020,20(4):224-230.

[63] 田涛涛，侯忠生，刘世达，等．基于无模型自适应控制的无人驾驶汽车横向控制方法 [J]. 自动化学报，2017,43(11):1931-1940.

[64] 王爱菊，孔国利，马文越．基于智能视觉的交通调度系统设计 [J]. 现代电子技术，2018,41(16):148-150+154.

[65] 王辉．美国交通科技创新体系及对我们的启示 [J]. 中国软科学，2000

(4):52-57.
[66] 王剑，张伟华，李跃新. 结合图模型的优化多类 SVM 及智能交通应用[J]. 电子技术应用，2017,43(2):132-136.
[67] 王庆云，毛保华. 科技进步对交通运输系统发展的影响[J]. 交通运输系统工程与信息，2020,20(6):1-8+36.
[68] 王祥进，唐金金，张仲恺，等. 城市轨道交通行车突发事件应急处置辅助决策系统研究与实现[J]. 铁路计算机应用，2020,29(1):82-87.
[69] 王兴隆，刘洋. 航空多层网络弹性测度与分析[J]. 复杂系统与复杂性科学，2020,17(2):31-38.
[70] 王兴隆，潘维煌，赵末. 航空相依网络的鲁棒性与拥堵性分析[J]. 中国安全科学学报，2018,28(2):110-115.
[71] 王震坡，黎小慧，孙逢春. 产业融合背景下的新能源汽车技术发展趋势[J]. 北京理工大学学报，2020,40(1):1-10.
[72] 文超，李忠灿，黄平，等. 数据驱动的列车晚点传播研究[J]. 中国安全科学学报，2019,29(S2):1-9.
[73] 文超，杨雄，黄平，等. 铁路列车运行冲突检测与消解理论研究综述[J]. 中国安全科学学报，2018,28(S2):66-73.
[74] 吴超仲，吴浩然，吕能超. 人机共驾智能汽车的控制权切换与安全性综述[J]. 交通运输工程学报，2018,18(6):131-141.
[75] 徐海祥，李超逸，余文曌，等. 智能船舶循迹控制方法研究[J]. 华中科技大学学报(自然科学版)，2020,48(8):103-108.
[76] 徐晓慧，于志青. 智能交通技术[M]. 北京：化学工业出版社，2019.
[77] 杨艳明，高增桂，张子龙，等. 无人驾驶技术发展对策研究[J]. 中国工程科学，2018,20(6):101-104.
[78] 詹蓉，崔濛，曾佳，等. 船舶抗碰撞性能研究[J]. 船舶工程，2020,42(7):50-54.
[79] 张军，王云鹏，鲁光泉，等. 中国综合交通工程科技 2035 发展战略研究[J]. 中国工程科学，2017,19(1):43-49.
[80] 张丽. 交通科技信息资源共享政策研究[J]. 科技管理研究，2012,32(1):35-38+49.
[81] 张毅，张丽，朱晓东. 低碳交通建设障碍与应对措施[J]. 环境保护，2016,44(19):62-64.
[82] 赵光辉. 域外综合交通运输服务研究——美国交通服务考察[M]. 武汉：

武汉理工大学出版社，2021.

[83] 赵子毅，张孜，俞忠东，等 . 城市智能交通物联网应用集成创新及示范 [M]. 北京：人民交通出版社，2019.

[84] 郑红星，贺国燕，秦颖 . 基于 SD 的港口群共享泊位方案仿真研究 [J]. 重庆交通大学学报（自然科学版），2020,39(7):114-120.

[85] 智能科技与产业研究课题组 . 智能交通未来 [M]. 北京：中国科学技术出版社，2016.

[86] 中国公路学会 . 智能交通与未来出行 [M]. 北京：中国科学技术出版社，2020.

[87] 周晓昭，张琦，许伟 . 不同限速下基于随机森林的列车区间运行时分预测研究 [J]. 铁道运输与经济，2018,40(2):18-23+54.

[88] 周亚军，丁仕风，周利，等 . 海洋平台振动噪声评估与标准化研究 [J]. 船舶工程，2020,42(7):22-26.

[89] 朱建生 . 铁路新一代客票系统大数据应用创新研究 [J]. 铁路计算机应用，2019,28(4):1-7.

[90] 邹亮，赖众耀，庞钰驹，等 . 基于移动智能终端的道路交通参数人工调查系统设计 [J]. 实验室研究与探索，2017,36(4):49-51+55.